民主主義への教育

学びのシニシズムを超えて

上野正道——［著］

東京大学出版会

Education for Democracy
Beyond Cynicism of Learning
Masamichi UENO
University of Tokyo Press, 2013
ISBN 978-4-13-051324-1

はじめに

学校は、子どもたちの生きる幸せを準備し約束し続けることができるだろうか。もしできるとすれば、それはいかにして可能だろうか。今日、私たちは、政治的、経済的、社会的な次元で、さまざまな変化を経験し、あらゆる危機やリスクと隣りあわせの状況におかれている。このことは、民主主義と教育への懐疑や不信の増大を招いてきた。それにもかかわらず、私たちの多くがその価値のなかで生きて生活することをなおも選択している。本書は、このような事態をシニシズムという観点から解釈している。果たして、私たちは、これからも教育への明るい希望を語り続けることができるのだろうか。学校への揺るぎない信頼と希望を語り続けることは、もはや単なる復古的なノスタルジーか、あるいはせいぜい素朴なオプティミズムに過ぎないのだろうか。

教育への問いは、つねに複雑で解決しがたい困難を伴うものである。その問いに迫れば迫るほど、そもそも解決を目指すこと自体が誤りなのではないかと疑いたくなる。とりわけ、多くの実践に深く関与すればするほど、教育という営みの難しさに困惑し絶望し、学問的な探究そのものを放棄する衝動に駆られる。しかし、一方で、教育をめぐる困難に真摯に向きあっていくうちに、それらの問題について多くの人たちと互いに耳を傾けて聴きあい、語りあい、共有しあうことはできるようにも思えてくる。希望と絶望のあいだを彷徨い、ときに言葉を失いそうになりつつも、教育について思索し探究し続けることは可能であるし、そのような応答的な語りを積み重ねることによって、過去・現在・未来をつなぐ教育の実践が生成され続けていくというのもまた確かなことである。

教育学が私を魅了してやまないのは、幾度となく困難や挫折を繰り返しながらも、対話がつながりあうことを通して、新たに創造され再創造されていくところにある。この意味で、本書は、学校をめぐる「問題」の究極的な解決を意図するものではない。むしろ、子どもたちの学びを取りまくシニシズム状況をとらえたうえで、民主主義への教育を創出することがいまなぜ必要であり、またそれがいかに困難な挑戦であるかを、読者の方々と共有したいと願うことにある。そして、その問いを哲学的、実践的、歴史的にひもとく作業を通して、新たな時代の教育・学習・学校のあり方について探究する民主主義の実践が少しでも拡がっていくことを期待している。本書が、これからの民主主義と教育の再構築にかかわる新たな対話の生成にいくらか資するところがあれば幸いである。

民主主義への教育——学びのシニシズムを超えて　目次

目　次

目　次

目　次

序章　民主主義と教育のグランドデザイン

1　なぜ、いま民主主義と教育を問うのか

民主主義への教育が問われている。教育はどこへ向かうのか。これからの学びと学校のヴィジョンをどのように構想するのか。次世代の世界は、過去の世紀とは大きく異なる様相を示すなかで、未来社会の創造に向けた学校の公共性を展望し、民主主義と教育のグランドデザインを新たに設計する包括的な戦略が必要とされている。

一九世紀以降の欧米や日本の公教育は、国民国家の統合と資本主義の勃興、産業社会化、都市化、集権的な官僚制機構などに支えられて制度化され発展した。近代化の過程で拡大し権勢を誇った国民国家と産業主義は、近代学校の建設を強力に後押しし、「国民教育」の法制化を進めた。二〇世紀に突入すると、フォーディズムにみられる大量生産・大量消費方式が社会を席巻し、教育にも波及していった。それは、学校システムの標準化・規格化・効率化や、目的・伝達・評価の教育課程、確定的な知識の注入に傾倒した授業方法、試験と学歴に規定された能力主義的な選抜制度を浸潤させ、近代的制度としての公教育の成立と拡充に寄与した。

今日では、一九、二〇世紀型の公教育像が後退する一方で、教育の公共性を生成し、民主主義を再興する新たな課題

が浮上している。知識基盤社会、高度情報社会、多文化共生社会、環境循環型社会、少子高齢社会など、現代を取りまく社会変化は、一九世紀以降のナショナルな公教育の地平を超え、地球規模での変革を促している。経済、資源エネルギー、環境、情報、技術、医療、福祉、食糧、安全保障など、世界全域に膨張した相互的な依存関係は、「公＝国家」に規定されたナショナルな教育から、グローバルな公共性の形成に向けた教育へと再構築する必要性を喚起している。実際、一九九〇年代以降のグローバル世界は、資本、モノ、労働の自由化、市場化、規制緩和を促進し、知識と情報の高度化、複雑化、領域横断化を加速させた。冷戦終結後の世界は、グローバル資本主義、リベラル民主主義、自由な市民社会に向けた世界秩序の再編を喚起し、国家や国境の枠組みを超えた活動や対話、コミュニケーションを活発化させてきた。近代的な学校制度の改革が進み、公教育の自由化、市場化、民営化など、抜本的な改革が着手された。

一方で、二〇一〇年代の世界は、金融危機、ユーロ危機、中東民主化、新興経済国の勃興、アジア・環太平洋地域情勢の変貌など、新規な局面を演出している。経済危機、地球温暖化、エネルギー、医療危機、食糧危機、核、テロ、機密情報の漏洩をはじめ、今日、社会が直面する問題は、ナショナルな国家や国民の領域を容易に超えて発生している。冷戦体制解体後のアメリカは、自由主義経済の勝利を謳歌し、グローバル世界を圧倒的な経済力や軍事力で牽引してきた。だが、二〇〇一年の九・一一以降のアフガン空爆やイラク戦争などの「テロとの戦い」や、〇八年の金融危機に端を発した経済低迷に伴い、社会的混乱が増大し、覇権体制に陰りが生じつつある。ヨーロッパもまた、マーストリヒト条約（Maastricht Treaty, Treaty on European Union）以降、九九年のユーロ導入や、〇四年のＥＵ憲法条約（Treaty Establishing a Constitution for Europe）の採択など、政治協力や経済統合を推進してきたが、今日、ＥＵ加盟国を中心に、政権の不安定化や、金融市場の混乱、信用不安、債務超過が募り、民主主義に対する懐疑、嫌悪、幻滅、停滞、閉塞感が漂泊している。ヨーロッパ統合を推進し強化する動きが拡がる一方で、地域のリージョナルな活動に拍車がかかり、ナショナルな境界に準拠した実践や政策もまた再構築される傾向にある。社会の個人化、流動化、不安定化は、政治経済分野の混迷や減速、労働市場の縮小、格差と貧困の増大、家庭の崩壊など、さまざまな危機やリスクと隣りあわせの状況を生みだしている。それに呼応するかのように、民主主義と教育に対するシニシズムが拡がっている。

他方で、新興経済国を中心に、トランスナショナルな地域統合や地域主義への動きは活発である。G20、BRICS、NEXT11など、リージョナルな地域間協力や統合が進展し、新たな経済圏の拡充をはかるとともに、顕著な経済成長を遂げてきた。アジアやアフリカの新興国への投資、貿易、消費市場の膨張が起こり、市場化や自由化が加速するとともに、グローバル世界に対する影響力を飛躍的に増大させつつある。また、二〇一〇年から中東・北アフリカで生じた民主化運動は、大規模な反政府デモや抗議活動を喚起し、アラブ世界に革命を引きおこした。さらに、アジアや環太平洋地域においても、ますます変容し流動化する世界を前に、人的交流や相互依存を強化し、政治的、経済的、社会的な地域統合や互恵関係を築くための戦略的な枠組みが必要とされている。グローバルな世界秩序が再編され、従来の覇権構造が変化するなかで、教育改革が加速し、学校制度のイノベーションが促されている。一九世紀以来のナショナルな「国民教育」が揺らぎ、国際規模で多様化しカオス化する社会の現実を前にして、「民主主義への教育」をいかに再生し、学校をどのように再構築するかという問いが生起している。

ところで、グローバル時代の教育は、国家や国民の境界を超えたスプラナショナルな活動を浸透させるだけにとどまらない。それは、文化・地域・家庭の多様な背景に根ざしたコミュニティのローカルな次元での改革をも準備してきた。社会や経済のグローバル化は、コスモポリタン的なシティズンシップ（cosmopolitan citizenship）の形成を要請し、討議、差異、越境を擁する学習を開花させただけでなく、分権化や地域主権の改革、特色ある学校づくりをはじめ、ローカルなコミュニティ・レベルで学校を改革する動きも活性化させた。グローバル化は、リージョナルな分権化や教育のローカル化をも帰着させている。加えて、労働市場の縮小や、格差と貧困の拡大、家庭の崩壊など、さまざまなリスクや困難が錯綜して併存し、子どもたちの生活が不安定化し不透明化するとともに、将来に対する積極的な希望や展望が描き難くなっている。学校では、人びとが互いにケアによって支えあい、つながりあい、心を砕きあうホームとしての役割を担う必要性が提起されている。学校は、具体的な他者と出会い交わりあう場所であり、学びあい、支えあい、育ちあう場所であり、互いがケアしあう親密性の空間によって成りたつ場所である。教育とは、そのような応答的で関係的な営みによって支えられるものである。したがって、子どもたちが安心して学び育ちあう居場所を確保する観点に立って、学校を再生することが求められている。

今日、民主主義は、重大な岐路に立たされている。政治、経済、社会、文化の複雑性、複合性、流動的要素が増大し、さまざまなリスクが浸透するなかで、民主主義への懐疑が高まっている。問われているのは、グローバル時代における民主主義の命脈であり、不安定化し不透明化する社会のなかで、民主主義の信頼を探究する教育であり、未来社会に向けた教育・学習・学校のイノベーションを誘う包括的な戦略であり、民主主義に根ざした「希望の学校」を展望する新たなヴィジョンの確立である。それは、教育のシニシズムから民主主義の学習へと向かう学校の公共性を、ローカル、ナショナル、グローバルな次元で再構築する方途を探索するものである。

2　一九、二〇世紀型の公教育の成立と展開

一九世紀以降の欧米や日本において、公教育の法制化は、「公＝国家」に規定されたナショナルな境界を拠りどころにしてきた。近代国家の成立は、領域的な国家概念の形成に呼応して、「国民教育」の確立を誘導していった。だが、

公教育の制度化の内実をみていくと、その生成過程は、各国で必ずしも一様ではなかったことがわかってくる。近代の学校制度は、国民国家の揺籃と切っても切れない関係にあるが、だからといって、公教育が「公＝国家」教育という形で即座に結びついて始動したわけではないことに注意を払う必要がある。

もともとヨーロッパでは、多様な言語、宗教、習慣を背景にした人びとがともに居住し、政治的な領土や境界線もしばしば変動したので、「国家＝国民」という図式が成りたちにくかった。今でいうフランス人やドイツ人といったナショナルな帰属意識が共有されていたわけではなかったのだ。やがて、フランス革命やナポレオン戦争を経た一九世紀初頭から中盤にかけて、ヨーロッパ各地で領域国家的な「国民」のアイデンティティが内面化されていった。それによって、「国家」と「公」が緊密な抱合関係におかれ、「国民教育」と通底した公教育の輪郭が形づくられるとともに、義務教育の観念も拡がるようになる。佐藤学は、日本でしばしば混同される「公教育」「義務教育」「国民教育」の概念を、それぞれの史実に照らして峻別する必要があるという主張を展開している。たとえば、「義務教育」は、英語では「compulsory education（強制教育）」であるが、これは子どもの就学に対して保護者が「義務」を負う「強制教育」であり、その最初の提唱者はマルティン・ルター（Martin Luther）であったとされる(1)。

では、公教育の成立は、どのような経過を辿ったのだろうか。一八世紀に産業革命をいち早く成し遂げたイギリスでは、生産技術の変革が進み、社会の変容が促されていった。機械化、工業化による大量生産は、工場労働者の需要を増大させるとともに、児童の長時間労働や過酷な労働といった弊害をも生みだした。公教育の観念は、こうした労働環境から子どもを保護し、学習機会を保障することを底流にしている。一八〇二年には、イギリスで最初の工場法が制定され、年少者の労働時間の制限や、子どもの学習機会の保障、日曜学校への出席などが定められた。法制定に尽力したオーウェン（Robert Owen）は、低年齢の子どもの雇用や長時間労働の禁止を呼びかけ、自身が経営するニュー・ラナークの工場に併設して性格形成学院という学校を創設した[2]。

ベル（Andrew Bell）とランカスター（Joseph Lancaster）によって考案された「モニトリアル・システム（助教法）」は、フーコー（Michel Foucault）の「規律訓練権力」の典型としても知られている。このシステムは、訓練、秩序、競争を軸とした教室配置と方法を採用することで、わずかな数の教師で数百人規模の子どもたちを教授することを可能にした。「一斉授業方式」の端緒ともされるベルとランカスターの学校は、産業革命下で必要とされた大量の工場労働者の育成とも適合して、一八三三年には国庫補助金の獲得に成功している。その後、一八七〇年の初等教育法（フォスター法）では、六歳から一三歳までの就学義務や公費による初等学校の設立が規定され、九一年には初等学校が無償化された。イギリスの学校制度は、産業社会の発展と不可分な形で整備された。一方で、地域差が大きく、また就学率も一九一二年のイングランドでさえ八八％と必ずしも高くなかった[3]。

フランスにおける公教育の法制化は、絶対王政を倒して市民国家の確立を進めたフランス革命期に求められる。一七九一年憲法では、一般市民を対象にした無償教育が制度構想に掲げられた。立法議会の開設に伴い設置された公教育委員会で委員長を務めたコンドルセ（Marie Jean Antoine Nicolas de Caritat, marquis de Condorcet）は、「国民の教育」を「公権力の義務」としてとらえ、知育重視の教育、教育の機会均等、教育の中立性を主張するとともに、五段階からなる学校体系（初等学校、中等学校、アンスティテュ、リセ、国立学術院）を構想した[4]。このコンドルセ案は、翌年のオーストリアへの宣戦布告とともに廃案になったが、その後、「国民教育」としての公教育の制度化が着手された。一八三三年の初等教育法（ギゾー法）で、一定の人口以上の市町村（コミューン）に初等学校の設置が義務化された。一八八一年に初等教育が無償になり、八二年には義務制が敷かれるようになる。これによって、一八三四年には四八％であった就学率は、一九世紀末には九六％に上昇した[5]。

ドイツは、一八世紀頃には三〇〇ほどの領邦国家に分かれ、フランスやイギリスよりも近代化に遅れをとっていた。そのなかで力をつけたプロイセンが「義務教育」の制度を整えるようになる。一七四〇年にフリードリヒ二世（Friedrich II）が即位すると、啓蒙思想に根ざした絶対王政の確立を推進した。一七六三年の一般地方学事通則は、国王に対して忠誠心を表す「臣民」として教育される「義務」について記している。一八〇七―〇八年には、フランス占領下のベルリンで、フィヒテ（Johann Gottlieb Fichte）がかの有名な演説『ドイツ国民に告ぐ』をおこない、ドイツ諸邦がまとまり「国民」意識を高揚する教育の必要性を唱えた。[6] 一八五〇年のプロイセン憲法では、民衆学校の設置義務や無償化などの教育条項が盛り込まれ、さらに一八七一年の帝政ドイツ時代には、国家主導の近代化によって、学校と教会の分離や民衆学校の設置、教育課程の編成が進められた。ドイツでは、一八三〇年代にすでに八六％の子どもが学校に通い、一九世紀末には九七％に達している。

アメリカでは、ジェファーソン（Thomas Jefferson）第三代大統領が、民主主義社会にとって教育が不可欠な役割を果たすと考えて、連邦政府よりも州政府の権限に力点をおいた教育政策を提案した。合衆国憲法が教育条項をもたないことは有名だが、アメリカでは、州や地方教育行政が教育権限を担うという伝統が発展した。北野秋男によれば、アメリカの公教育思想は、人種、民族、階級、宗派、性差を超えて、すべての民衆の子どもたちに就学機会を保障することを起源としている。その構想は、早くも一八一〇年代から二〇年代のボストンにおいて整備された。[7] マサチューセッツ州の初代教育長を務めたホーレス・マン（Horace Mann）は、すべての子どもたちに共通の教育をおこなうコモン・スクール（common school）の普及に尽力し、一八五二年に州の義務教育法を制定した。一八九〇年までには、五歳から一三歳の子どもの九五％が一年のうち数か月間は学校に通うようになっている。[8]

総じて、一八世紀末から一九世紀のヨーロッパやアメリカでは、ナショナルな領域国家の生成とあわせて、公教育の概念と制度が形づくられた。その内実は、当初、各国において多様な形態をとっていたが、一九世紀以降の国民国家の勃興とともに、「公」を冠する領域が次第に「国家」へと収斂し、「国民教育」としての公教育が法制化されていった。このモデルは、近代日本の公教育制度にも伝播した。一八七二年に明治政府が発布した「学制」は、「国民皆学」を理念に、フランスの学区制を範とした学校システムの構築を目指した。その後、政府は、「富国強兵」や「殖産興業」を旗印に、「国民教育」「義務教育」の成立と発展に精力を注ぐことになる。近代的な学校の建設は、「公＝国家」概念を投影する形で、「公教育」「国民教育」「義務教育」の制度基盤を確立したのである。

3　教育の公共性のトランジション

一九九〇年代以降、グローバル世界は、領域的な国民国家の変容を迫り、「公＝国家」とは異なる視角から「公共性」をとらえる枠組みを形成した。このことは、一九、二〇世紀型のナショナルな境界に規定された「公」概念を超えて、自由な市民社会と民主主義を構築する「公共性」の形成に生命を与えた。冷戦体制の終結は、自由主義経済の勝利と解放の歓喜を謳歌させ、技術革新と市場原理を推進力にして社会のグローバル化を前進させた。八九年のベルリンの壁崩壊からその後のドイツ統一やソ連解体へと至る国際政治の再編は、従来型の計画経済の限界を露わにするとともに、予定調和的な市場の自由競争を礼賛し万能視する新自由主義の席巻を引きおこした。グローバル世界は、市場化、分権化、地域主権の改革を先導する傍らで、金融、情報、サービス産業を飛躍させ、領域的な国家の境界を超えた社会・経済活動の拡充を企図している。世界規模に進化した自由化、市場化、民営化の流れは、東西冷戦後の新たな世界システムの確立を牽引してきた。

イギリス、アメリカ、日本では、大規模な教育改革がおこなわれた。一般に新自由主義と称される市場原理的な改革が権勢を振るい、教育の自由化、民営化、弾力化への方向を形づくった。戦後の西側諸国で確立し発展した福祉国家制度は、財政赤字の累積によって、市場化、自由化、民営化への移行を進め、分権的なシステムへの再編を促した。学校教育の文脈においても、国家の中央集権的なシステムに代わって、教育の自由化、市場化、規制緩和が前景に登場し、新自由主義的な市場原理を基調とする教育政策が改革の趨勢を形成した。日本では、一九八四年から八七年にかけての臨時教育審議会によって口火が切られ、その後の教育の自由化と市場化に傾倒する改革の軌道が敷かれた。新自由主義の教育改革は、舞台の幕をあけ、新時代の主役へと躍りでたのである。

こうしたなかで、教育の公共性への理論的関心が喚起されてきた。ハーバーマス（Jürgen Habermas）の『公共性の構造転換』（一九六二年）は、「生活世界」の「コミュニケーション」を軸にした「市民的公共性（die bürgerliche Gesellschaft）」を擁護したことでよく知られている。ハーバーマスにおいて、「公共性（die Öffentlichkeit）」の範型は、一八世紀から一九世紀初頭のロンドンのコーヒーハウス、パリのサロン、ドイツの読書クラブに求められる。彼は、市民がそこで議論し意見交換をおこない「政治」に関与したことを「国家＝公権力」に対抗する「批判的領域」として評価する一方で、一八七〇年代以降、国家が「市民社会（Zivilgesellschaft）」に介入し、「生活世界の植民地化」が進行したことを批判する。[9] ハーバーマスが支持するのは、目的合理的な支配にかかわる「戦略的行為」ではなく、相互行為的な了解志向の発話によって構築される「コミュニケーション的行為」である。すなわち、多様な価値が共存するなかで、理性的な合意形成を目指し、「討議倫理」の「規範」を構成する「民主主義」の原理である。[10]

ハーバーマスは、今日においても、自身の哲学を発展的に展開している。『ああ、ヨーロッパ』（二〇〇八年）では、EU憲法の「挫折」やヨーロッパ統合の「行き詰まり」状況が批判的に検証されたうえで、「国家のアリーナにおける制度的なディスクルス」と「エピソード的で非公式な日常的会話」を結びつける「蝶番」としての「政治的公共圏」の構築が提案される。それは、「ヨーロッパ・アイデンティティ」の形成のために、「国家の境界」を超えて機能する「コミュニケーション・ネットワーク」であり、「ヨーロッパ全域にわたる政治的な公論形成の場」であるという[11]。ハーバーマスの公共哲学は、教育学の世界にも多くの着想を与え、道徳教育、シティズンシップ教育、コミュニケーション教育などの実践で広く受容されつつある。

一方、アレント（Hannah Arendt）においては、「公共性」と「私事性」の境界は、古代ギリシャの「ポリス（都市国家）」と「オイコス（家、経済）」の区分を出発点としている。すなわち、生活の単位としての「家」「経済」に対して、「公共性」は、市民の自由な討論を基本に「政治」がおこなわれる場所である。周知のように、アレントは人間の行為を「労働」「仕事」「活動」に区分したうえで、「政治」にかかわる「活動と言論」を重視した。「活動」の領域は、人びとが互いに「何であるか」ではなく、「誰であるか」によって振る舞う領域である。他方で、近代社会では、「経済」が「家」から外部化され、各人が私的な経済的利害を求めて行動する「社会的領域」が興隆する。そこでは、人びとの行動は次第に均質化し、複数の異質な他者からなる「政治」が喪失する。アレントのいう「公共性」は、「差異」と「複数性」をもつ「人間関係の『網の目』」から構成されている[12]。

アメリカでは、リベラル―コミュニタリアン論争が展開され、そこにリバタリアニズム、保守主義、多文化主義、フェミニズム、ラディカル・デモクラシー、ポストコロニアリズムなどが加わることで活発な議論が交わされてきた。ロールズ（John Rawls）、ノージック（Robert Nozick）、ウォルツァー（Michael Walzer）、サンデル（Michael J. Sandel）、テイラー（Charles Margrave Taylor）、マッキンタイア（Alasdair MacIntyre）らの著作が脚光を浴びた。日本では、アメリカの公共哲学は、「正義論（justice）」への着目として拡がっている。サンデルの「政治哲学」の講義は、日本でもＮＨＫ教育テレビが放映した『ハーバード白熱教室』（二〇一〇年）や、『これからの「正義」の話をしよう』（二〇一〇年）をきっかけに広く親しまれ、公共哲学ブームを起こす火付け役となった。[13] サンデルは、功利主義的な哲学の伝統とロールズ的なリベラリズムの個人観を批判し、コミュニタリアニズムに立脚した「共通善（common good）」の形成を提唱する。彼によれば、人間は、家族関係や共同体、国家から離れて物語やアイデンティティを語ることはできない。その点で、人はつねにコミュニティのなかで「位置づけられた自己」を生きることになる。[14] サンデルの「正義論」は、二〇一一年の東日本大震災の悲劇に見舞われた日本の状況に対しても建設的な示唆を与えてきた。[15]

さらに、近年では、ジョン・デューイ（John Dewey, 1859-1952）をはじめとするプラグマティズム（pragmatism）の再評価がおこなわれている。一九八〇年代以降、ローティ（Richard Rorty）、パトナム（Hilary Putnam）、バーンスタイン（Richard J. Bernstein）、グリーン（Maxine Greene）、シュスターマン（Richard Shusterman）らによって、プラグマティズム・ルネサンスが誘発された。[16] プラグマティズムの思想は、一九世紀中頃のエマソン（Ralph Waldo Emerson）、ソロー（Henry David Thoreau）、ホイットマン（Walter Whitman）らの超越主義（トランセンデンタリズム）に端を発し、一九世紀末から二〇世紀前半にかけて、パース（Charles Sanders Peirce）、ジェイムズ（William James）、ミード（George Herbert Mead）、デューイらによって確立されたものである。現代のプラグマティズム再評価の動向は、哲学的には、ネオ・プラグマティズム（neo-pragmatism）と総称されている。一方、プラグマティズムの隆盛は、哲学分野に限らず、政治学、経済学、社会学、教育学、心理学、宗教学、美学など、学際的かつ領域横断的な分野に拡がっている。

なかでも、本書が注目するのは、デューイのプラグマティズムと民主主義の教育である。デューイは、一九世紀の自由市場的なリベラリズムの批判領域として「公共性」概念を析出し、「民主主義」と「公共性」を原理にした進歩主義的な学校改革を展開した。彼は、「民主主義」を「共生の作法（a way of living together）」と定義して、非市場的・非国家的なコミュニティの「社会的活動」を重視する一方で、世界恐慌を境に拡大した教育格差や貧困対策として国家の役割も強調した。そこで、デューイは、「民主主義」と「教育」を節合する方法を探索し、「民主的なコミュニティ（democratic community）」としての学校の創造を目指した。彼は、子どもたちの対話的、活動的、表現的な学びの実現を学校改革の課題に設定している。そして、多様な市民たちの参加と対話に根を張る学校づくりを推進し、学校・家庭・地域・社会が信頼によってつながりあうコミュニティとネットワークを開拓した。重要なのは、彼が、アートのもつ潜在力に着眼し、想像的なアートを軸にした学びを推進したことである。デューイの構想は、シカゴ大学実験学校（University of Chicago Laboratory School）での自身の教育活動に方向づけられ、その後の世界の進歩主義学校を実践的にリードしていった。デューイのプラグマティズムは、「共生の作法としての民主主義」を探究し、アートと学びによって、学校のイノベーションを創出する視界をひらいてくれる。[17]

今日、デューイの進歩主義教育やプラグマティズムについては、アメリカだけにとどまらず、ヨーロッパやアジアを中心に、高度な学術水準の研究が蓄積され、世界規模で活発な研究交流がおこなわれている。デューイやプラグマティズムの研究に従事する機関は、南イリノイ大学カーボンデール校デューイ研究センター（The Center for Dewey Studies, Southern Illinois University Carbondale）、ドイツのケルン大学デューイ・センター（Dewey-Center Köln, Humanwissenschaftliche Fakultät, Universität zu Köln）、ポツダム大学ウィリアム・ジェイムズ・センター（William-James-Center, Universität Potsdam）、イタリアのカラブリア大学のヨーロッパ・デューイ協会（Europian Dewey Foundation, Università della Calabria）、フェデリコ二世ナポリ大学デューイ研究所（Studi Deweyani, Università degli studi di Napoli Federico II）、コゼンツァ・イタリア・ジョン・デューイ協会（Fondazione Italiana John Dewey Onlus a

Cosenza）、プラグマティズム哲学研究センター（Il Centro di Studi Filosofici Pragma）、フランスのプラグマティズムとアメリカ哲学研究会（Groupe d'Études sur le Pragmatisme et la Philosophie Américaine）、スペインのアルカラ大学スペイン・デューイ研究センター（Centro de Estudios Dewey en España, Universidad de Alcalá）、ナバラ大学パース研究会（The Peirce Studies Group, University of Navarra）、オランダ・プラグマティズム協会（Nederlandse Stichting voor Wijsgerig Pragmatisme）、北欧プラグマティズム・ネットワーク（Nordic Pragmatism Network）、フィンランドのヘルシンキ大学ヘルシンキ・パース研究センター（Helsinki Peirce Research Center, University of Helsinki）とヘルシンキ・メタフィジカル・クラブ（Helsinki Metaphysical Club）、スロバキアのコメニウス大学の中央ヨーロッパ・プラグマティスト・フォーラム（Central European Pragmatist Forum, Univerzita Komenského）、ポーランドのヤゲロニア大学ジョン・デューイ研究センター（Ośrodek Badań nad Pragmatyzmem im. John Deweya, Uniwersytet Jagielloński）、ハンガリーのセゲド大学ジョン・デューイ研究センター（John Dewey Kutatóközpont, Szegedi Tudományegyetem）、トルコのビルケント大学デューイ・プロジェクト（Bilkent Dewey Projesi, Bilkent Üniversitesi）、ブラジルのサンパウロ・カトリック大学プラグマティズム研究センター（Centro de Estudos de Pragmatismo, Pontifícia Universidade Católica de São Paulo）、中国の復旦大学デューイ研究センター（復旦大学哲学学院杜威研究中心）、韓国のデューイ教育哲学相談研究所（듀이교육철학상담연구소）、国際プラグマティズム学会（International Pragmatism Society）、ジョン・デューイ学会（The John Dewey Society）、民主主義と教育に向けたジョン・デューイ・センター（John Dewey Center for Democracy and Education）、チャールズ・パース学会（The Charles S. Pierce Society）、ウィリアム・ジェイムズ学会（The William James Society）、日本デューイ学会（John Dewey Society of Japan）をはじめ、グローバルな規模で設立されている。

4　躍動する民主主義と教育

今日、民主主義に対する疑念、嫌悪、停滞、カオス、漂泊感が拡がっている。一九世紀以降のナショナルな領域に規定された「公＝国家」教育を超えて、グローバルな人材育成が求められる一方で、地域のローカルな活動やナショナルな境界を再定義する動きも活発化している。社会の複雑化、複合化、流動化、不確実化は、政治、経済、市民社会、文化、環境、情報、技術、福祉、医療など、さまざまな領域に及んでいる。教育を支える社会的な条件が変化し、子どもたちの学びと育ちの環境が変容を余儀なくされるなかで、シニシズムが漂泊している。本書が意図するのは、そのような状況を踏まえ、未来社会に向けて躍動する「民主主義への教育」を再建し、「希望の学校」を創出する方途を探ることである。具体的には、プラグマティズムと進歩主義の哲学を底流にして、教育の公共性と民主主義をローカル、ナショナル、グローバルな地平で再構築するヴィジョンを示すことにしたい。

第Ⅰ部では、民主主義と教育に拡がるシニシズムから、新たに学びの希望と展望を紡ぐ改革を探ることにする。今日、一九、二〇世紀型の「国民教育」を超えて、グローバルな観点から教育を再構築することが要請されている。一九世紀以降の国民国家、産業主義、大衆社会、都市化、中央集権的な制度機構を背景に建設された近代学校は、二〇世紀後半には大きな転換点に直面した。一九八〇年前後にピークを迎えた教育の近代的状況を境に、以後、教育の自由化、市場化、規制緩和を標榜する新自由主義や、愛国心や共通教養を鼓吹する新保守主義が支配的な勢力を形成した。アメリカでは、二〇〇一年の同時多発テロを皮切りに愛国者法や、どの子も落ちこぼれさせない法（No Child Left Behind Act of 2001）が制定され、日本でも、教育基本法の改正や知識基盤社会に向けたグローバルな人材育成が進められた。一方で、経済低迷に伴う労働市場の悪化や、格差の拡大、家庭の危機などに視線が注がれ、民主主義と教育は混迷した状況にある。第一章では、増長する学びのシニシズムをくぐり抜けて、学びと生の希望を再生し、「民主主義への信頼」を再興する回路を、デューイの「生き方としての民主主義」の角度から描くことにする。第二章では、プラグマティズムのアート論に注目し、「アートと学びの公共空間」を構築する哲学的、実践的、政策的なあり方について考えることにしたい。

第Ⅱ部では、進歩主義のシティズンシップと民主主義の教育について考察する。近年、シティズンシップ教育に関する議論が活気を帯びている。ヨーロッパでは、一九九二年二月に当時の欧州共同体（ＥＣ）一二か国で調印されたマーストリヒト条約を契機に、欧州連合（ＥＵ）設立の基盤が形成され、ＥＵ圏内の市民の移動・居住の自由や就労の自由、選挙権と被選挙権を含む「ＥＵ市民権（Citizenship of the European Union）」が認可された。二〇〇五年は、ヨーロッパ評議会（Council of Europe）によって「教育を通じたヨーロッパ・シティズンシップ年（Year of European Citizenship through Education）」と位置づけられた。シティズンシップ教育は、アメリカ、ヨーロッパ、アジアをはじめ、グローバルな規模で推進されてきた。他方で、シティズンシップの実践は、市民の成員資格や、正義、公正、権利、平等、アイデンティティ、社会的統合をめぐる議論も絡んで、さまざまな困難と障壁にも遭遇している。シティズンシップ教育とは、いったい何なのか。それは、どのような歴史的経過を辿って成立したのか。これからのシティズンシップと民主主義の教育をどのように展望することができるのだろうか。第三章では、進歩主義期のシティズンシップ教育を先導したトマス・ジョーンズ（Thomas Jesse Jones, 1873-1950）の学校改革を取りあげ、第四章では、二〇世紀初頭のハイスクールの普及とあわせて浮上したシティズンシップ教育を検討する。さらに、第五章では、一九八〇年代以降の進歩主義教育を牽引し、「民主主義への信頼」を探究したデボラ・マイヤー（Deborah Meier）の学校改革について思索を巡らせることにしたい。

第Ⅲ部では、新たな民主主義と教育の時代に向けた学校づくりに照準を合わせる。グローバル化とローカル化が進行する現代世界において、新たな知識と学びと学力の輪郭を示すことが求められている。知識基盤社会、高度情報社会、多文化共生社会、環境循環型社会など、社会が急激な変貌を遂げるのに伴って、高度で専門的かつ複合的な知識、思考、能力、スキル、対人関係が要請されている。また、人種、民族、宗教、言語、習慣、階層、ジェンダーの差異を越境し横断した活動や、異質な他者と対話し、異なる価値、文化、習慣、規範と共生するコミュニケーションが強調されている。子どもたちの探究的思考、創造的思考、批判的思考、社会参加、コミュニケーション能力の育成が目指されるのは、そのような変化に対応したものである。これからの学びをどのように構想するのか、授業とカリキュラムをどのようにデザインするのか、教師の専門的実践をどのように支援するのか。これらの課題は、国家や国民の境界を超えたトランスナショナルな次元で提起されねばならない。それは、旧来の「国民教育」の枠組みから離れ、グローバル時代の民主主義と教育の展望を創出する実践を導くものである。第六章では、ポスト産業主義時代において、教育・学習・学校のイノベーションを具体化する方法を、文化歴史的活動理論（cultural-historical activity theory）とプラグマティズムの哲学によって描きだし、第七章では、現代プラグマティズムと民主主義の学習について、アート・学び・コミュニケーションの角度から考え、第八章では、民主主義社会における専門的実践としての教師の成長に光を照らすことにしよう。

注

（1）佐藤学『「義務教育」概念の歴史的位相——改革のレトリックを問い直す」『教育学研究』第七二巻第四号、二〇〇五年、四三二—四四三頁。

（2）ロバート・オーウェン『社会変革と教育』渡辺義晴訳、明治図書出版、一九六三年。
（3）Langton, John, Morris, Robert John, *Atlas of Industrializing Britain 1780–1914*, London and New York: Methuen, 1986.（ラングトン、モリス『イギリス産業革命地図——近代化と工業化の変遷一七八〇—一九一四』米川伸一・原剛訳、原書房、一九八九年。）
（4）コンドルセ他『フランス革命期の公教育論』阪上孝編訳、岩波書店、二〇〇二年。コンドルセ『革命議会における教育計画』渡邊誠訳、岩波書店、一九四九年。宮澤康人『近代の教育思想』放送大学教育振興会、一九九三年。
（5）ただし、一九世紀中頃のフランスの就学率は、非常に緩やかな割合で増加したことにも注視する必要がある（梅根悟監修『世界教育史大系一〇　フランス教育史Ⅱ』講談社、一九七五年、一三一—一三二頁）。その要因について、アリエス（Philippe Ariès）は、一八世紀啓蒙思想の後に来る一九世紀の「社会的保守主義」が民衆を無知と文盲の状態にとどめておこうとしたことが背景にあると論じている。（Ariès, Philippe, *L'enfant et la vie familiale sous l'Ancien Régime*, Paris: Plon, 1960.（アリエス、フィリップ『〈子供〉の誕生——アンシャン・レジーム期の子供と家族生活』杉山光信・杉山恵美子訳、みすず書房、一九八〇年、二九三頁。））
（6）Fichte, Johann Gottlieb, *Reden an die deutsche Nation*, Berlin: Realschulbuchhandlung, 1808.（フィヒテ『ドイツ国民に告ぐ』大津康訳、岩波書店、一九八八年。）
（7）北野秋男『アメリカ公教育思想形成の史的研究——ボストンにおける公教育普及と教育統治』風間書房、二〇〇三年。
（8）Ravitch, Diane, *Left Back: A Century of Failed School Reforms*, New York: Simon & Schuster, 2000, p. 20.（ラヴィッチ、ダイアン『学校改革構想の一〇〇年——二〇世紀アメリカ教育史』末藤美津子・宮本健市郎・佐藤隆之訳、東信堂、二〇〇八年、四頁。）
（9）Habermas, Jürgen, *Strukturwandel der Öffentlichkeit: Untersuchungen zu einer Kategorie der bürgerlichen Gesellschaft*, Frankfurt am Main: Suhrkamp, 1990.（ハーバーマス、ユルゲン『公共性の構造転換——市民社会の一カテゴリーについての探

究』細谷貞雄・山田正行訳、未來社、一九九四年。）

（10）Habermas, Jürgen, *Theorie des kommunikativen Handelns*, Frankfurt am Main: Suhrkamp, 1981.（ハーバーマス、ユルゲン『コミュニケイション的行為の理論』河上倫逸・フーブリヒト、M・平井俊彦訳、未來社、一九八五―一九八七年。）*Faktizität und Geltung: Beiträge zur Diskurstheorie des Rechts und des demokratischen Rechtsstaats*, Frankfurt am Main: Suhrkamp, 1992.（『事実性と妥当性――法と民主的法治国家の討議倫理にかんする研究』河上倫逸・耳野健二訳、未來社、二〇〇二―二〇〇三年。）*Erläuterungen zur Diskursethik*, Frankfurt am Main: Suhrkamp, 1991.（『討議倫理』清水多吉・朝倉輝一訳、法政大学出版局、二〇〇五年。）

（11）Habermas, Jürgen, *Ach Europe: Kleine politische Schriften XI*, Frankfurt am Main: Suhrkamp, 2008.（ハーバーマス、ユルゲン『ああ、ヨーロッパ』三島憲一・鈴木直・大貫敦子訳、岩波書店、二〇一〇年。）

（12）Arendt, Hannah, *The Human Condition*, Chicago: University of Chicago Press, 1958.（アレント、ハンナ『人間の条件』志水速雄訳、筑摩書房、一九九四年。）

（13）サンデル、マイケル『ハーバード白熱教室講義録＋東大特別授業（上）（下）』ＮＨＫ「ハーバード白熱教室」制作チーム・小林正弥・杉田晶子訳、早川書房、二〇一〇年。Sandel, Michalel J., *Justice: What's the Right Thing to Do?*, London: Penguin, 2010.（サンデル、マイケル『これからの「正義」の話をしよう――いまを生き延びるための哲学』鬼澤忍訳、早川書房、二〇一〇年。）

（14）Sandel, Michalel J., *Liberalism and the Limits of Justice*, Cambridge: Cambridge University Press, 1998.（サンデル、マイケル『リベラリズムと正義の限界』菊池理夫訳、勁草書房、二〇〇九年。）

（15）サンデル、マイケル、ＮＨＫ「マイケル・サンデル究極の選択」制作チーム『マイケル・サンデル大震災特別講義――私たちはどう生きるのか』ＮＨＫ出版、二〇一一年。

（16）Rorty, Richard, *Philosophy and the Mirror of Nature*, Princeton: Princeton University Press, 1979.（ローティ、リチャード

『哲学と自然の鏡』野家啓一監訳、産業図書、一九九三年。）*Consequences of Pragmatism: Essays, 1972-1980*, Minneapolis, Minn.: The University of Minnesota Press, 1982.（『哲学の脱構築——プラグマティズムの帰結』室井尚・吉岡洋・加藤哲弘・浜日出夫・庁茂訳、御茶の水書房、一九九四年。）*Philosophy and Social Hope*, London: Penguin Books, 1999.（『リベラル・ユートピアという希望』須藤訓任・渡辺啓真訳、岩波書店、二〇〇二年。）Putnam, Hilary, *The Collapse of the Fact/Value Dichotomy and Other Essays*, Cambridge, Mass.: Harvard University Press, 2002.（パトナム、ヒラリー『事実／価値の二分法の崩壊』藤田晋吾・中村正利訳、法政大学出版局、二〇〇六年。）*Ethics without Ontology*, Cambridge, Mass.: Harvard University Press, 2004.（『存在論抜きの倫理』関口浩喜・渡辺大地・岩沢宏和・入江さつき訳、法政大学出版局、二〇〇七年。）Bernstein, Richard J., *The New Constellation: The Ethical-Political Horizons of Modernity/Postmodernity*, Cambridge, UK: Polity Press, 1991.（バーンスタイン、リチャード『手すりなき思考——現代思想の倫理—政治的地平』谷徹・谷優訳、産業図書、一九九七年。）

(17) 本書では、デューイの著作集 Dewey, John, *The Collected Works of John Dewey, 1882-1953* の *The Early Works of John Dewey, 1882-1898*, 5 vols., Boydston, Jo Ann, (ed.), Carbondale: Southern Illinois University Press, 1967-1972. *The Middle Works of John Dewey, 1899-1924*, 15 vols., Boydston, Jo Ann, (ed.), Carbondale: Southern Illinois University Press, 1976-1983. *The Later Works of John Dewey, 1925-1953*, 17 vols., Boydston, Jo Ann, (ed.), Carbondale: Southern Illinois University Press, 1981-1991. からの引用は、それぞれ *The Early Works, The Middle Works, The Later Works* と記し、巻数と頁数を示すことにする。

第Ⅰ部　民主主義と教育を問いなおす

第1章　グローバル時代の学校の公共性と民主主義

1　グローバル時代の学校改革と公共性

一九八〇年代以降、教育改革の趨勢は、学校を平等という次元で語り、学びへの希望と信頼を積極的に追究することを回避してきた。この間、日本、イギリス、アメリカをはじめとした先進諸国において、学校をめぐる言説を支配したのは、教育の自由化、市場化、規制緩和を標榜する新自由主義の改革であった。日本の学校は、いじめ、不登校、学級崩壊、学力低下など「危機」にあると宣言され、教育の画一的な平等に原因が帰せられる一方で、自由な選択と競争の市場原理への移行にさらされてきた。学校と教師への不信が高まり、教育の制度基盤が揺らぐと同時に、学習意欲の低下や、学校外での学習時間の減少など、学びへのニヒリズムとシニシズムに見舞われた[1]。教育学においても、学校批判や教育批判が議論され、近代的な学校制度や教育関係の権力性や硬直性を批判する研究が公表された。一方、二〇〇〇年代に入ると、ＯＥＣＤのＰＩＳＡ（Programme for International Student Assessment）に代表される活用型の学びが脚光を浴び、知識基盤社会への教育が志向されるとともに、他方では、二〇〇八年の世界的な経済危機と前後して、貧困や格差の問題がクローズアップされてきた。こうしたなかで、今日、学校の積極的な未来と展望を語り、学びへの希望と価値と信頼を探ることによって、オルタナティブな学校の公共性像を開示する方略が改めて問われている。

一九世紀から二〇世紀にかけての公教育の法制化は、領域国家的な公概念に偏重する形で成立し発展してきた。一九世紀の欧米や日本は、国民国家の統合と資本主義の発展、産業化、都市化、中央集権的な統治機構の制度化などを背景に、近代学校の建設と拡充を進めた。戦後日本では、日本国憲法や高度経済成長に支えられ、教育の機会均等の理念や国民の所得水準の向上が実現し、高校・大学への進学率の上昇とともに、学校の過熱化と量的拡大が進行した。だが、一九八〇年前後を境に、学校の量的拡大がピークに達し、教育の近代的理念を成就したかのような状況で、さまざまな教育問題が噴出することになる。新自由主義は、戦後教育への批判を喚起する形で台頭し、教育の平等化から自由化への転換を促した。現在、ナショナルな国家領域に規定された公教育の地平を超えて、民主主義に立脚した学校の公共性を構想しなおすことが要請されている。知識基盤社会、高度情報社会、多文化共生社会、環境循環型社会など、現代の社会変化は、グローバルなレベルで生起している。学校の学びでは、基礎的・基本的な知識の獲得だけではなく、探究的思考、創造的思考、批判的思考、社会参加、コミュニケーションなど、市民的な資質形成へと向かう改革が推進されている。

ところで、グローバル時代の学校は、国家の境界を超えるだけでなく、分権的な地域主権の教育やコミュニティの学びを活性化させ、家庭的なホームやケアを基底にした親密性としての学校づくりをも促進させている。学校では、世界規模のコスモポリタン的な市民形成が志向され、差異を越境した対話や熟議が促される一方で、地域の特色を生かしたカリキュラムや、学びあいの授業、コミュニティの学びが奨励されている。格差の拡大や貧困の増加、労働市場の縮小化、離婚家庭の増大や家庭の崩壊をはじめ、子どもを取りまく状況が変化するなかで、学びのシニシズムや意味喪失が蔓延してきた。そのなかで、子どもたちが学びを通してケアしケアされるホームとしての学校の機能が求められている。

学校は他者とつながり結びあう互恵的な空間であり、教師と子どもや子ども同士が信頼し安心して学び育つ場所である。学校の公共性への問いは、親密性を含むローカルな圏域と密接に絡みあう局面を演出している。

このように、二一世紀の学校をめぐる状況は、グローバル化とローカル化という、一見異なる政治的スペクトルへと向かう改革路線を辿っている。ここでは、学びのシニシズム状況を踏まえ、新たに学びと生の希望を紡ぐ経路を探り、学校の公共性と民主主義を再構築するヴィジョンを展望する。一九八〇年代以降の新自由主義の教育は、シニシズムの蔓延を促した。今日、民主主義と平等の学びを再生し、革新的な学校を創造することが要請されている。このことは、教育の生と制度、自由と平等、親密性と公共性をどのように再構築し、生き方の展望をひらく民主主義をどのように構成するのかを探究することを意味している。現代のグローバル時代において、学びと生の希望をつなぎ、学校改革と公共性を生成する方略が求められている。

2　一九八〇年代以降の新自由主義と学校

二〇世紀終盤のグローバル社会化は、国民国家の変容を迫り、従来の国家領域とは異なる視点から公共性を認識する必要性を喚起した。冷戦体制の終結は、自由主義経済の圧倒的な勝利を予感させ、自由市場を基底にした世界秩序を形成する理想を謳歌させた。二〇世紀のアメリカは、自動車産業、航空機、電子工業、石油化学を中心に飛躍的な経済発展を遂げ、世界を先導する牽引役を務めた。だが、一九七〇年代には翳りが生じる。西側諸国の福祉国家体制は、膨張する財政赤字によって後景に退き、市場化、自由化、民営化への移行が進められた。アメリカでも、製造業の衰退が顕著になり、貿易収支が赤字に転じ、経済成長が鈍化した。九〇年代以降は、金融、情報、電気通信を主要産業に据えて、グローバルな自由主義をリードする戦略をとった。自由化、民営化、規制緩和がおこなわれ、新自由主義の政策が旋風を巻きおこした。

一九八〇年代以降、日本、イギリス、アメリカの教育改革を先導した新自由主義は、このような産業構造の転換に呼応している。教育の自由化と規制緩和が進められ、選択と競争を基軸とする市場原理的な改革が推進された。日本では、八四年から八七年にかけての臨時教育審議会は、公教育を「深刻な危機」にあるとみなし、「教育の個性化」を旗印に、学校教育の自由化、多様化、弾力化を促した。[2] 八〇年代は、校内暴力、管理教育、少年非行、いじめ、登校拒否（不登校）、学歴偏重、受験競争の過熱化が社会問題となり、メディアを賑わした時期でもあった。学校は、いじめ、不登校、暴力、非行への対応に追われるとともに、「偏差値教育」や「詰め込み教育」の画一性、均質性、硬直性が非難された。学校バッシングや教師バッシングが噴出し、公教育は批判の矢面に立たされた。

注目すべきなのは、こうした事態が、高校進学率が九五％を超え、教育の量的拡大という近代的理念が頂点に達したかにみえた状況下で生じたことである。近代的な学校制度が完成するかにみえた情勢で、学校と教師への異議申し立てがおこなわれ、学校は高まる不信と不満を前に、制度基盤を根底から揺るがされたのである。新自由主義の改革は、このような公教育へのルサンチマンを巧みに利用し、学校と教師への不信と不満を埋め合わせるかのように勢力を拡大した。戦後教育が形式的で画一的な平等主義に陥っていると批判され、教育の平等化から自由化への方向転換が目指された。

一九九五年に経済同友会が発表した「学校から『合校《がっこう》』へ」は、教育の自由化と市場化を加速させることになる。[3] 学校の機能を従来の三分の一に縮小し、残りの部門を民間の市場セクターとボランティアなどの地域セクターに移管する「合校論」は、二〇〇〇年一月の「二一世紀日本の構想」懇談会の報告書に反映された。報告書では、義務教育を週三日として内容のスリム化をはかり、残りの二日を補習、学術・芸術・スポーツなどの教養、専門的な職業教育に充当して、民間で履修する案が示された[4]。学校の自由化、市場化、規制緩和は、公立中高一貫校の設置、学校選択制・選択科目の導入、学習指導要領の大綱化、文部省の機構改革などの引き金となっていった。

自由化と規制緩和は、労働市場においても急速に進められた。九五年の日経連による「新時代の『日本的経営』」は、労働者を「長期蓄積能力活用型グループ」「高度専門能力活用型グループ」「雇用柔軟型グループ」に分類する提言をおこなった[5]。九九年の経済戦略会議の答申「日本経済再生への戦略」は、「行き過ぎた平等社会」と決別し、個人の「自己責任」と「自助努力」を中心とする「競争社会」への移行を提唱した[6]。同年、労働者派遣法が改正され、派遣労働の自由化が進み、雇用の流動化、非正規化、不安定化が招かれることになる。これらは、個人の能力・意欲・成果に重心をおく市場原理的な制度改革の先鞭をつけた。

ところで、八〇年代以降の新自由主義の改革が、ポストモダン思想の隆盛と時期的に連動していたことには注意を払う必要がある。ネオ・マルクス主義、ポスト構造主義、精神分析、記号論、脱構築、フェミニズムが流行し、教育学においても、再生産理論、脱学校論、社会史研究、精神分析、批判的教育学、隠れたカリキュラムなどが広く親しまれた。フーコー、ドゥルーズ（Gilles Deleuze）、デリダ（Jacques Derrida）、アリエス、ブルデュー（Pierre Bourdieu）、アルチュセール（Louis Pierre Althusser）、イリイチ（Ivan Illich）、アリス・ミラー（Alice Miller）らの思想が紹介され、近代的な学校制度や教育関係に隠された問題性を告発し批判する言説が論壇を駆け巡った。たとえば、イリイチの「学校化された社会」への批判は、教育が学校に独占される「教育の制度化」を批判し、学校制度を媒介しない「自立共生空間」において「学びのネットワーク」を生成するという議論を呼び起こした。それは、学校制度や教育制度の外側に、生活に根を張る「生き生きとした学びの領域」を担保しようとする[7]。

制度と生という二分法は、ハーバーマスが「システムによる生活世界の植民地化」を批判し、「国家＝公権力」を規制する「市民社会」を擁護した点と重なりあう。彼において、「市民社会」は、「国家」と「市場」から自律した「生活世界」を基礎に、「非国家的・非経済的な結合関係」として構成される。具体的には、教会、文化的なサークル、学術団体、メディア、スポーツ団体、市民運動などである。(8) 制度の外部に生活世界を想定する議論は、従来の国家的、経済的な領域から自律した市民社会の理念に連続している。(9) 冷戦終結からグローバル世界への移行は、新しい社会運動や市民運動に息吹を吹き込み、国家の領域を超えた自由な市民社会の歓喜を称揚し謳歌する動向を水路づけた。グローバルな市民社会は、人権、環境、情報、国際理解、エスニシティ、ジェンダーといった新規な課題を前に大いに注目された。

八〇年代以降の教育改革は、中央集権的な公教育制度を批判し、領域的な国家の枠組みを相対化し自由化した学校システムへの再編を促した。重要なのは、教育を自由化し市場化する新自由主義の議論が、イリイチの「学校化社会」への批判やハーバーマスの市民社会論と親和的な側面をもっていた点である。近代的な学校制度を批判し、システムの外側に、生活・市民社会に根ざした「生」と「学び」の領域を確保する議論は、公教育をスリム化し、市場セクターと地域セクターとの統合を進める「合校論」と整合する面を有している。(10) この意味では、時をほぼ同じくして設立されたフリー・スクールやオルタナティブ・スクールも例外ではない。いじめ、不登校、受験競争、詰め込み教育など、学校と教師への相次ぐ批判と疑念を前に、従来の学校制度の外部において、「生き生きとした学びの領域」を確保することが企図された。一方で、九〇年代には、「心の教育」が叫ばれ、教育相談やスクール・カウンセラー制度が導入された。

新自由主義は、当初、市場や市民社会に対する介入を除去し、個人の自由な「生」の空間を活性化しようとした。この点で、市場と市民社会は部分的に手を携え、緩やかなカップリング反応を示すようになる。すなわち、非国家的、非経済的な市民社会の議論は、教育の公的責任を縮小し自由化する新自由主義の改革と融合する。戦後の制度システムがいったん解体され、市場と市民社会の創出、拡張、革新が目指される。教育改革において、その流れは、九〇年代末以降の学校選択や競争中心の改革を後押しし、教育の自由化、市場化、規制緩和の正当化に帰着する。新自由主義は、近代的な学校制度への不信と不満を代弁すると同時に、自由な市民社会セクターへの期待を喚起する形で威力を発揮したのである。

3　転換する学びと学校

（1）新自由主義と「生きる力」——学びのシニシズム状況の拡大

一九九〇年代以降の新自由主義の傾向は、日本の教育課程改革とも無縁ではない。八九年の学習指導要領改訂は「新学力観」を打ちだし、九八年の改訂は「ゆとり」のなかで「生きる力」を育むことを提唱した。「生きる力」とは、「いかに社会が変化しようと、自分で課題を見つけ、自ら学び、自ら考え、主体的に判断し、よりよく問題を解決する資質や能力」とされ[11]、あわせて「学校完全週五日制」「教育内容の三割削減」「総合的な学習の時間」などの施策が示された。

注意したいのは、「学校週五日制」や「教育内容の三割削減」の政策が、しばしば「ゆとり教育」の象徴とされるのとは異なり、学校の機能をスリム化し、教育の公的責任を最小化する新自由主義の論理と融合する点である。一九八〇年前後から使われた「ゆとり」の概念は、狭義の解釈では、教育課程編成上の自由裁量の拡大を指し、「総合的な学習の時間」の創設はカリキュラムの自由裁量の流れに連なる一方で、広義には、学校の自由化、市場化、機能縮小をはかる新自由主義の改革に接近する[12]。学校制度の外部の生活・市民社会において「生」と「学び」の回復を意図する視点は、「生きる力」の理念や、「学校週五日制」「教育内容の三割削減」の施策と方向性が重なりあう側面をもっている。

学校では、「ゆとり」と「生きる力」が強調される傍らで、新自由主義的な制度再編がおこなわれた。九七年の文部省通達「通学区域制度の弾力的運用について」をもとに学校選択制が導入され、九八年の学校教育法改正によって公立中高一貫校・中等教育学校の設置が認可された。〇二年の「確かな学力の向上のための二〇〇二アピール『学びのすすめ』」は、習熟度別学習や能力別編成を準備し、〇三年からの「教育改革特区」は、学校法人以外の法人の学校の設置運営や、社会人の教員採用、英語での授業、小中高一貫教育など、教育の分権化、民営化、規制緩和を促した。二〇〇六年に教育基本法が改正され、翌年には教育三法が改正された。教員免許更新制や全国学力・学習状況調査が開始された。特徴的なのは、これらの改革が学校と学びの環境を競争的に格差化し序列化していった点である。(13)

一方で、「ゆとり教育」が実施される二〇〇二年と前後して、子どもの学習意欲の低下が表面化し、学びの意味や関心の喪失が浮き彫りにされた。〇三年の第二回PISAで、日本の子どもは、「数学についての本を読むのが好きである」「数学で学ぶ内容に興味がある」「学校は退屈だ」などの項目で、参加四一か国・地域中で最下位であることが示された。また、〇六年の第三回PISAでも、「科学についての本を読むのが好きだ」「科学に関するテレビ番組を見る」「科学に関する雑誌や新聞の記事を読む」などで参加五七か国・地域中最低であり、「わたしは自分の役に立つとわかっているので、理科を勉強している」「将来自分の就きたい仕事で役に立つから、努力して理科の科目を勉強することは大切だ」など、「理科学習に対する道具的な動機づけ指標」でも最低水準にあることが判明した。(14)

「新学力観」以降、子どもの「関心、意欲、態度」が重視され、「学習意欲」を高める授業づくりや「生きる力」の育成に力点がおかれてきたが、そうした取りくみとは裏腹に、学ぶことへの意味と意欲の低下が顕在化した。学びと生の希望が喪失し、教育をめぐるシニシズムが増幅した。「ゆとり教育」は、学力低下や学習意欲の低下の原因にされた一方で、九〇年代以降の改革を主導した新自由主義の責任を問う議論は回避され続けてきた。子どもの学びを取りまく力を拡大させていった。
「危機」は、「ゆとり教育」にのみ原因が帰せられ、新自由主義の果たした責任の方は検証されるどころか、ますます勢力を拡大させていった。

（2）　知識基盤社会のなかの学びと学校――「生きる力」の逆説

二〇〇〇年代後半に入り、教育課程改革は新たな段階を画する転換期を迎えた。〇八年の学習指導要領改訂は、「知識基盤社会」のなかで「生きる力」を育むことを前面に掲げた。九八年の「生きる力」の理念は継承される一方で、「ゆとり教育」の見なおしがおこなわれ、「知識基盤社会」の強調へと変質している。教育内容においては、言語活動、理数教育、伝統や文化に関する教育、道徳教育、体験活動の充実、小学校段階での外国語活動が示され、学力面では、①基礎的・基本的な知識・技能の習得、②知識・技能を活用して課題を解決するために必要な思考力・判断力・表現力等、③学習意欲が重視された[15]。学校では、「問題解決能力」「活用能力」「コミュニケーション能力」「人間力」など、能力主義的な考え方が拡がっている。その背景に、ＯＥＣＤのＰＩＳＡやＤｅＳｅＣｏの「キー・コンピテンシー」の考え方があることも指摘されてきた[16]。

だが、グローバル化と知識基盤社会化が進展する一方で、子どもの学びと生を取りまく社会的条件は、深刻な事態にさらされている。その第一の要因は、教育と労働市場の関係として浮上する。工業社会から知識基盤社会への転換は、高度な熟練労働や知識人材の需要を増やす一方で、中堅の労働者を減少させた。一九七〇年代を頂点に製造業に従事する労働者数が減少し、九〇年代以降は専門職や技術職が増加して、サービス産業が労働人口のトップとなる。具体的には、法律家、会計士、経営コンサルタント、設計士、デザイナー、情報処理技術者、医療従事者、福祉関係者などである[17]。一方、経済成長が鈍化し、労働市場が変容するなかで、若年層の雇用情勢が悪化し、パート、アルバイト、派遣社員、契約社員など非正規雇用が増加し続けている。

第二は、社会的不平等と格差の拡大である。周知のように、二〇〇六年の日本の相対的貧困率は一五・三％とされ、子どもの貧困率も一四・二％と発表された[18]。第一の要因に加え、貧困と格差の拡大は、子どもの学びの環境に大きく作用している。高度成長期においては、高学歴化を通じて社会的な階層上昇が期待されたが、経済の低迷や中間層の後退が進み、貧困と格差が拡がる状況下で、教育による階層上昇という成功の物語は描き難くなる。少子高齢化と人口減少が進み、成長モデルの限界が顕著になるなかで、子どもの将来の見通しが不安定化、不透明化し、進学競争や受験競争へのインセンティブが相対的に低下していく。社会の格差と不平等が拡大し、競争と序列化の市場原理が浸透するなかで、学びの意味喪失が深刻化している。

第三に、家庭の危機がある。本来、家庭は、親密さ、安心、愛情、基本的な愛着関係などを育む場所であるが、今日、家族は、そうした安定的な機能を担えなくなりつつある。家庭内の不和や不仲が目立つのに加え、離婚件数が増加し、ひとり親家庭が増加している。精神疾患、ドメスティック・バイオレンス（ＤＶ）、うつ、適応障害、パニック障害に悩む家庭も少なくない。学校の教室には、離婚家庭の子ども、未婚母の子ども、再婚家庭の子ども、虐待された子ども、社会的な養護のもとにある親の子ども、うつ病や自殺未遂に苦しむ親とともにいる子ども、児童養護施設で暮らす子ども、里親家庭で育つ子どもがいる。危機にあるのは、子どもが安心して学び育つ親密性の空間である。学びのシニシズムは、学びと生を取りまく社会的、制度的な条件が浸食され、子どもたちの生き難さが拡がる状況のもとで進行している。

かくして、知識基盤社会に向けた学校改革が前進した一方で、社会を覆う新自由主義もまた継承された。社会的なセーフティネットが縮小され、安定した生活基盤が掘り崩される過程で、格差と不平等が自明視され、個人の「生」に過剰な責任が負荷された。神野直彦は、新自由主義にとって「改革」とは『失業と飢餓の恐怖』を復活させ、それを鞭にして『経済的活力』を高めることにほかならない」と述べているが[19]、「生きる力」の理念は、そのような「恐怖」のなかで生きなければならない現実を想起させる。それは、「個人化」（ベック、Ulrich Beck）、「液状化」（バウマン、Zygmunt Bauman）、「生権力・生政治」（アガンベン、Giorgio Agamben）の議論を挙げるまでもなく[20]、流動化し不確実化する社会のリスクや不安定要素さえもが個人の「自己責任」に転嫁されがちな「生」のあり様を彷彿させる。競争を通じた格差と序列化を経済活性化の源に据える新自由主義は、学校の制度改革と機能的に連結している。

二〇〇九年の民主党への政権交代に伴い、子ども手当や高校授業料無償化などが導入された。格差や貧困への関心が拡がった一方で、新自由主義の路線が軌道修正されたとは言い難く、新自由主義と市民社会との緩やかな結託も維持された[21]。土曜学校、放課後子ども教室、学校支援地域本部、学校ボランティア、コミュニティ・スクールの活動が拡がり、「熟議カケアイ」「リアル熟議」など「熟議の民主主義」（ハーバーマス）による学校づくりが国家主導で推進された[22]。二〇一二年一二月に政権に復帰した自民党は、小学校から大学までの六・三・三・四制の見なおし、幼児教育の無償化、大学入試改革、大学強化、教科書検定基準の抜本的な改革、教育委員会制度の改革、いじめ防止対策基本法の成立、「教師インターンシップ」の導入などを公約に掲げ、教育を新たな争点として位置づけている。市民社会が非国家的、非経済的な領域として自律するよりも、国家、市場、市民社会が親和的に作用している。

新自由主義は、子どもの学びにかかわる家庭的、社会的、経済的条件に目を向けた制度設計には消極的な一方で、「生きる力」を強調し、それを「意欲」や「能力」によって規定する改革を先導してきた。学びのシニシズムについても、子どもの「意欲」や「能力」の問題に還元し、個人の「自己責任」に回収する傾向が強く、家庭や労働市場の変化など社会的な次元に焦点を合わせて支援する動きは希薄である。この意味で、「生きる力」の教育は逆説的である。それは、新自由主義によって貧困化した学びの環境を補完し埋め合わせるものであると同時に、「生きる力」の理念を標榜することそれ自体が新自由主義の改革に再び加担し、教育の市場化と自由化を後押しする要素を含んでいる。

4　学校の公共性と民主主義のヴィジョン

(1)　生き方の展望としての民主主義

本節では、学びのシニシズム状況を現前にして、グローバル時代の学びと生の希望をひらく学校改革と公共性について探ることにする。新自由主義が牽引してきたなかで、教育の生と制度を節合し、自由と平等を再構築し、国家、市場、民主主義を再調整することが要請されている。

この点については、デューイの公教育論が参考になる。彼は、民主主義と公共性を底流にした学校改革を展開した。「民主主義」は、「特定の政治形態」や「政治的、行政的側面」よりも広く、「共生の作法」という「生き方の問題」としてとらえられている[23]。これは制度に対する生の優位を説くハーバーマスの市民社会論に通底すると考えられがちだが、デューイにおいて、システムと生活世界の二分法は共有されない。公共性は、人びとの対話的な関係を基礎にした活動空間であるとともに、社会的な行為を組織して、生と制度を媒介し再構築する機能的な働きによって認識される。「民主主義は、適切な条件が提供されれば、人間が知性的に判断し行為する可能性をもつことへの信念によって統制される個人的な生き方である」という[24]。

ここで重要なのは、「民主主義」の観念が、確定された所与のものではなく、つねに創造と再創造の過程にあるという考え方である。デューイによれば、「民主主義」についての「最大の誤り」は、それを「何か固定したもの」と考えることにある。「民主主義」は、「絶えず新たに探究され」、「発見され再発見され」、「創造され」、「それまでと同じように存在することができない」ものである。[25] この意味で、「民主主義と教育の関係」は、「互恵的で相互的」であると同時に、「民主主義」は、それ自体、「教育の原理であり、教育の方針であり、政策なのである」。[26] 人間が知性的に行為し、生き方の展望を紡ぐ「民主主義の実践」は、教育をめぐる政治的、社会的、制度的なシステムの創出に連結している。

生き方の民主主義を探る教育は、すべての子どもが質の高い学びに参加し、平等な教育機会が保障される学校制度への関心を誘発する。デューイは、「自由と平等の対立」ではなく、両者を結びつけようとした。「自由」を「経済領域の個人的行為」に還元する「形式的」で「抽象的」な理解を批判し、「個人が実際に自由になる政治的、経済的条件の平等化」によって、「機会と行為の実際的で具体的な自由」を実現することを意図した。[27] 協同関係のなかで「個人の潜在能力」を解放する「自由」と、「協同行為の結果としての配分」を指す「平等」とは、機能的、相互作用的に連続している。[28] たとえば、デューイは、一九二九年の世界恐慌を境に拡大した格差と貧困を前に、すべての子どもに自由な学びの機会を保障することが不可欠だと考え、所得再分配や児童救済制度を通じた格差是正や、学校システムの平等化を訴えた。

二〇〇九年、同じように世界的な経済不況に直面したなかで、オバマ（Barack Obama）大統領が就任した。オバマは、当初、「希望」と「変革」というメッセージを打ちだし衆目を集めた。人種、民族、宗教、言語、階層、ジェンダーの対立や分断など幾多の困難を抱えながらも、よりよい社会の実現に向けた「大いなる希望」を唱えたその言葉は、対テロ戦争や金融危機で疲弊した社会情勢とも重なり、幅広い支持を獲得した。一方で、オバマ政権は、新自由主義の傾向も強めてきた。教育改革においては、アメリカ史上最大の教育投資として、「トップへの競争レース（Race to the Top）」が開始され、標準テスト、学校選択、アカウンタビリティ、成果主義による教員評価など市場原理的な制度を導入した州のプログラムが評価されている。[29] 二〇一三年に、二期目に突入したオバマ政権は、引き続き、景気対策、医療保険改革、環境政策、国際協調、安全保障政策などに精力的に取りくむ姿勢を示している。

そうした動きと呼応して、平等な社会や教育制度の実現に向けた新たな関心も芽生えてきた。ウィルキンソン（Richard Wilkinson）とピケット（Kate Pickett）は、「経済成長」に代替する社会の目標として、「平等社会」という考えを導きいれている。彼らは、格差の大きい国ほど一五歳の計算力と読解力が低く、アメリカ国内でも格差の大きい州ほど多くの生徒が高校を中退していることに着目して、学業達成と所得格差は「別問題」ではなく、学力向上には階層格差をなくすことが手段であるかのようだと述べている。[30] クルーグマン（Paul Robin Krugman）は、しばしば標語にされる「平等の結果でなく機会均等を」という対比が「ほとんど虚構」だと主張する。そして、親の社会的、経済的地位が高い子どもは下位の子どもよりも大学を卒業する割合が高く、家庭崩壊や低所得であることが階層移動を困難にしているという現実を踏まえ、「結果に大きな格差をもたらす社会は、必然的に、機会においても不均等な社会」だと指摘する。クルーグマンは、基礎教育の不均衡な質や所得格差の是正など「極端な貧困と富を抑制する制度によって支えられた、比較的平等な社会」の実現を提唱している。[31]

この間、日本でも、学校制度の平等化をはかる研究が進められてきた。苅谷剛彦によれば、日本の教育システムは、対ＧＤＰ比で教育予算が少ない点で、もともと家計への依存度が高く、市場化になじみやすい制度であったという。苅谷は、「機会の平等」か「結果の平等」かではなく、「フェアな競争」を準備し「スタートライン」を整えるために、家庭環境による「格差」の縮小を訴える。[32] 広田照幸は、「教育機会配分の平等」のために、「資源の公平なアクセス」を促す重点的な配分を提唱する。具体的には、「教育困難校」への支援や学力保障への条件整備、困難を抱えた子どもへの多様な学校種別の整備と選択、引きこもりや非行少年の就労支援、マイノリティの子どものサポートをあげている。[33]

学校の公共性への問いは、画一的、均質的な平等を志向するのとは対照的に、「結果の平等」と「機会均等」を相互に補完しあう関係としてとらえる。このことは、冷戦終結後の市民社会の理念とは性質を異にして、新たな民主主義と平等の社会を形成することを含意する。市民社会は、制度の外側に生き生きとした生の空間を想定し、非国家的、非経済的な領域での個人の自由を称揚する。九〇年代以降、その理念は、国家の集権的な制度や行政を自由化し規制緩和する新自由主義と親和的に機能してきた[34]。一方、民主主義と平等の教育は、生と制度、自由と平等の二項対立を超えて、共生する生き方に養分を与え、教育格差の是正や、学校と学びの平等化を推進する。それは、一人ひとりの子どもに質の高い学びへの機会を保障し、協同的な生の展望を支える学校改革を方向づける。グローバル時代の学びと生の希望は、市民社会モデルを経由し、民主主義と平等のなかに、学校の公共性を位置づける必要性を際立たせている。

(2)　学びと生をひらく学校づくり

では、学校の公共性を創出する学びはいかにして可能か。学びと生の希望をひらく学校改革をどのように準備するのか。この点について、五つの角度から考察してみよう。

第一は、希望のある学びを学校の公共性へとつなぐ方略についてである。それは流動化し不確実化する社会のなかで、人びとが共生しあう「生き方の問題」にかかわっている。ヒギンス（Chris Higgins）は、デューイに依拠して、公共性の「形式的な定義」よりも、「機能的な定義」を優先し、公共性を「名詞」ではなく、「動詞的な行為」によって認識すべきだと主張する。彼は、学校の公共性を、所与ではなく、市民の熟議と参加による問題解決を通じて生成される機能的な働きとしてとらえることが「希望の源」を紡ぐという[35]。このような理解は、カールソン（Dennis Carlson）の「安全な港湾を出港する」というメタファーで補われる。すなわち、湾内に錨泊した船のように、生と制度が固定化されることは、「包摂」と「排除」を生み、「平等」を損ない、「希望」を喪失させる。彼によれば、「希望」というのは、「既存の世界」を受動的に反復し再生産するのではなく、「社会的に公正な世界」を構成し、「よりよい世界」を実現できるという「信念」に結びつく。[36] 学びへの希望は、先行き不透明な不確実化する世界のなかで、よりよい社会を実現し再構築する生き方の展望に結びつき、それを創出する「民主主義への信頼」に関係している。

第二は、学びを対話的、協同的な相互作用によって構成し、質の高い学びへの参加を保障することである。ケルン大学人間科学部デューイ・センターでは、プラグマティズムと社会的構成主義に立脚した「相互作用的構成主義（interactive constructivism）」の学びとカリキュラムが探索されている。そこでは、学習者と（知識、観念、他者、習慣、制度を含む）環境との相互作用が重視され、道具的、実験的、協同探究的な学びが追究される。[37] 学習者は、世界を協同的に構築する「参加者」になることで、「可能性、多様性、生涯学習、人間生活への包括的、全体的な見方」を拡張するという。[38] 対話による高度な学びの創出は、今日、いっそう重要性を増している。授業においては、確定的な知識の反復と再生産から、協同的、探究的、問題解決的な学びへの転換が進み、知識の量・効率性・スピードよりも、その質・デザイン・コミュニケーションが志向される。カリキュラムは、既存の教科領域の境界を超えて、総合的、関係的、横断的に構成され、教室環境は、家庭、地域、企業、施設、工房など、広く社会にひらかれることが奨励される。

第三は、アートと学びの生成についてである。デューイは、民主主義や公共性の基底に、生き方としてのアートの次元をとらえた。彼は、アートを人びとの日常経験や社会生活から仕切られたものではなく、日々の経験世界や社会関係のなかで、他者と交流し共有し、想像的な相互作用を形づくる「共生の作法」の観点から考えた。アートの学びは、民主主義の社会的、文化的な基盤として、あらゆる学びの活動の深淵にかかわっている。それは、学びを創造し再創造する過程で、美的な質と想像性を高め、普段慣れ親しんだ事柄をより深い水準で躍動的に経験させる。それはまた、学びの経験に意味と具体性と明晰さを与え、協同的な生の様式を想像する生き方の展望を創出する。[39] グリーンは、アートの「想像性」が「意味」を生成し、沈黙から「声」を取り戻すことで、「社会変化」を促すという。[40] 生き方の民主主義は、アートと学びの公共的な実践によって生命を与えられる。

第四は、学びのなかにケアの関係を挿入し、親密なホームから学校を再生することである。マーティン（Jane Roland Martin）の「スクールホーム（Schoolhome）」の概念が知られているが、これは安定した家庭環境が崩れるなかで、学校が愛情、信頼、安心感など「家庭の代役」を務めることを示唆している。[41] ノディングズ（Nel Noddings）やストライク（Kenneth A. Strike）は、「ケアリング（Caring）」から、「正義」「公正」「平等」「民主主義」へと向かう回路を探索している。[42] ノディングズによれば、応答的なケアには、「自己のケア」「親しい者のケア」「見知らぬ人や遠く離れた他者へのケア」「動物・植物・地球のケア」「人工世界のケア」「理念のケア」が含まれる。彼女は、「ケアリングの実践」が「学校を、そして究極的には私たちが住む社会を変革するべきである」という。[43] デューイは、「民主主義はホームから出発しなければならない」と述べるが、[44] 公教育を支える民主主義の観念が家庭的な親密性の空間を起点としている点は興味深い。学校の公共性への視線は、すべての子どもたちがケアしケアされる信頼関係に支えられた親密性の空間へとつながっている。

第五は、「民主的なコミュニティ」にもとづく学びと学校改革の推進である。デューイは、一九世紀の自由放任市場と世界恐慌後の官僚制的な国家を批判し、「民主的なコミュニティ」を中心にした学校改革を探究した。[45] 民主主義は、固定的、確定的なものではなく、新たに探究され、再発見され、再創造されるものであり、この点で、民主主義と教育は、互恵的で相互的な関係となる。それは、民主主義の公共性を「名詞」ではなく、実験的、相互構成的な問題解決による「動詞的な行為」として把握することと連結している。「民主的なコミュニティ」の観念は、ストライクによって継承される。彼は、今日の危機を子どもの「疎外」にあるととらえ、その解決を「コミュニティ」に求める。そして、標準テストとアカウンタビリティ中心の「スタンダード・パラダイム」と、選択と競争の市場原理的な「チョイス・パラダイム」を批判し、「一貫性（Coherence）」「結束（Cohesion）」「ケア（Care）」「つながり（Connection）」の「四つのC」を内包した「スモール・スクール」と「真正な授業と学び」を追究する「コミュニティ・パラダイム」を擁護する[46]。「民主的なコミュニティ」は、教育の自由化と市場化の新自由主義に対するオルタナティブとして考案されている。

5　希望をつなぐ学校改革

今日、学校をめぐる公共性の再編は、一九、二〇世紀型のナショナルな国家領域に傾倒した公教育から、グローバル化とローカル化へと向かう改革に拍車をかけている。二〇一〇年代の世界は、ユーロ危機、アラブ革命、新興国の台頭、環太平洋地域情勢の流動化をはじめ、新規な局面に突入している。現代の課題は、経済危機、地球温暖化、エネルギー、医療問題、食糧危機、核兵器、機密情報の漏洩など、国家の境界を超えたトランスナショナルな状況で発生している。一方で、グローバル社会は、分権化や地域主権の改革を促し、家庭的なケアやホームなど、ローカルな動きをも活発化させた。現代の政治、環境、情報、技術、医療、貧困、紛争、災害をめぐる諸問題は、国家の領域を容易に超えていく。国家を単位とする領域は、それらの問題の解決には狭隘であるが、家庭や地域のリージョナルな事象に俊敏に対処するには広範である。こうしたなかで、学校の公共性と民主主義を展望するオルタナティブな制度構築が必要とされている。

一九九〇年代以降の世界的な情勢変化のなかで、戦後の学校システムとは一線を画して公共性を再建する改革は、教育の自由化と市場化を標榜する新自由主義の勝利へと収斂していった。日本の学校では、「生きる力」が基本理念に掲げられ、個人の自由と自己責任が強調された。非国家的、非経済的な市民社会の理念もまた、新自由主義を規制するよりも、緩やかなカップリングを示すようになる。グローバル化とローカル化を前に、新自由主義の市場モデルは、公教育の規範を構成し正統性を誇示した。だが、子どもの学びと生を支える制度的な条件が浸食されるなかで、社会の生き難さが拡がるとともに、学びのシニシズム状況が増幅した。

現在、子どもたちの学びと生の希望をひらくことを視界に入れて、学校の公共性を再構築する課題が浮上している。その鍵となるのは、民主主義と平等の教育を再生して、学びへの積極的な価値と信頼を回復することから、高度な学びへの参加を保障する学校改革を推進することである。知識の高度化、複雑化、領域横断化が進むなかで、学校では、確定的な知識の伝達と獲得よりも、探究的思考、創造的思考、批判的思考、社会参加が強調されている。また、人種、民族、宗教、言語、習慣、階層、ジェンダーの差異を越境した活動や、異質な他者、文化、価値との対話的なコミュニケーションが重視される。グローバル時代の学校改革と公共性への問いは、教育の生と制度、自由と平等、市場と国家の関係をとらえなおし、「共生の作法」としての民主主義を創出する前途を示唆する。それは、教育格差の是正や、学校と学びの平等化を志向するとともに、すべての子どもたちに質の高い学びへの参加を保障し、自由で平等な生き方の展望を紡ぐことを通じて、「よりよい世界」を構築し実現することに結びつく。学びと生のシニシズムから希望を再生するのは、民主主義と平等を追究し、新たな学校改革と公共性を準備し創造することを生命線にしている。

注

（1）佐藤学は、『「学び」から逃走する子どもたち』（二〇〇〇年）で、一九九五年の「国際数学・理科教育調査」（ＩＥＡ）や、一九九六年の「教育課程実施状況調査」（文部省）のデータをもとに、日本の子どもの校外学習時間が短く、「世界一の教科嫌い」であると指摘し、「学ぶことに対するニヒリズム（虚無主義）とシニシズム（冷笑主義）」が拡大していると主張した。たとえば、『何を学んでも無駄さ』『何を学ぼうと、どうせ人生は変わりはしないし、社会は変わりっこない』というニヒリズム、さらには『ひたむきに学ぶなんて馬鹿馬鹿しい』『学ぶことの意味がわからない』『自分は馬鹿だから学ぶなんて馬鹿馬鹿しい』『どんな内容の知識や文化も自分には関係ない』『世の中がどうなろうと自分の知ったことではない』というシニシズム」が「多くの子どもたちの中に深く浸透している」という。（佐藤学『「学び」から逃走する子どもたち』岩波書店、二〇〇〇年、九―二四頁。）

（2）市川昭午『臨教審以降の教育政策』教育開発研究所、一九九五年。

（3）経済同友会「学校から『合校《がっこう》』へ――学校も家庭も地域も自らの役割と責任を自覚し、知恵と力を出し合い、新しい学び育つ場をつくろう」一九九五年。

（4）二一世紀日本の構想最終報告書「日本のフロンティアは日本の中にある――自立と協治で築く新世紀」二〇〇〇年。

（5）日本経営者団体連盟「新時代の『日本的経営』――挑戦すべき方向とその具体策」一九九五年。

（6）経済戦略会議答申「日本経済再生への戦略」一九九九年。

（7）Illich, Ivan, *Deschooling Society*, New York: Harper & Row, 1970.（イリッチ、イヴァン『脱学校の社会』東洋・小澤周三訳、東京創元社、一九七七年。）

（8）Habermas, Jürgen, *Strukturwandel der Öffentlichkeit: Untersuchungen zu einer Kategorie der bürgerlichen Gesellschaft*, Frankfurt am Main: Suhrkamp, 1990.（ハーバーマス、ユルゲン『公共性の構造転換――市民社会の一カテゴリーについての探究』細谷貞雄・山田正行訳、未來社、一九九四年。）

（9）「制度」から自律した「生・市民社会」のハーバーマスの見解は、一九六〇年代の批判的教育学で提唱した「解放的認識関心」の哲学が背景にある。（Lassahn, Rudolf, *Einführung in die Pädagogik*, Heidelberg: Quelle & Meyer, 1995.（ラサーン、ルドルフ『ドイツ教育思想の源流――教育哲学入門』平野智美・佐藤直之・上野正道訳、東信堂、二〇〇二年、一五一―一七一頁。）

Koller, Hans-Christoph, *Grundbefriffe, Theorien und Methoden der Erziehungswissenshcaft*, Stuttgart: Kohlhammer, 2004, pp. 229-237.）他方で、この「解放」のプロジェクトを、今日の世界的な経済・金融危機後の「ポスト新自由主義時代」において再生させる方途を探る試みもおこなわれている。（Brand, Ulrich, *Post-Neoliberalismus? Aktuelle Konflikte Gegen-hegemoniale* Strategien, Hamburg: VSA, 2011.）

（10）藤井佳世は、「制度」と「生」をめぐるイリイチとハーバーマスの議論を今日の「教育の公共性」に発展させる視点として、「いかに生きるべきか」という「ライフ・ポリティクス」に着眼し、「つながりにもとづく平等」の概念を提示している。（藤井佳世「学校批判と教育の公共性」第一〇一回公共哲学京都フォーラム「公共世界としての学校」神戸ポートピアホテル、二〇一一年三月。）

（11）中央教育審議会答申「二一世紀を展望した我が国の教育の在り方について」一九九六年。

（12）佐藤学「転換期の教育危機と学力問題──学力論議と学校の変容」二一世紀ＣＯＥプログラム東京大学大学院教育学研究科基礎学力研究開発センター『日本の教育と基礎学力──危機の構図と改革への展望』明石書店、二〇〇六年、三六─三九頁。

（13）世取山洋介は、新自由主義の教育改革を、臨教審から教育改革国民会議、教育再生会議へと至る展開をもとに分析して、市場を導入し国家の役割を軽減するはずの新自由主義が、「より強力な国家」の介入を生みだしていると批判する。（世取山洋介「新自由主義教育政策を基礎づける理論の展開とその全体像」佐貫浩・世取山洋介編『新自由主義教育改革──その理論・実態・対抗軸』大月書店、二〇〇八年、三六─五二頁。）

（14）国立教育政策研究所『生きるための知識と技能２　ＯＥＣＤ生徒の学習到達度調査（ＰＩＳＡ）二〇〇三年調査国際結果報告書』ぎょうせい、二〇〇四年。『生きるための知識と技能３　ＯＥＣＤ生徒の学習到達度調査（ＰＩＳＡ）二〇〇六年調査国際結果報告書』ぎょうせい、二〇〇七年。

（15）中央教育審議会答申「幼稚園、小学校、中学校、高等学校及び特別支援学校の学習指導要領等の改善について」二〇〇八年。

（16）本田由紀『多元化する「能力」と日本社会──ハイパー・メリトクラシー化のなかで』ＮＴＴ出版、二〇〇五年。松下佳世編著『〈新しい能力〉は教育を変えるか――学力・リテラシー・コンピテンシー』ミネルヴァ書房、二〇一〇年。

(17) 神野直彦は、「工業社会」から「知識社会」への転換を「新しき『分かち合い』の時代」と分析し、義務教育に関するその思想基盤をデューイに求めている。(神野直彦『「分かち合い」の経済学』岩波書店、二〇一〇年、一〇〇―一七八頁。)

(18) OECD「対日経済審査報告書」二〇〇六年。厚生労働省「国民生活基礎調査」二〇〇九年。

(19) 神野直彦『「分かち合い」の経済学』前掲書、八頁。

(20) Beck, Ulrich, *Risikogesellshaft auf dem Weg in eine anderne Moderne*, Frankfurt am Main: Suhrkamp, 1986.(ベック、ウルリヒ『危険社会――新しい近代への道』東廉・伊藤美登里訳、法政大学出版局、一九九八年。) Bauman, Zygmunt, *Liquid Modernity*, Cambridge, U. K.: Polity Press, 2000.(バウマン、ジークムント『リキッド・モダニティ――液状化する社会』森田典正訳、大月書店、二〇〇一年。) Agamben, Giorgio, *Homo sacer. Il potere sovrano e la nuda vita*, *Torino: Giulio Einaudi Editore*, 1995.(アガンベン、ジョルジョ『ホモ・サケル――主権権力と剝き出しの生』高桑和巳訳、以文社、二〇〇三年。) 金森修『〈生政治〉の哲学』ミネルヴァ書房、二〇一〇年。

(21) たとえば、民主党政権が掲げた「新しい公共」では、市民の活動やNPOの活動の「邪魔」となる「規制」を取り払うことが「政治の役割」だという認識が示された。(鳩山由紀夫首相所信表明演説、二〇〇九年一〇月二七日。)

(22) 鳩山、菅政権で文部科学副大臣を務めた鈴木寛は、「熟議の系譜」に、ハーバーマス、アレント、フーコーをあげている。(鈴木寛『「熟議」で日本の教育を変える』小学館、二〇一〇年、七〇―七二頁。)

(23) Dewey, John, "Democracy and Educational Administration," *The Later Works*, vol. 11, pp. 217-218.

(24) Dewey, John, "Creative Democracy: The Task Before Us," *The Later Works*, vol. 14, p. 226.

(25) Dewey, John, "The Challenge of Democracy to Education," *The Later Works*, vol. 11, pp. 181-190.

(26) Dewey, John, "Democracy and Education in the World of Today," *The Later Works*, vol. 13, p. 294.

(27) Dewey, John, "Liberalism and Equality," *The Later Works*, vol. 11, pp. 368-371.

(28)　Dewey, John, *The Public and Its Problems*, *The Later Works*, vol. 2, pp. 329-330. デューイの平等概念を現代的に再解釈するハウ（Kenneth R. Howe）は、「教育機会の平等」を「教育制度の形式的特徴」に限定する解釈を拒否し、「個人と教育制度との相互作用」の観点から、「協議への参加」を軸にした「教育機会の参加論的解釈」を提起する。ハウの研究は、教育の生と制度の二分法を超えて、平等概念を再定義しようとする点で示唆的である。（Howe, Kenneth R., *Undestanding Equal Educational Opportunity: Social Justice, Democracy, and Schooling*, New York: Teachers College Press, 1997.（ハウ、ケネス『教育の平等と正義』大桃敏行・中村雅子・後藤武俊訳、東信堂、二〇〇四年。））

(29)　近年のアメリカの学力向上政策について、連邦教育政策やテスト政策、教員政策、草の根の教育改革の観点から考察した研究として、以下のものがある。（北野秋男・吉良直・大桃敏行編『アメリカ教育改革の最前線――頂点への競争』学術出版会、二〇一二年。）

(30)　Wilkinson, Richard, Pickett, Kate, *The Spirit Level: Why More Equal Societies almost Do Better*, London: Allen Lane, 2009.（ウィルキンソン、リチャード・ピケット、ケイト『平等社会――経済成長に代わる、次の目標』酒井泰介訳、東洋経済新報社、二〇一〇年。）

(31)　Krugman, Paul, *The Conscience of a Liberal: Reclaiming America From the Right*, London: Allen Lane, 2008.（クルーグマン、ポール『格差はつくられた――保守派がアメリカを支配し続けるための呆れた戦略』三上義一訳、早川書房、二〇〇八年。）

(32)　苅谷剛彦・山口二郎『格差社会と教育改革』岩波書店、二〇〇八年、五一―一六頁。

(33)　広田照幸『思考のフロンティア　教育』岩波書店、二〇〇四年、九一―九二頁。また、「教育機会の平等」を「平等の理由」や「平等の条件」の見地から追究した研究として、以下のものがある。（宮寺晃夫編『再検討　教育機会の平等』岩波書店、二〇一一年。）

(34)　この点では、近年の「シティズンシップ教育」も例外ではない。仁平典宏は、社会保障と市民社会が「トレードオフ」ではないと述べ、個人の自発的な政治参加による「行動的シティズンシップ」だけでは、新自由主義への抵抗が完遂しないと批判する。（仁平典宏「〈シティズンシップ／教育〉の欲望を組みかえる——拡散する〈教育〉と空洞化する社会権」広田照幸編『自由への問い5　教育——せめぎあう「教える」「学ぶ」「育てる」』岩波書店、二〇〇九年、一八九—一九三頁。）

（35）Higgins, Chris, "What Makes a Public School Public? A Framework for Evaluating the Civic Substance of Schooling," *Educational Theory*, vol. 61, no. 4, 2011, pp. 365–380.

（36）Carlson, Dennis, *Leaving Safe Harbors: Toward a New Progressivism in American Education and Public Life*, New York: RoutledgeFalmer, 2002.

（37）Reich, Kersten, *Konstruktivistische Didaktik: Lehr- und Studienbuch mit Methodenpool*, Weinheim; Basel: Belz Verlag, 2008. *Systemisch-konstruktivistische Pädagogik*, Weinheim; Basel: Belz Verlag, 2008.

（38）Reich, Kersten, "Constructivism: Diversity of Approaches and Connections with Pragmatism," *John Dewey Between Pragmatism & Constructivism*, Hickman, Larry A., Neubert, Stefan, Reich, Kersten, (eds.), New York: Fordham University Press, 2009, pp. 62–64.

（39）Dewey, John, *Art as Experience*, *The Later Works*, vol. 10, pp. 1–352.

（40）Greene, Maxine, *Releasing the Imagination: Essays on Education, the Arts, and Social Change*, San Francisco: Jossey-Bass, 2000.

（41）Martin, Jane Roland, *The Schoolhome: Rethinking Schools for Changing Families*, Cambridge, Mass.: Harvard University Press, 1992.（マーティン、ジェーン『スクールホーム——〈ケア〉する学校』生田久美子監訳、東京大学出版会、二〇〇七年。）

（42）Katz, Michael S., Noddings, Nel, Strike, Kenneth A., *Justice and Caring: The Search for Common Ground in Education*, New York: Teachers College Press, 1999.

（43）Noddings, Nel, *The Challenge to Care in Schools*, New York: Teachers College Press, 1992.（ノディングズ、ネル『学校におけるケアの挑戦——もう一つの教育を求めて』佐藤学監訳、ゆみる出版、二〇〇七年。）

（44） Dewey, John, *The Public and Its Problems*, op. cit., p. 368.
（45） Dewey, John, *Democracy and Education*, *The Middle Works*, vol. 9, pp. 1-375.
（46） Strike, Kenneth, *Small Schools and Strong Communities: A Third Way of School Reform*, New York: Teachers College Press, 2010.

第2章　アートの公共空間をひらく

――プラグマティズムの学び

1　アートの公共空間とは

コンサートホールはなぜ薄暗いのか。美術館や博物館で、静粛にすることが求められるのはなぜなのか。いつから演劇やオペラの途中で拍手することが禁じられたのか。通常、「アート」と呼ばれる作品は、私たちに特定の鑑賞方法を強制しがちである。とくに「高級芸術」とされる場においては、作品のなかで、たとえ激しい心の揺さぶりや感動を覚えたとしても、観客がそれを即座に表現し、会場の静粛を壊すことは、「マナーに反する」とされる。沈黙は、鑑賞し受容する側である観客の絶対条件なのだ。「高級芸術」は、しばしば沈黙による感情のコントロールを求める一方で、まさにそのことによって、作品の秘境的、芸術的、カリスマ的な価値を高めるものとなる。それは、人びとのせわしく単調な生活や日常を忘却させ、いっときの美的な感覚への陶酔を可能にする。だが、それによって、アートは、人びとの生活経験から離れ、アートのためのアートとしての性質を強めていく。アートは、非日常を演出するものとなるのである。

他方で、近年では、こうしたアートの空間を見なおし、新たな活動のデザインに向けて取りくむ先進的な挑戦が生まれてきている。そのひとつは、アートを、人びとの日常生活や経験から切り離すのではなく、広く市民の公共生活や活動全般にかかわる観点からとらえなおすことにあらわれている。美術、音楽、演劇、科学など、さまざまな分野で活発に展開されているワークショップ型の学びは、地域や国境を超えて、多くの豊かな活動を生んでいるし、パブリック・アートの実践や、メディアとテクノロジーを駆使した先端芸術の挑戦、美術館や博物館を社会一般に開放する試みは、市民生活や生命に根ざした新しいアートの可能性を示している。アートは、社会から仕切られた閉域的な空間に押し込められることを放棄し、人びとが生活する公共空間へとひらかれた実践へと変革しているのだ。

しかし、このような考え方が、以前から存在していなかったわけではない。アートを市民の生活活動とのかかわりから解釈し、公共空間のなかで積極的に位置づける試みは、たとえば、アメリカの教育学者、哲学者であるデューイのプラグマティズムによってすでに準備されていた。デューイの思想は、『学校と社会』[1]（一八九九年）、『民主主義と教育』[2]（一九一六年）、『経験としてのアート』[3]（一九三四年）などの著書で知られている。それらを通じて、彼は、アートを制度化された閉域的な仕切りのなかの活動から、人と人とをつなぐ市民の活動とコミュニケーションの空間へとひらく方途を探究した。その構想は、アートをコミュニティの学びへと結びつけ、アートの公共空間を創出するという新たなヴィジョンを生みだしていった。

ところで、デューイのアート論については、わが国でも早くから紹介されてきた経緯がある。戦後思想を牽引した鶴見俊輔の『限界芸術論』（一九五六年）は、そのひとつである[4]。鶴見は、「学びなおし」や「学びほぐし」を意味する「アンラーン」を早くから説いた点でも重要な位置を占めるが、彼の考え方の底流にあるのは、自身がハーバード大学在学中に勉強したデューイのプラグマティズムの思想であった。

興味深いのは、デューイのアート論が、社会を外側から俯瞰することに終始したのではなく、一九三〇年代の世界恐慌のなかにあって、ローズヴェルト（Franklin Roosevelt）政権の芸術文化事業を準備した点である。ニューディールの一環として公共事業促進局（ＷＰＡ）が開始したフェデラル・ワンは、大恐慌のもとで失業にあえぐアーティストを政府が雇用する大規模な芸術救済事業であった。それは、連邦音楽プロジェクト、連邦劇場プロジェクト、連邦作家プロジェクト、連邦美術プロジェクトの四つのプロジェクトから構成された。なかでも、連邦美術プロジェクトは、学校、駅、病院、郵便局に壁画作品を飾り、都市空間に彫刻やポスターを装飾するなど、人びとの社会生活のなかにアートを浸透させる政策を推進した。これらは、今日のパブリック・アートの起源となっている。

また、連邦美術プロジェクトは、多数のコミュニティ・アート・センターの設立を促し、ワークショップの活動を支援した。コミュニティ・アート・センターで開催されたワークショップの学びには、全米で八〇〇万人の人たちが参加した。プロジェクトを主導した長官のホルガー・ケーヒル（Holger Cahill）によれば、一連の政策を方向づけたのは、デューイのアート論であった。一九三九年の公共事業促進局での講演で、ケーヒルは、連邦美術プロジェクトが「ジョン・デューイの思想から影響を受けた」ものであるとはっきりと語っている[5]。デューイの展望は、アートを広く社会的、文化的な活動とコミュニティのなかで位置づけ、「アートと学びの公共空間」を創発する実践を導いていった。彼の構想は、三〇年代のアメリカの芸術文化政策を大きく動かすことになったのである。

2　変わるアートの公共空間

公共空間とのかかわりからアートについて考えるとき、セネット（Richard Sennett）の『公共性の喪失』（一九七四年）は参考になる。セネットによれば、近代の公共性は、一八世紀中頃の都市空間において成立した。パリやロンドンの広場、公園、劇場では、多様な人たちが相互に交わり合う空間が構成された。それらの都市では、すれ違う人たちが互いに見知らぬ他者として放置されるのではなく、相互の関係を意味づけて認識し、社交的に振る舞うことが要請された。都市のコーヒーハウスでは、相互の情報を交換し合う活気にみちた「談話」が展開され、商品の値段が変動する市場では、売り手と買い手が値段の上げ下げをやりとりする価格交渉がおこなわれた。また、演劇においては、気分が高揚した観客が俳優と一緒に舞台を駆けまわり、友人に手を振る姿が確認されていたし、オペラでは、素晴らしいフレーズや高い調べがあれば、観客がもう一度繰り返して歌うよう要求し、舞台の進行はしばしば中断して、一度、二度、三度と再現される光景がみられた。一八世紀のパリやロンドンは、すべての人びとに「俳優」のように振る舞うことを求めた点で、「舞台」と「街」が混合した「都市における日常的な劇場」として発展した。

一方で、セネットは、「公的文化の終焉」を一九世紀の都市空間の変容にみる。その発端は、人びとが「公的領域」で「自己表現」をおこなうことから後退し、「個性の抑圧」が社会生活を凌駕したことである。彼によれば、一九世紀の公的文化の歴史は、人びとが「自分自身の表現力」を信じなくなるとともに、「芸術家」を普通の人ができないことをする「特別な人間」としてもちあげた歴史であった。人びとは、劇場やコンサートにおいて「個性の解放」を愉しんだが、そこでは、「観客」と「パフォーマー」は完全に区別された。「個性」の「表現」をおこなうのは、少数の才能ある卓越した「パフォーマー」に限定され、「観客」は、そのカリスマ性に陶酔し、みずからは「表現」することなく「沈黙」するだけの存在となった。

リスト（Franz Liszt）が「コンサートは──私自身だ」という言葉を残し、パガニーニ（Niccolò Paganini）がオーケストラの演奏を突然とめ聴衆を挑発したあと、敵意にみちた彼らを自身の演奏でへつらわせるまでに卓越した技巧を披露し、バイロイトのヴァーグナー（Wilhelm Richard Wagner）が客席の照明を薄暗くして観客を舞台に集中させることを絶対的な規則としたのは、それを象徴する出来事であった。一八五〇年代の舞台やコンサートにおいて、「まともな」観客とは、「沈黙によって感情を制御できる」人であり、演劇やアリアの途中、シンフォニーの楽章の切れ目で、拍手を送るのを控えることが「礼儀」とされた。「沈黙」は「中産階級の観衆」を特徴づけるものとなったのである。

「公的領域」における「個性の抑圧」は、都市空間においても顕著にあらわれた。一八五二年、パリにオープンしたボン・マルシュという小売店では、売り手と買い手が商品の値段を交渉し合い購入する仕方が消滅し、値札に付いた定価で買うという、百貨店の先駆けとなるスタイルが確立した。買い物という行為は、値段交渉の儀式にみられる「日常的な劇場」「俳優としてのパブリックな人間」を要請する演劇的要素を剝奪され、個人の受動的な経験へと変化したのである。また、一九世紀には、人びとは、工場で生産された既製品の服で身をまとい、公的な場所で「個性」を隠す生活様式をより好んだ。

こうした「個性」の抑圧過程で、自信を喪失した人びとは、家族や友人関係といった「私的領域」の温かさへと逃避し、「親密性の専制」による「公共性の喪失」を帰結させた。しかし、セネットは、「芸術をもたない俳優」と化した現代人の問題を、コミュニティの回復によって対処することには懐疑的だ。そうではなく、一八世紀都市の「劇場的世界」にみられたように、「社会的関係」が「美的関係」を構成し、「美的生活としての社会生活の像」を形成する可能性を追究している。それは、多様な人たちが集い交わり合う演劇的な公共空間を再生することである[6]。

セネットの記述は、公共性の概念を人口に膾炙させたハーバーマスの認識にも通じるものがある。ハーバーマスは、一八世紀から一九世紀にかけての「公共性の構造転換」を「文化を議論する公衆」から「文化を消費する公衆」への転換として解釈し、そこから「コミュニケーション的行為」に立脚した新たな「討議民主主義」を探索することへと向かっていった[7]。セネットとハーバーマスの議論は、アートを公共空間の変容から読み解く視点を準備した点で傑出している。一方で、彼らの研究は、アートそのものを主題としていたわけではなく、アートの公共空間をどのように再構成していくかという展望については、なおも課題として残されている。

また、セネットやハーバーマスのいう公共空間とは、パリやロンドンといった都市空間を中心にしており、そのため、郊外や農村、人口の少ない小さな町に対する積極的な構想については、はっきりとみえてこない。しかし、アートを公共的にとらえる視点からするならば、美術館や劇場といった制度から隔てられがちな小さな田舎町や郊外をどのように位置づけるかということは、重要な争点になるように思われる。そこで、こうした論点を踏まえ、プラグマティズムのアート論と連邦美術プロジェクトの政策についてみてみることにしよう。

3　プラグマティズムのアート論

デューイは、アートを人間の生活活動の全般にかかわるものとして考えた。彼が憂慮したのは、アートの経験が二項対立的に分裂し、人びとのアートの経験が貧困化していく事態であった。その分裂は、つぎの三つの位相において確認できる。

第一は、アートの経験が制作と鑑賞、生産と享受、観るものと観られるものといった二項対立に分離し、人びとの生活世界やコミュニティから切り離されていくことである。デューイは、かつて「アート」は「経験」とともにあったが、近代社会の変容によって、経験世界から離れ、本来的な文化やコミュニティ、社会連関から遊離していったという。彼によれば、演劇の源である舞踏とパントマイムは、もともと宗教的儀式と祭式から発展したものであったし、音楽は、強く張った弦を指で弾き、張りつめた皮をたたき、笛を吹くことから生まれたものであったし、人間の住居は、色彩画で飾られていた。その意味で、演劇、音楽、絵画、建築は、劇場、画廊、美術館を前提にした「アートの領域」から発展したというよりも、人びとの経験やコミュニティに根を張った「人間の生活」に結びついていた。しかし、「アートの領域」の発展に伴うその「制度化」は、制作者と鑑賞者、生産者と享受者といったように、アートの経験を分断させることにつながった。

これに関連して、デューイは、「芸術的（artistic）」と「審美的（esthetic）」との伝統的な区分について触れている。彼によれば、「芸術的」が「制作活動」に結びついてきたのに対し、「審美的」は「認識と享受の活動」に結びついてきたという。そのうえで、英語に「この二つの働きを同時にあらわす言葉がないのは不幸である」と述べている。デューイは、「制作」と「鑑賞」が分離していく事態を悲嘆し、それをアートの経験のレベルから架橋し節合しようとした(8)。「デューイ流のプラグマティスト」を名乗るシュスターマンは、このことを鮮やかに論じている。彼によれば、デューイにおいて「芸術」は、「制作であると同時に開かれた受容」であり、「統制された構築であると同時に心奪われる没入」であるという。

シュスターマンは、「芸術」を「制作モデル」あるいは「生産のモデル」で解釈してきたこれまでの伝統が「モノの物象化」を招いたと批判する。そして、「芸術」を「外的制作」と考えることに代わって、デューイに倣い「経験」と解釈しなおすことによって、「芸術」がそれ自体「強力な経験」であること、もっと具体的には、「受け身で被ることと同時に生産すること」「吸収することと同時に経験されたものを反応よく再構築すること」の両方を含む「経験」として再定義される必要があると主張している。それは、「芸術家と聴衆」「行動的制作者ないし著者と観照的受容者ないし読者」という「本質的な区別」を否定し、双方を「同じ二重の過程のなかでリンクさせる」ことを意味している。つまり、プラグマティズムが提起するのは、芸術家と聴衆、制作者と鑑賞者の関係を、演じる側と観る側、制作する側と受容する側、卓越した才能を発揮する側と受け身的に沈黙する側といった本質的な二項対立においてではなく、互いに働きかけ働きかけられながら美的経験の質を高めていく、あるいは双方にとって制作的な経験であるとともに受容的な経験でもあるというような、相互性と協同性のプロセスのうえにアートを成りたたせることである。セネットは、「パフォーマー」と「観客」の分裂を「公共性の喪失」という枠組みで解釈する視点を与えたが、こうした二項対立への批判は、デューイのプラグマティズムにおいても共有されていた。

第二は、高級芸術とポピュラー芸術との間に引かれた対立である。シュスターマンは、「美学におけるプラグマティスト的企て」と称して、「高級芸術」を支える「美学イデオロギー」を批判し、「ポピュラー芸術」を積極的に擁護する論陣を張っている。とくに、デューイが批判的に用いた「芸術の美術館的概念」「文化の美容院」といった言葉から示唆を受け、「高級芸術」と「ポピュラー芸術」との「本質的で架橋不可能な区分」を相対化しようとする。シュスターマンは、「高級芸術」を理解できるかどうかというのは「社会的に決定」される「相対的な問題」であるにもかかわらず、それを理解できないことが「本質的な愚劣の印し」とされ、「趣味と感受性の欠如」として投射されることの問題性を指摘している。すなわち、社会的文化的エリートによる「高級芸術」の戦略とは、その華麗なる伝統と特権的につながることによって、みずからの「本質的優位」を偽装し、「社会的差別と固定された階級制度」を自然化し正当化するところにあるという。

シュスターマンはまた、「高級芸術」が「感受性」を発展させ、「道徳感情」や「人間理解」を深めるという「ロマン主義的な考え方」にも疑問を投げかけている。彼は、美的に洗練されたナチの将校がベートーヴェン（Ludwig van Beethoven）の音楽に涙を流し「人間的情動を露わ」にする傍らで、「無垢な子ども」の虐殺にかかわる「非人道的な人物」であったこと、もっと卑近な例では、「社会の犠牲者」に関心をもつよう情緒的に描かれた芝居を見終わり外に出て、現実にはホームレスの横を慌ただしく通りすぎるようなことがある点を思い起こさせながら、「区画」のなかに閉じられた「現実からの逃避」としての「芸術」の姿を批判する。そこでの「芸術」は、「社会を一義的に統一する」どころか、手業、娯楽、ポピュラー芸術から特権的に区別されることを通して、「社会を分断し、その分断を伝達する」イデオロギー性をもつものとなる。それに対し、シュスターマンは、デューイの「反本質主義」の観点から、「高級」と「ポピュラー」の区分を相対化した「生の技術」としての「美学」を提唱している。(9)

ところで、「ポピュラー芸術」とのかかわりからプラグマティズムのアート論をとらえる視点は、わが国においても、たとえば、鶴見俊輔によって繰り返し唱えられてきた。鶴見は、デューイの経験概念に触発される形で、「毎日のもつ美的経験の大部分」が「芸術作品とは無関係」であり、それよりも「かなり広い領域をもっている」ことに注意を促している。日常生活のなかで、町並を見たり、空を見たり、友人や家族の話を聞いたりすることにあらわれるように、「美」は「経験一般」のなかに根をもっている。同じように、「芸術」もまた、しばしばベートーヴェンの作品の演奏会を聴くというように考えられるのとは異なり、「生活そのもの」のなかに深く根をもつのである。そのうえで、鶴見は、「純粋芸術」と「大衆芸術」の区分よりも「広大な領域で芸術と生活との境界線」にあるものを、「限界芸術」と呼んでいる。具体的には、子どもの遊びやらくがき、カルタ、民謡など、「芸術」からは「隅っこ」に押しやられ、「芸術」でも「非芸術」でもないような「境界」におかれるものである。「限界芸術」は、「芸術の根源」であり、「純粋芸術・大衆芸術を生む力」であるとみなされている。こうした理解に立って、鶴見は、戦後のマンガや寄席、流行歌、テレビ番組、食事など、「大衆文化」の研究に積極的に乗りだしていったのである。

鶴見の思想基盤には、アートを経験として定義するプラグマティズムの考え方がある。彼は、「芸術」を「他の活動」から切り離して「非社会化・非政治化」するのでも、他の活動に従属するものとして「過度に社会化・政治化」するのでもなく、「芸術」が「他の活動」に入り込み、「人間の活動全体」へと向かうことを展望している。[10]鶴見の「限界芸術論」は、「純粋芸術」と「大衆芸術」の「根源」から「美的経験」をとらえる点で、「ポピュラー芸術の美学」の確立に主要な関心を抱くシュスターマンとは、強調点をやや異にしている。だが、鶴見とシュスターマンのプラグマティズム解釈からみえてくるのは、「高級」と「ポピュラー」の間に設定された「本質的で架橋不可能な区分」を氷解させ、両者よりも「広大な領域」で「美的経験」を理解するという観点である。

第三の分裂は、アートと社会生活との間に引かれた二項対立である。デューイは、「アートと日常生活との乖離」が生じた歴史的要因として、近代的な意味でのナショナリズム、インペリアリズム、資本主義の市場の存在をあげている。彼は、美術館や画廊といった「近代的制度」を「ナショナリズムとインペリアリズムの勃興の記念物」として考えている。そこでは、芸術作品は、自国の過去の偉大さをあらわすとともに、他国を征服して獲得した戦利品を誇示する機能を担い、人びとの日常的な経験やコミュニティの生活世界からアートを切り離すことになった。また、資本主義的な市場の拡大は、「アートと日常生活の乖離」をさらに促進させた。芸術作品は、市場のなかで売買されることを通して、それが生みだされた「本来的な条件」や「親密な社会的連関」から遊離し、「芸術の標本」「趣味の標識」「特殊な文化の保証書」という新たな地位を獲得していった。すなわち、新興階級は、株券や証券の売買と同様に、自身の「優れた地位と教養を世間に誇示する耽美な贅沢品」として芸術作品を買い集めたのだ。[11]

デューイのこの批判は、激しい攻撃的なニュアンスを帯びている。だが、彼は、現代の美術館や画廊の存在を否定しようとしているわけではない。では、どうするのか。ここでも、シュスターマンの見解が参考になる。シュスターマンによれば、デューイ流に「芸術」を「経験」と定義することは、「芸術」を「制度に閉じこめられた純粋芸術の実践という息苦しい締め付けから解放する」ことを意味している。必要なのは、「芸術概念」と「芸術制度」を「廃棄」し、

「美術館」を閉鎖することではなく、「変形」し、「開いて拡大」し、「生の実践への緊密な統合」へと向かわせることである[12]。

こうしたことから理解できるのは、デューイ流のプラグマティズムが、制作と鑑賞、生産と享受、高級とポピュラー、アートと社会生活の間に引かれた「架橋不可能な区分」を超える方略を描いたということである。そのために、彼は、アートの経験をコミュニティとコミュニケーションとのかかわりから論じた。「アート」は、「もっとも普遍的で自由なコミュニケーション」である。というのも、それは、「コミュニケーションへの参加」を創造する過程で「意味の共有」を促し、聴く人と語る人の両方に「経験の具体性と明確さ」を与えるからである。制作と鑑賞、高級とポピュラー、アートと社会生活を節合する鍵は、人と人とを媒介するコミュニケーションとコミュニティの経験にあった[13]。

コミュニティとコミュニケーションから経験を解釈するデューイの視点は、アートの学びを新たに創出する公共空間の課題へと行き着くことになる。『公衆とその問題』（一九二七年）では、「公共的なもの」へと誘う観点から「学び」を定義し、それが「コミュニケーションのアート」によって構成されるという考えを披露している[14]。また、『自由と文化』（一九三九年）では、「アート」を「民主主義の文化的な基盤」として解釈している。退けられるべきなのは、人びとが、文学、音楽、絵画、演劇、建築を「文化の装飾品」としてみることに満足し、「民主主義」の「社会的条件」に関係するものとして認識しないことである。これに対して、デューイの構想は、経験の二項対立を超えるコミュニティの活動を探る視点から、「アートと学びの公共空間」を創発するヴィジョンをひらいていった[15]。その展望は、一九三〇年代のアメリカにおいて、芸術文化を支援する連邦政府の事業政策を準備することになる。

4　連邦美術プロジェクトの芸術文化政策

一九三四年に刊行されたデューイの『経験としてのアート』の草稿は、一九三一年にハーバード大学で実施された一〇回の連続講義がもとになっている。時代は、一九二九年一〇月二四日のニューヨーク株式市場の暴落に端を発する世界恐慌からいまだアメリカ社会が立ちなおることができず、大量の失業者が社会にあふれていた時期でもあった。実際、アメリカ国内においても、二九年から三二年にかけて、ＧＮＰは一〇一三億ドルから五〇八億ドルへと下落し、国民所得は五一％の下げ幅となり、失業者の数は全労働人口の約三割に相当する一三〇〇万人にも達した。連邦政府の歳入が半減した一方で、歳出が五〇％増になり、連邦財政赤字は二七億ドルに膨らんだ。こうした深刻な経済危機のなかで、三三年三月にローズヴェルト政権が誕生した。ローズヴェルトが開始したニューディールは、前政権の自由放任的な市場政策に代わって、金融、農業、産業、失業対策、社会保障などの分野で政府が積極的な経済、財政政策を展開する路線への転換を促した[16]。

注目すべきなのは、こうした状況下において、失業に苦しむ多くのアーティストに大々的な経済支援策が講じられたことであり、その際、制作と鑑賞、高級とポピュラー、アートと社会生活を結ぶデューイ流のプラグマティズムが重要な役割を担ったことである。ニューディールの中心事業として設置された公共事業促進局が連邦計画一号（フェデラル・ワン）として手がけたのは、連邦音楽プロジェクト、連邦劇場プロジェクト、連邦作家プロジェクト、連邦美術プロジェクトからなる大規模な芸術家救済政策であった。具体的な事業としては、文芸、音楽、舞台芸術、絵画、彫刻、ポスター、壁画、ヴィジュアル・アートなどの分野で、政府がアーティストを雇用し、経済的な支援をおこなった。

たとえば、連邦音楽プロジェクトでは、一万六〇〇〇人の音楽家が雇用され、毎週三〇〇万人の聴衆をオーケストラへと動員した。田園地帯や郊外など、それ以前には音楽と触れ合うことが困難であった地域でも、音楽教室をひらくことが積極的に支援され、その結果、二七州において一三万人もの大人と子どもが毎週レッスンを受けることにつながった。また、連邦美術プロジェクトは、初年度の三六年には、五三〇〇人のアーティストと美術教師の雇用を生みだした。そして、壁画、ポスター、絵画、彫刻などの作品制作を促し、学校、病院、役所、図書館、郵便局、駅といった公共施設への装飾を援助するとともに、全米で多数のコミュニティ・アート・センターを設立し、美術教師によるワークショップ型の学びの場づくりを支援した。「芸術の公共性」の変遷を研究した工藤安代は、連邦美術プロジェクトの事業を「パブリック・アートの萌芽」として位置づけている。それは、アーティストと市民と行政が協同して参加し、コミュニティとしてのアートの活動を推進するあり方をつくりだしていった[17]。

連邦美術プロジェクトの牽引役となったのは、長官のケーヒルであった。一八八七年にアイスランドで生まれたケーヒルは、幼少時にカナダに移住したが、両親は離婚し、貧困家庭のもとで育てられた。その後、ニューヨークに移り、著述家を目指して、ニューヨーク大学やコロンビア大学などで勉強した。アヴァンギャルド芸術の発信地でもあったグリニッジ・ヴィレッジに居住したケーヒルは、そこでジョン・スローン（John Sloan）、ロバート・ヘンリ（Robert Henri）、ジョージ・ベローズ（George Bellows）、マックス・ウェーバー（Max Weber）、マーク・トビー（Mark Tobey）、ウィリアム・ゾーラック（William Zorach）といったアーティストたちとの交流を深めていった。

この頃、ケーヒルは、コロンビア大学のデューイの講義に出席して、プラグマティズムについて学習する機会を得ている。彼は、デューイのアート論から多大な影響を受けた。一九二二年に、ケーヒルは、ニューアーク美術館のスタッフに加わった。美術館や図書館の分野で指導的役割を発揮していたデイナ（John Cotton Dana）館長のもと、ケーヒルは、新しいコンテンポラリー・アートの展示で成功をおさめた。その後、全米ではじめての大規模なフォーク・アート展覧会を催した。三二年には、彼は、ニューヨーク近代美術館（ＭｏＭＡ）の館長をつとめ、そこでもフォーク・アートの展覧会の開催を指揮した。[18]

この時代の「アート」とされる作品は、その多くがヨーロッパからの影響のもとにあり、アメリカの作品に対する評価は決して高くはなく、体系的に叙述されたアメリカ美術史の研究というのもほとんど存在していなかった。一九二五年のパリ万国博覧会で、フランスがアメリカ政府に作品の出展依頼を申し出たときには、当時のクーリッジ（John Calvin Coolidge Jr.）大統領は、アメリカ国内に画家といえる職業は存在せず、出展を断念せざるをえないと返答したほどであった。こうした文化的なコンプレックスを前に、ケーヒルが力を入れて取りくんだのは、フォーク・アートやコンテンポラリー・アートの展覧会を開催することによって、アメリカの美術史を調査しコレクションとして体系化することであった。ケーヒルは、『アメリカの絵画と彫刻一八六二―一九三二』（一九三二年）、『アメリカのモダン・アートの源流』（一九三三年）、『アメリカのアートの新しい地平』（一九三六年）、『ポピュラー・ペインティング作品集』（一九三八年）など、アメリカの作品を紹介したカタログ集をニューヨーク近代美術館から刊行している。[19] これらのなかで、彼は、ファイン・アートとフォーク・アート、高級芸術とポピュラー芸術といった因習的な区分にとらわれないアートの観念を、アメリカの作品に即して生みだそうとした。

恐慌下のアメリカにおいて、芸術文化の推進政策は、公共事業促進局によるフェデラル・ワンだけではなかった。むしろ、連邦レベルで、さまざまな支援事業が着手された。ニューディールの最初の芸術プログラムは、ローズヴェルト大統領が財務省に設立させた公共事業芸術プロジェクト（ＰＷＡＰ）であった。三三年一二月から三四年六月までの短期間のプロジェクトで、三七四九名のアーティストを雇用し、一万五〇〇〇以上の壁画、絵画、水彩画、彫刻、グラフ

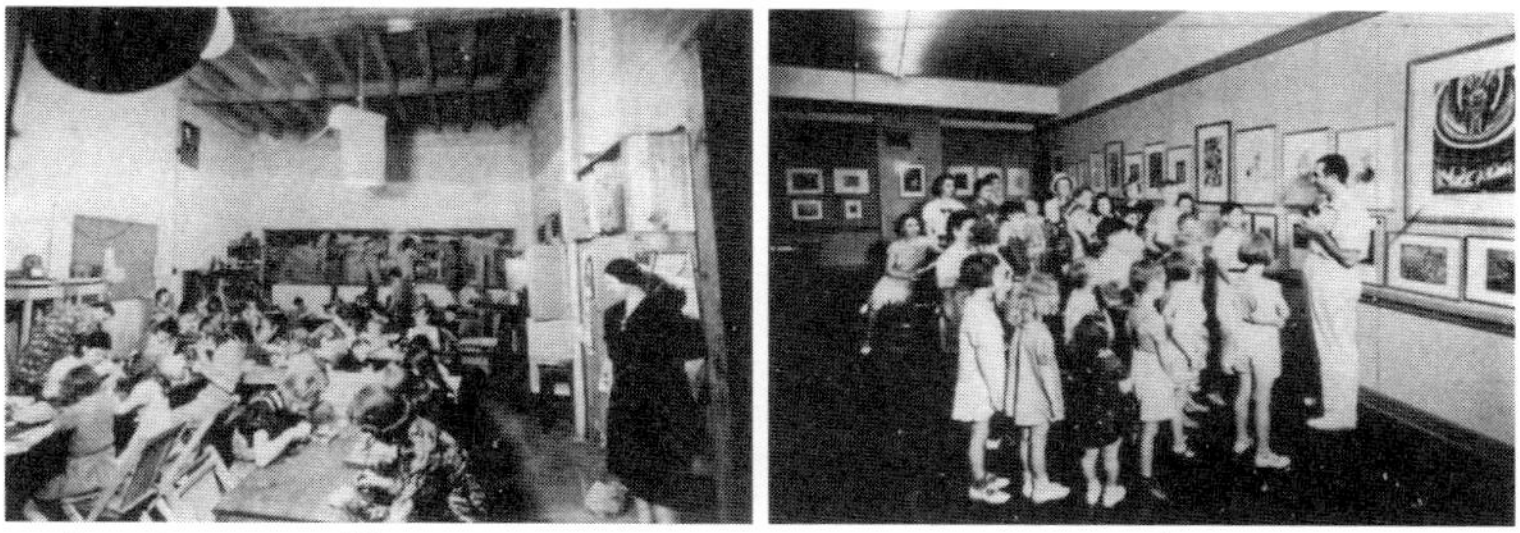

左　オクラホマ州のアート・センターでおこなわれた学び．**右**　アーティストと子どものインフォーマルな会話場面．（出典　White, John Franklin, *Art in Action: American Art Centers and The New Deal,* Metuchen, N. J., & London: The Scarecrow Press, 1987.）

ィック・アートを制作した。アーティストは週給一五ドルから四二ドルの間で雇用され、プロジェクトの総資金は一三一万二一七七ドルであった。制作された作品は、公共建築や公園に装飾された。このプロジェクトは、アメリカ史上はじめておこなわれた連邦政府による芸術事業であったが、それはアーティストの雇用救済を直接的な目的としたものではなく、作品の志向価値もエリート的なファイン・アートに向いていた。

一九三四年秋には、財務省絵画・彫刻部（セクション）が設立され、新設する連邦ビルや郵便局の装飾のために、建築総費用の一％を美術作品に充当することが定められた。一九〇回の公募が実施され、約一万五〇〇〇人の応募者から寄せられた四万枚のスケッチのうち、一三七一点が採用され実際に制作された。だが、セクションもまた、アートの経済的救済を中心目的にしたものではなかった。この点で、同じニューディールの芸術文化政策とはいっても、ケーヒルが主導した連邦美術プロジェクトとは性質を異にしていた。

一九三五年から四三年までおこなわれた連邦美術プロジェクトは、主につぎの三つの事業から構成されていた。第一は、作品制作である。グラフィック・アート部は、政府のためのポスターなど、一万一〇〇〇のデザインによる二四万の版画と三万五〇〇〇種類で二〇〇万枚のポスターを制作した。壁画部門は、病院、学校、駅、郵便局などに装飾する二五〇〇以上の壁画を作成した。絵画部門は、一〇万八〇九九作品の絵画、彫刻部門は一万七七四四作品を完成させた。ケーヒルは、「アート」を、「才能のある人」のものでも、「ときどき稀にできる傑作」でもなく、「いかなる文化計画にとっても重要な機能をもつもの」として考えていた[20]。そして、壁画や絵画、ポスター、デザインを公共的な建築物に装飾することによって、アートに対する市民の参加と接触の機会をつくり、人びとが豊かなコミュニティ生活を送ることができるように政策を進めた。第二は、アートの学びの推進である。全米の二二の州で、一〇〇のコミュニティ・アート・センターを設立し、数百人のアーティストや美術教師を雇用した。ワークショップには、全米で、大人と子どもを含め八〇〇万人が参加し、協同し活動し合うアートの学びが展開された。コミュニティ・アート・センターは、日常的な生活経験からアートを理解する新しい学びの空間を創造した。第三は、アメリカのデザイン調査である。これによって、アメリカの日常的な生活用品にかかわるイラストがつくられ、それをもとに二万枚の目録カードが作成された[21]。

連邦美術プロジェクトが際立つのは、経済的な危機の情勢にもかかわらず、政府が芸術文化事業に積極的な財政支援を実施した点である。しかも、その政策が中心的に進められたのは、美術作品や美術館に彩られた生活からもっとも遠くにおかれているような田園地帯や農村、郊外であった。一九三四年六月に、ケーヒルは、アメリカ南部の田舎町を訪問し、そこにさまざまなフォーク・アートのデザインがあるにもかかわらず、美術館や画廊が存在していないために、住民たちがアートに触れ合う機会に恵まれていないことをみてとった。この経験をもとに、三五年一〇月、彼は、田園地帯がひろがる西部のオレゴン州で最初のアートのプロジェクトを開始した。ポートランド近郊にあるミルウォーキー・ハイスクールでまず四点の壁画が飾られるとともに、セーレム、ゴールドビーチ、ラ・グランデの三つの田舎町にコミュニティ・アート・センターがつくられた。ゴールドビーチは、人口が四〇〇人にすぎない小さな町であったが、コミュニティ・アート・センターでは五九のクラスがひらかれ、コミュニティ生活を基盤にしたワークショップの学びが展開された。

セネットとハーバーマスにおいて、アートの公共空間は、一八世紀から一九世紀にかけてのパリやロンドンといった都市空間を中心に理解されていた。一九三〇年代の公共事業促進局によるフェデラル・ワンもまた、ニューヨークやシカゴ、フィラデルフィアなどの都市部において、多数のコンサートや演劇、パブリック・アートの作品を生みだしたが、このプロジェクトが推進したのは、そうした都会だけではなかった。とくに、連邦美術プロジェクトは、それ以前には美術館や美術作品との触れ合いが乏しかったような小さな町や郊外で、パブリック・アートの作品やワークショップの学びの場づくりを支援した。それらの町では、アートの作品やアートの学びがはじめて日常生活のなかに導きいれられることになった。ケーヒルが重点的に取りくんだのは、アーティストと市民と行政の協同によって、人びとの社会生活とアートの経験をつなぎ、コミュニティの学びを奨励することであった(22)。

5　アートと学びの公共空間

一九三〇年代のアメリカは、世界恐慌の状況下で、連邦政府がアーティストの雇用に乗りだし、人びとの生活とアートを結ぶ大規模な支援政策を展開した。このことは、今日のわが国の芸術事業に大いなる示唆を与えてくれる。というのも、わが国では、新自由主義的な市場原理の政策によって、芸術事業の民間委託や地方移管がおこなわれ、芸術文化予算の削減が進められてきたからである。とりわけ、二〇〇〇年代末以降の世界的な経済低迷は、芸術文化事業に対して、厳しい予算配分を迫る結果を招いている。それによって、豊かな実践を生んできたアーティストの活動やワークショップの学びもまた、多分に影響を受けている。一方、同じく経済危機のなかにあって、三〇年代のニューディールの連邦美術プロジェクトは、人びとのアートの経験の拡充に向けて積極的な財政出動を打ちだしていった。

連邦美術プロジェクトは、制作と鑑賞、高級とポピュラー、美術館と社会生活の「本質的な区分」にとらわれることなく、社会生活の日常のなかのアートという発想を浸透させた。とくに、一連の芸術文化事業が、都市、郊外、農村を含むコミュニティとのかかわりから進められたことは重要である。これによって、ニューヨークやシカゴといった大都市に限らず、人口が一〇〇〇人にもみたない小さな町においても、パブリック・アートの作品やワークショップの学びが生みだされていった。プロジェクトは、恐慌の只中で、ワークショップの学びを全米に普及させ、アートを一般市民の身近なものに変えていった。この意味で、三〇年代のアメリカのアート空間は、一九世紀ヨーロッパにみられた市民社会型のものとは異なる方向性と可能性を示していた。

こうした芸術文化政策を率いたケーヒルがもっとも信頼を寄せたのは、デューイのアート論であった。三九年の公共事業促進局での講演で、ケーヒルは、プロジェクトが「ジョン・デューイの思想から影響を受け、ジョン・デューイの影響のもとにある進歩主義的な教育者たちによって推進されたものである」と話している[23]。連邦美術プロジェクトは、すべての人びとにアートに触れ合う機会を保障し、コミュニティ生活のなかでのアートの学びと参加を導く政策を推進したが、その基盤には、デューイのプラグマティズムの考え方があった。コミュニティ・アート・センターでは、子どもと大人が交流し活動することに参加するワークショップの学びが展開された。ワークショップを担ったのは、デューイのアート論から影響を受けたアーティストや美術教師たちであった。

デューイは、ローズヴェルト政権のニューディールに批判的な立場をとっていたが、連邦美術プロジェクトの事業に対しては支持を表明していた。彼は、公共事業促進局を支持する市民委員会のメンバーとして、連邦美術プロジェクトが推進したアートの学びを擁護する声明を発表している。それによれば、プロジェクトは、「アーティストと公衆の両方に偉大なる価値」をもたらし、とくに「学校に対して偉大な価値の可能性」を示したと述べられている。[24] 一九四〇年四月一七日のラジオ番組でも、デューイは、連邦美術プロジェクトの芸術事業を高く評価している。三〇分間の放送のなかで、彼は、はじめて壁画が飾られた田舎の郵便局の局長から受けとった「アートのない町で、市民が洗練されることなどありえないことです」というよろこびの手紙を紹介して、「それ以前には芸術作品を観ることも享受することもできなかった」何百万もの人たちがアートに親しみをもって触れ、その意味を知るきっかけが与えられたことの重要性を指摘している。そして、アートが「美術館」の仕切りから外に出て、「普通の人たちが歩き会話する生きた空間」のなかに根を張りつつあることを積極的に擁護したのである。[25] デューイの展望は、パブリック・アートやワークショップの実践を中心に、「アートと学びの公共空間」をひらくことに寄与したのである。

　だが、一方で、連邦美術プロジェクトは、デューイのプラグマティズムの理想とは反対に、さまざまな課題とひずみをもたらすことにもなった。パブリック・アートとワークショップの普及は、アーティストと美術教師たちに、作品が設置されるコミュニティや、アートの学びが社会のなかで担う役割を強く意識させることにつながった。作品制作やアートの学びに、財政的な支援が施された一方で、アーティストと美術教師に対するコントロールもまた強化されたのである。すなわち、連邦政府主導の芸術文化事業は、市民の日常生活に対する行政の介入を容易にし、アートの作品と学びを通した地方統制への道を整備することになった。実際、学校、図書館、郵便局などの壁画作品は、政府によって表現内容が管理・検閲され、アートは、政治的なイデオロギーを色濃く反映したものになった。[26]

　アーティストに対する政府の統制と弾圧は、連邦美術プロジェクトに限られたものではなかった。ティム・ロビンス（Tim Robbins）監督の映画『クレイドル・ウィル・ロック』（一九九九年）には、連邦劇場プロジェクトで政府の資金援助を受けたミュージカル劇「クレイドル・ウィル・ロック」（一九三七年）が組合や共産主義など「反社会的な」活動にかかわっていると嫌疑をかけられ、初演前日に政府によって中止にされ劇場封鎖に追い込まれていった様子が描かれている。失業した演出家や俳優、劇場スタッフらを政府が雇用し、演劇の大衆化や顧客の拡大、演劇教育の推進を意図した連邦劇場プロジェクトの活動もまた、弾圧の対象にされた。とりわけ、時代が第二次世界大戦へと向かうなかで、アートの活動に対する政府の圧力と統制は、より強固なものになっていったのである。

このように、「民主主義の文化的基盤」としての「アート」を擁護したデューイのプラグマティズムは、パブリック・アートの作品やワークショップの学びを準備し一面で開花させたものの、連邦美術プロジェクトのその後の展開過程においては、多くの困難と課題に遭遇することになった。現在、ワークショップやパブリック・アートの実践が活発に展開されている状況において、「アートと学びの公共空間」をどのように再生し創発するのかという課題は、あらためて重要性をもっているといえよう。

注

(1) Dewey, John, *The School and Society, The Middle Works*, vol. 1, pp. 1–109.
(2) Dewey, John, *Democracy and Education, The Middle Works*, vol. 9, pp. 1–375.
(3) Dewey, John, *Art as Experience, The Later Works*, vol. 10, pp. 1–352.
(4) 鶴見俊輔『限界芸術論』筑摩書房、一九九九年。
(5) Cahill, Holger, "American Resources in the Arts," *Art for the Millions: Essays from the 1930s by Artists and Administrators of the WPA Federal Art Project*, O'Connor, Francis V., Greenwich,（eds.）, Conn.: New York Graphic Society, 1973, pp. 33–44.
(6) セネット、リチャード『公共性の喪失』北山克彦・高階悟訳、晶文社、一九九一年。
(7) ハーバーマス、ユルゲン『コミュニケイション的行為の理論』河上倫逸・フーブリヒト、M・平井俊彦訳、未來社、一九八

五―一九八七年。『事実性と妥当性――法と民主的法治国家の討議倫理にかんする研究』河上倫逸・耳野健二訳、未來社、二〇〇二―二〇〇三年。『討議倫理』清水多吉・朝倉輝一訳、法政大学出版局、二〇〇五年。

（8）Dewey, John, *Art as Experience*, op. cit., pp. 1-53.

（9）シュスターマン、リチャード『ポピュラー芸術の美学――プラグマティズムの立場から』秋庭史典訳、勁草書房、一九九九年。シュスターマンは、アートを「生の営み」としてとらえるみずからの試みを、「躍動《インタラクション》する芸術・侵犯《インフラクション》する芸術」という表現であらわしている。彼によれば、それは、「より活発で実践的な役割」を担う「芸術」を追究する点で、「生の行為《プラクシス》」から区別された「支配的文化的イデオロギー」としての「芸術」に対する「侵犯」を示唆するものだという。シュスターマン、リチャード『プラグマティズムと哲学の実践』樋口聡・青木孝夫・丸山恭司訳、世織書房、二〇一二年、二〇一頁。

（10）鶴見俊輔『限界芸術論』前掲書。『戦後日本の大衆文化史　一九四五～一九八〇年』岩波書店、二〇〇一年。

（11）Dewey, John, *Art as Experience*, op. cit., p. 14.

（12）シュスターマン、リチャード『ポピュラー芸術の美学――プラグマティズムの立場から』前掲書、四二―五三頁。

（13）Dewey, John, *Art as Experience*, op. cit., pp. 248-275.

（14）Dewey, John, *The Public and Its Problems*, *The Later Works*, vol. 2, pp. 304-350.

（15）Dewey, John, *Freedom and Culture*, *The Later Works*, vol. 13, p. 69.

（16）テミン、ピーター『大恐慌の教訓』猪木武徳他訳、東洋経済新報社、一九九四年。ガルブレイス、ジョン、ケネス『大暴落一九二九』村井章子訳、日経ＢＰ社、二〇〇八年。

（17）工藤安代『パブリックアート政策――芸術の公共性とアメリカ文化政策の変遷』勁草書房、二〇〇八年、三九―四二頁。

（18）http://www.wpamurals.com/cahill.htm

（19）*American Painting & Sculpture 1862-1932*, New York: The Museum of Modern Art, 1932. *American Sources of Modern Art*, New York: The Museum of Modern Art, 1933. *New Horizons in American Art*, New York: The Museum of Modern Art, 1936.

Masters of Popular Painting: Modern Primitives of Europe and America, New York: Museum of Modern Art, 1938.

(20) Cahill, Holger, *New Horizons in American Art*, New York: The Museum of Modern Art, 1936, pp. 9-41.

(21) 工藤安代『パブリックアート政策——芸術の公共性とアメリカ文化政策の変遷』前掲書、二一—四三頁。

(22) Grieve, Victoria, *The Federal Art Project and the Creation of Middlebrow Culture*, Urbana and Chicago: University of Illinois Press, 2009, pp. 83-162. Park, Marlene, Markowitz, Gerald E., *New Dear for Art*, The Gallery Association of New York State, pp. 1-14. Saab, Joan A., *For the Millions: American Art and Culture between the Wars*, Philadelphia: University of Pennsylvania Press, 2004, pp. 15-83.

(23) Cahill, Holger, "American Resources in the Arts," op. cit., pp. 33-44.

(24) "Endorsement of the FAP of the WPA by Leading Organization and Authorities in Educational and Art Fields," Cahill Papers.

(25) Dewey, John, "Art as Heritage," *The Later Works*, vol. 14, pp. 255-257.

(26) 工藤安代『パブリックアート政策——芸術の公共性とアメリカ文化政策の変遷』前掲書、四六—四九頁。Grieve, Victoria, *The Federal Art Project and the Creation of Middlebrow Culture*, op. cit., pp. 100-109.

第Ⅱ部　シティズンシップと民主主義の教育

第3章　進歩主義期のシティズンシップ教育
――トマス・ジョーンズのカリキュラム改革

1　進歩主義期のシティズンシップ教育

二〇世紀のアメリカ合衆国の学校改革において、トマス・ジョーンズの「シティズンシップ教育」の構想は重要である。ジョーンズは、バージニア州のハンプトン・インスティテュート（Hampton Institute）に赴任し、教科としての「社会科（Social Studies）」の教授をもっとも早い時期に実践しただけでなく、黒人教育に着手して指導的役割を果たした。その実践は、彼が連邦教育局（U. S Bureau of Education）などの要職を歴任して以降、進歩主義期の学校改革を牽引していった。ジョーンズのカリキュラム構想の基底には、「シティズンシップ」と「民主主義」の教育がおかれていた。

リバーガー（Michael Lybarger）は、ジョーンズが「歴史、経済、政治科学、公民」を集合的にあらわす教科として、「社会科」の用語を最初に用いて教授したことに注目し、それを「現代の社会科の起源」として位置づけている。リバーガーによれば、ハンプトン・インスティテュートの社会科は、黒人を白人経営者にしたがう「従順な労働者」に仕立て、「地位を永続化し」、「不平等を正当化する」点で、南北戦争後に「憲法修正第一四条が保障した黒人の権利」（一八六八年）を無効化するものであったと解釈している。[1] また、クリバード（Herbert M. Kliebard）は、ジョーンズの人種への関心が「個人の救済」よりも「社会的救済」を唱える一九世紀の「プロテスタンティズム」の精神と、社会改良のために「科学」を適用する「社会ダーウィニズム」の思想に立脚していたと主張する。彼によれば、ジョーンズは、カリキュラムを「効率化」し「専門主義化」することによって、教育を「経済学的な用語」が統制し、学校を「国民の福利の直接的手段」にする運動を推進したという。[2] だが、リバーガーやクリバードの研究では、「シティズンシップ教育」の主題については論じられていない。

一方で、リューベン（Julie A. Reuben）の研究は、進歩主義期のカリキュラム改革を「シティズンシップ教育」の視点から論じている点で興味深い。彼女は、「財産」「選挙権」「自立的な判断力」を有する一部の者を対象にした「エリート主義的」な「シティズンシップ」概念を、黒人、移民、女性を含む「平等主義的な概念」へと拡張した一九世紀の転換をとらえたうえで、進歩主義の学校が新たに子どもの存在を「シティズンシップ」の成員に加えて包摂的に再定義したと指摘する。彼女によれば、この転換が「シティズンシップ」概念の「大衆化」と「民主化」を促した一方で、「政治参加」や「参政権」にかかわる「シティズンシップ」の「法律的問題」が捨象され剝奪されたという。[3] リューベンは、「コミュニティ・シビックス（Community Civics）」の教科を考察対象としており、ジョーンズの政策については論じていないが、彼の学校論を考える際にも示唆的である。

では、進歩主義期の教育を主導したジョーンズの学校改革とは、どのようなものであったのだろうか。「シティズンシップ」と「民主主義」にもとづくカリキュラムは、どのように立案されていたのであろうか。ジョーンズの構想は、「シティズンシップ」の概念を黒人の子どもたちに拡張し、彼らを市民の成員に加えて教育するという革新的な内容を伴っていた。しかし、それは、一九世紀において「シティズンシップ」の概念に含まれていた政治的主題を回避し、黒人に職業準備と生活適応を迫ることによって、白人社会を正統化し「アメリカ化（Americanization）」を推進することをも意味していた。

2　シティズンシップの社会学——ジョーンズの移民調査

ジョーンズは、一八七三年にウェールズで鍛冶屋の息子として生まれ、八四年にアメリカに移住した。バージニア州のワシントン・アンド・リー大学で教育を受けた後、オハイオ州のマリエッタ・カレッジを卒業し、コロンビア大学で修士課程、そして博士課程へと進学している。ジョーンズは、当時の社会学の権威者であったギディングス（Franklin Giddings）の指導を受け、その成果は『ニューヨークシティ・ブロックの社会学』（一九〇四年）として出版され博士の学位を取得している。

ジョーンズが意図したのは、セントラル・パークの東側に位置するアッパー・イースト・サイドに住む移民の特性を科学的な社会調査によって明らかにすることであった。この居住区は、一九世紀には西欧移民が多数を占めていたが、世紀転換期を境にして南欧および東欧からの新しい移民の数が急激に増加した地域である。それによって浮上したのがユダヤ系移民とイタリア系移民の対立の問題であった。ジョーンズは、両者の対立を旧来のアイルランド系移民とドイツ系移民の対立と類似的なものとして考えた。彼は、Xブロックに住む移民にインタビューをおこなった。そして、個々の人種、宗教、国籍に共通する特性を描出し、その改善を奨励して、社会改良に結びつけようとした。

ジョーンズは、四つの「認識の次元」を設定して、つぎのような結論を導きだした。第一の「最低次元の認識」は、みずからの経験が血縁関係や国籍の範囲を超えることのない「限定的な認識」であり、彼が調査したXブロックのなかで二つの家庭が該当した。第二の「低次元の認識」は、帰化の過程にある八一の家庭であり、彼らの知識は血縁関係の限界を超えでるけれども、他の国籍や階層の人びとの特性を引きだすまでには至らない。第三の「高次元の認識」は、「アメリカ化」の理想を認識している一一八の家庭である。第四の「最高次元」にある一〇の家庭は、「アメリカ精神」によって統制されているだけでなく、「世界的な人類全体の視点」から行為しており、たとえば、ある家族の母親はスイスにある実家を訪れて、みずからはカトリック信者でありながらも、プロテスタントに寛大な敬意を示していたという④。

ジョーンズはまた、個々の家庭の調査結果にもとづいて、移民が所属するコミュニティの集合的な特性を明らかにしようとした。彼によれば、イタリア系移民は「恐怖、怒り、嫉妬、敵意」をあらわすことが少なく、「陽気な気質」が目立つのに対して、アイルランド系移民は「攻撃的な」傾向があり、ユダヤ系移民は「扇動と模倣のタイプ」が顕著にみられるという⑤。そのうえで、ジョーンズは、これらの移民集団をアングロサクソンの社会に同化させようとした。彼は、イタリア系移民の「衝動性」を抑制し、ユダヤ系移民の「極端な個人主義」を修正し、アイルランド系移民の「怠惰」を「忍耐と倹約」に変えることを促した。そして、移民間の対立を緩和し、協調と宥和を実現しようとした。とくに、ユダヤ系移民とイタリア系移民の協同の教育によって、「アメリカ化」を前進させようとした⑥。

熟慮されたコミュニティのもとでは、同化の必要性が強く認識されている。あらゆる機関を通じて、移民の多様な特性をアングロサクソンの理想に変えることが必要である⑦。

社会調査の目的は、南欧と東欧からの移民を「アメリカ市民」に加えて「民主主義」を再構築することにおかれていた。この試みは、従来の「シティズンシップ」概念の対象を拡張する意味を伴う一方で、市民の承認や成員をめぐって、その内実をどのように規定するのかという課題をも突きつけた。ジョーンズは、新移民が帰属するコミュニティをそのまま認め尊重することについては消極的であった。その代わりに、彼は、これらの移民の文化と特性を「アングロサクソンの理想」に同化させようとした。アングロサクソンの優越性は予め前提にされ、アングロサクソンの社会がモデルとして想定されていた。「アメリカ化」の実現は、「民主主義」の発展を導くと考えられていた。

ジョーンズの構想は、自身のコロンビア大学時代の恩師であるギディングスの思想に依拠している。ギディングスは、『社会学原理』（一八九六年）、『民主主義と帝国』（一九〇〇年）、『帰納的社会学』（一九〇一年）など多数の著作を発表した進歩主義期を代表する社会学者である。[8] 彼の活動は、スモール（Albion W. Small）、スネッデン（David S. Snedden）、ダン（Arthur W. Dunn）らとともに、客観的、科学的な社会科学の構築に寄与した。

ギディングスは、当時流布していた社会進化論と優生思想の研究成果を積極的に吸収した。とくに、人種の発展が類似した過程を経ることをスペンサー（Herbert Spencer）の理論から根拠づけた。彼によれば、人類の文明は、「軍事的・宗教的」「自由主義的・法律的」「経済的・倫理的」の三段階に分類されるという。そして、西欧文明が第三段階に到達している点で、他に優越すると述べる。[9] ギディングスは、アメリカ社会を「経済的・倫理的な段階」に到達させたうえで、「民主主義の帝国（democratic empire）」に仕立てようとした。「帝国」の形成は、「民主主義」の理想に符合すると理解されていた。[10]

ギディングスの社会学は、一八九〇年代から一九一〇年代にかけてのアメリカが直面していた社会状況や外交問題と連動して形成されたものである。この頃のアメリカは、西欧の債務国から債権国に移行し、経済的、軍事的な大国へと発展していった時期に相当する。「民主主義の帝国」の理念は、そうした社会情勢を反映して、人びとのなかに受けいれられた。ジョーンズは、ギディングスの「民主主義」の観念を取りいれて、カリキュラム改革を展開していった。ジョーンズの「シティズンシップ教育」は、進歩主義期の社会学の研究成果や社会的、政治的な状況を背景にして構想されたものである。

3　ハンプトン・インスティテュートの教育

(1) ジョーンズの学校改革

ハンプトン・インスティテュートは、南北戦争後の再建期にあたる一八六八年にアームストロング将軍（Samuel Chapman Armstrong）がアメリカ宣教師協会の援助を受けて設立した高等教育機関である。一八七〇年に奴隷解放局、北部の博愛主義者、宗教集団の支援を受けて教室が建てられ、ハンプトン・ノーマル・アグリカルチュラル・インスティテュート（Hampton Normal Agricultural Institute）の名称でバージニア州に認可された。ハンプトン・インスティテュートは、一九世紀半ばの奴隷解放後の社会でも、充分な教育を受けることがなかった南部の黒人と先住民に学習機会を提供する実践を展開した。最初の学士号が一九二二年に授与された後、カレッジ段階の教育として認定されたこのインスティテュートは、一九八四年にハンプトン大学（Hampton University）となり、現在に至っている。

二〇世紀初頭のハンプトン・インスティテュートにおいて、ジョーンズは、中心的な役割を担った。彼がハンプトンに赴任したのは一九〇二年のことであり、〇九年まで職務に就いている。彼は、社会科の教授に携わるとともに、黒人協議会の議長も務めた。ハンプトン・インスティテュートはまた、『南部の労働者』という雑誌を毎月発行し、さまざまな論者が黒人教育の主題について執筆している。ジョーンズも、在任期間中に多くの論考を寄せた。彼が社会科の内容や方法を論じた箇所は、『ハンプトン・カリキュラムの社会科』（一九〇六年）として出版された。ハンプトンの実践は、連邦教育局の政策に取りいれられ、進歩主義期の学校改革に多大な影響を与えることになった。

ジョーンズは、黒人と先住民が「シティズンシップ」として適切に判断し行動するようになることを意図して、カリキュラム改革を推進した。改革の基盤となったのは、ニューヨークで調査した際の社会学の研究であった。彼は、移民集団の同化の問題を黒人と先住民の青年に適用しようとした。彼は、人種に関する見解をつぎのように表現している。

奴隷制と部族的な政治形態のもとで、黒人とインディアンは、よき家庭の本質、市民的権利と義務、教育費用とその意味、労働者の地位、倹約の重要性を理解する機会がほとんどなかった。あらゆる経済的、社会的、宗教的な制度の起源と発達は、彼らには神秘的な迷信として隠蔽されてきた。家庭、教会、国家、コミュニティに関する事実を、白人青年は父母や友人から無意識的に獲得するが、普通の黒人やインディアンの青年は無知のままである。(11)

ジョーンズは、黒人と先住民が「シティズンシップ」から排除されてきたことを批判する。黒人と先住民は、社会的、経済的事実を知る機会を剥奪されてきたというのである。そして、黒人が「奴隷制」のもとにおかれてきたことを批判する。だが、一方で、彼は白人と黒人が同等の権利を有しているとする知見も拒否する。ジョーンズは、黒人の本質的な劣等性を主張する一部の白人の見解を退けると同時に、白人と黒人の平等性を過激な行動に訴えて表明する集団からも距離をおいたのである。

黒人と先住民の地位向上は、教育機会の保障によって可能になると想定されていた。ジョーンズは、南部の黒人を調査して、彼らが初等教育さえも充分に受けていない状況を浮き彫りにした。そして、黒人と先住民のための学校教育を整備しようとした。教育によって、彼らが「シティズンシップ」の当事者として行動し、「民主主義」を獲得するようになると考えたのである。

　公立学校制度の確立は、四〇年間にわたる努力がなされてきたが、南部の黒人が公正な教育の理想を獲得する機会に恵まれることはなかった。男女の自由な教育のためにおこなわれた多くの英雄的な闘争は、黒人とインディアンには未知の世界であった。教育の重要性は、南部の白人だけに認識されていた。……しかし、奴隷制から解放されるために、黒人は学習に対する非常に強い欲求をもっていることを理解する必要がある。⑫

　ジョーンズにおいて、学校は「民主主義」の中核に位置していた。彼は、一九〇八年の一二月に南部の教育委員会において講演をおこなった。翌年、『南部の産業教育と経済発展』（一九〇九年）という題名で出版されたこの講演でも、教育機会の保障を通して、黒人が経済的に自立した「シティズンシップ」を獲得することが必要だと主張されている。⑬だが、彼において、白人社会の優越性は前提にされ、白人の価値を黒人が摂取して同化することが奨励されていた。ジョーンズは、多様な人種と民族のコミュニティを肯定し尊重するのではなく、白人が主導する「アメリカ化」の実現を探索した。人種の差別と抑圧は、人種の優劣にもとづくものとして容認されていた。「民主主義」と「アメリカ化」は、整合的で相互に矛盾のない形で結びつくと想定されていたのである。

（2）ハンプトン・インスティテュートの社会科

ハンプトン・インスティテュートにおいて、ジョーンズは、社会科の教授に着手して、カリキュラム改革に取りくんだ。ジョーンズの社会科の実践は、教科の名称として最初に使用されたものだとされている。[14] ハンプトンの社会科は、「公民と社会福祉」「経済学と物質的福祉」「アメリカ国勢調査と実際の状況」「社会学と社会」「インディアンの進歩」の単元から構成された。

「公民」は、「政府の発展」「政府と公衆衛生」「政府機構」の三つに分類された。そのなかで、三分の二の時間が「政府と公衆衛生」の単元に費やされた。具体的な内容として取りあげられたのは、農業の方法、道路の改善、学校の統合、慈善事業の組織化、監獄の改革などであった。ジョーンズは、実験教育局が調査したイリノイ州、バージニア州、ネブラスカ州、テネシー州の農業実態を「公衆衛生」の単元に取りいれた。一方の「政府機構」の授業は、法律制定、税制、政党、選挙といった内容で構成された。しかし、彼は、「政府機構」の単元を「もっとも重要性が低い」と位置づけた。[15]

> 公民の全体的な貢献は、生徒に政治形態の知識を提供し、公衆衛生との関連から政府の概念を拡大し、社会改良のための重要な努力を認識させ、家庭や学校の制度的価値の正確な評価を与え、民主主義の市民的責任の感覚を増大させることにある。これらのなかでもっとも重要な事柄は、民主主義の健全な力への信頼と希望を増大させることである。[16]

「公民」の意義は、「民主主義の市民的責任」を確立することにある。「公民」では、政府や公衆衛生をテーマにして、その意味や必然性を学習することが目指された。しかし、「公民」の授業では、知識の習得や活用よりも、身近な題材を取りあげて、彼らの社会生活を改善することが強調されていた。

「経済学と物質的福祉」もまた、黒人の日常生活にかかわる内容が教授された。ジョーンズは、「経済学」の目的を「財の獲得と使用」に関する知識を提供することにあるとみなしている。単元として選択されたのは、「消費と需要」

「生産と供給」「分配と配分」といった内容である。彼は、経済機構や市場の仕組みを学習することよりも、商品の生産と消費について学習することを推奨した。「消費と需要」の単元のなかでは、堅実な消費の仕方を学ぶ生活教育が実践された。彼は、黒人の子どもが牛肉よりもハムを好み、栄養のある食事よりも脂肪の多い食事と甘いデザートを好む状況を憂慮した。そして、黒人の消費者教育を実践し、状況の改善をおこなうことを意図した。また、「生産と供給」では、土地、労働、資本、産業資本を題材にした単元が展開された。

「アメリカ国勢調査と実際の状況」の授業内容は、「分布と比率」「教育的発展」「経済状況」「統計」から構成された。そして、黒人がおかれている経済的、文化的、教育的条件を国勢調査の結果から推論し探究する実践がおこなわれた。「分布と比率」の単元では、九〇％近くの黒人が南部に居住していること、黒人が南部地域の三分の一の人口を占めていること、そのなかで八〇％の人が農村地域か小都市に住んでいることについて学習した。また「教育的発展」の単元では、黒人の識字率の問題を取りあげて授業を展開した⒄。

ハンプトン・インスティテュートのカリキュラムは、黒人と先住民の青年に対して職業準備と生活適応を進める観点から構成された。なかでも、社会科は、社会生活において実際的な有用性をもつとされた内容から編成された。これによって、ジョーンズは、「シティズンシップ教育」を実践に移し、「民主主義」の発展を促そうとした。

市民政府は、民主主義の成員の知性と誠実さの重要性、市民的自由を獲得した土壌と苦悩、共和国市民の責任を強調する⒅。

ジョーンズは、「シティズンシップ」と「民主主義」を追究して、カリキュラム改革に取りくんだ。社会科の創設は、「シティズンシップ教育」の具体的な実践であった。しかし、彼の「民主主義」は、選挙権の確立や政治参加の問題を探究するものではなかった。ジョーンズは、「民主主義の原理は政府に限定されない」と主張して、南部の教育委員会が推奨する「精神的民主主義（spiritual democracy）」の観念を支持した。[19] ハンプトン・インスティテュートでは、政府や市場に関する知識の学習よりも、実用的な職業指導や生活教育が実施された。ジョーンズは、「シティズンシップ」概念を拡張する裏側で、黒人の権利や参加の問題を回避し隠蔽したのである。

（3）デュボイスの批判

ハンプトン・インスティテュートは、「生活のための教育」「おこなうことによって学ぶ」を基本原理とする伝統を保持している。だが、ジョーンズの改革に対しては、さまざまな批判が寄せられることになった。代表的な論者として、同時代の黒人解放運動を率いたW・E・B・デュボイス（William Edward Burghardt Du Bois）の存在をあげることができる。デュボイスは、ハンプトン・インスティテュートをつぎの三点で批判した。

第一に、黒人解放が白人の指導のもとでおこなわれた点である。デュボイスは、「黒人の未来における向上は、主として黒人自身の努力にかかっている」と主張して、ジョーンズのような白人が黒人教育を先導することを批判した。[20] 彼は、『黒人のたましい』（一九〇四年）で、一八六六年にナッシュビルに設立され、自身も卒業したフィスク大学や、一八八一年にアトランタに創設されたスペルマン学院と、ハンプトン・インスティテュートを並列させて、この三つの学校が黒人に「実際教育を施して下級学校の教育水準を維持」したこと、「人間教養の適切な水準と人生の崇高な諸理想を与えるという目標をもっていたことに一定の理解を示しながらも、それが黒人を「永続的に向上させ開花させるか」という点については疑問を投げかけている。[21] ジョーンズの学校改革は、黒人の真の社会参加を導くものではないというのである。それに対して、デュボイスは、黒人自身の自立した判断と行動による改革を擁護した。

第二に、ジョーンズが黒人の権利や名誉、尊厳の問題を軽視している点である。デュボイスは、「投票権の自由」「公民的諸権利の享受」「教育を受ける機会」の保障を強く訴えた。(22) 森分孝治は、一八八〇年代から二〇世紀初頭の黒人解放運動には、二つの路線が存在したと指摘する。すなわち、黒人の地位向上を「黒人自身が産業社会で勤勉に努力し経済的富を獲得する」ことに求めたワシントン（Booker T. Washington）の「穏健で現実主義的・非政治的宥和路線」と、「黒人投票権の確立と政治権力の獲得によって人種差別制度撤廃の闘争」を展開したデュボイスの「政治的急進主義の路線」である。森分によれば、前者の系譜に位置したハンプトン・インスティテュートは、当時のハーバード大学学長のチャールズ・エリオット（Charles W. Eliot）や大実業家のカーネギー（Andrew Carnegie）、北部の白人支配層には注目され高く評価されたものの、後者の急進主義の立場からは「白人支配体制に対する妥協的態度」として拒絶されることになったという。(23) デュボイスは、黒人の選挙権の樹立や政治参加を導くことを通して、彼らの「シティズンシップ」を保障し確立することを探った。

第三の批判は、ハンプトン・インスティテュートの「シティズンシップ教育」が反知性的な性質を表現しているという点である。デュボイスは、雑誌『クライシス』で、ジョーンズへの批判を展開している。『クライシス』は、一九一〇年に発足した全国黒人向上協会（National Association for the Advancement of Colored People）の機関誌であり、デュボイスはその広報調査部長を担当し、ジョーンズもまた協会に参加している。ハンプトン・インスティテュートについて、デュボイスは、「黒人のアカデミックな高等教育」を制限し、「手工教育、産業教育、農業教育」を重視する学校だとみなしている。そして、ジョーンズが要請する黒人と白人との「協同」は、黒人の「声」と「投票」が欠如しているために、黒人に「地位向上の機会を与える可能性をひらくものではない」と指摘している。(24) デュボイスは、ジョーンズの改革が職業訓練に傾斜して、黒人の知的独立を軽視していると批判した。デュボイスは、アカデミックな教育を受ける機会を平等に提供して、黒人の地位向上を果たそうとしたのである。

デュボイスの批判は、自身が積極的に先導した黒人解放運動の経験から展開されている。一方のジョーンズは、白人と黒人の協同と宥和の実現という名目で、複線型教育制度を維持しようとした。これによって、彼は、北部の白人支配層の反発を回避した。そして、実用的な職業準備と生活適応に力点をおくことで、「シティズンシップ教育」を推進することに精力を傾けた。

4　ジョーンズのカリキュラム改革

(1)　学校教育とコミュニティ

ジョーンズの学校構想の要点は、一九二六年に刊行された『教育の四つの本質的要素』にみることができる。このなかで、彼は、学校教育をコミュニティとのつながりからとらえている。

> 情報と訓練を洗練させるだけでなく、教育目的のために知識を総合することの鍵になるのは、コミュニティの条件にかかわる生き生きとした意識である。……個人のニーズは、コミュニティのニーズから理解される必要がある。学校が担う多様な目的は、しばしば相互に関連をもたなかったり矛盾したりするものだが、コミュニティの意識全体によって調和され洗練された教育目的に取って代わられるであろう。(25)

ジョーンズによれば、「コミュニティ意識」の形成は、「コミュニティの学習の実際的計画」に依拠しているという。

彼は、教育に関する四つの「本質的要素」を抽出した。第一に、「健康と衛生」の知識の獲得である。彼は、子どもが病気や疫病の被害から免れるために、「健康」について学ぶ必要性を唱えた。たとえば、各国の平均寿命の比較、幼児の死亡数、健康と経済条件の相関、効果的な心のもち方などである。彼は、ヘルスクラブ、栄養教室、野外活動の実践を奨励した。第二に、「環境の認識と利用」についてである。ジョーンズは、環境の学習を通して、子どもたちが効率的な生計を営むようになることを奨励した。環境の学習では、農業や風土にかかわる内容だけではなく、複雑な経済機構への適応、自然現象の科学的理解、自然の芸術的鑑賞、人間と自然の共存といったさまざまな内容が扱われている。第三は、「家族と家庭」の教育であり、家族の安全確保が意図された。第四に、「健全な余暇」の享受についてである。「余暇」が「コミュニティの福祉」のために重要だとされている[26]。

『教育の四つの本質的要素』の序文は、ジョーンズのコロンビア大学時代の指導教授であるギディングスが執筆している。ギディングスは、「私の大切な友人であり教え子である著者の仕事と業績に誇りと喜び」を感じると絶賛している[27]。ギディングスの「民主主義の帝国」の理念は、ジョーンズの学校構想のなかで継承された。ジョーンズは、人種教育の分野から「民主主義」の拡大と発展に努めたのである。彼は、一九一〇年に黒人の人口調査をおこなっている[28]。

ジョーンズはまた、一九一三年にフェルプス・ストークス財団（Phelps-Stokes Fund）の教育研究所長に就任した。この財団は、一九一一年に黒人の教育支援を目的にして設立された。一九世紀末から二〇世紀初頭にかけて、社会的救済を唱える博愛主義的なプロテスタンティズムが拡大し、教育研究や実践を支援する財団が増加し活発化した。カーネギー研究所やロックフェラー財団などは、その代表的な例である。フェルプス・ストークス財団もまた、こうした動向を受けて財政支援を展開した。

フェルプス・ストークス財団におけるジョーンズの役割は、人種に関する調査と報告をおこなうことであった。彼は、財団とイギリス政府の支援により、二度にわたりアフリカに滞在している。アフリカ委員会の委員として、ジョーンズはコンゴや南アフリカなどの地域を視察し、植民地教育の実態調査に携わった。ハンプトン・インスティテュートの実践は、ワシントンがアラバマ州に設立したタスキーギ・インスティテュートと並んで、アフリカ開発の際の教育モデルとして採用された[29]。人種に関する財団の研究成果は、『教育的適応』（一九二〇年）として出版されている。ジョーンズは、黒人教育の問題を「アメリカ民主主義の試金石」として認識していた[30]。この財団の研究は、一九二〇年にコロンビア大学よりグラント・スクワイア賞を受賞している。

（２）カリキュラム政策への影響

ジョーンズの「シティズンシップ教育」は、黒人教育や移民教育の実践を超えて、進歩主義期のカリキュラム政策へと影響を与えた。一九一三年には、ブルックリンの数学教師であったキングスレー（Clarence D. Kingsley）を中心にして、中等教育改造審議会（Commission on the Reorganization of Secondary Education）が全米教育協会（National Education Association）のもとに組織された。審議会の社会科委員会（Committee on Social Studies）の委員長を務めたのがジョーンズである。ジョーンズのほかに、社会科委員会には、ハンプトン・インスティテュートの社会科の教師を彼から引き継いだアーリー（William Anthony Aery）が幹事に加わった。委員として審議に参加したのは、フィラデルフィア教育学校のバーナード（J. Lynn Barnard）、コロラド州のイースト・ハイスクール校長のバレット（H. M. Barret）、ノースカロライナ大学のブランソン（E. C. Branson）、オハイオ州のウッドワード・ハイスクールのグッドウィン（F. P. Goodwin）など、同時期の学校改革を率いた教育者たちであった。

一九一三年に、社会科委員会は、予備報告書を作成し、「社会科」の基本方針を打ちだした。予備報告書は、「シティズンシップの育成」を目的に据えて、カリキュラム改革を推進した。報告書によれば、「社会科の目的」は「よきシティズンシップ」を形成し「コミュニティの社会福祉」に貢献することにあるという。[31] 社会科委員会の政策は、ダンが委員会の幹事になって継承された。一九一六年に、委員会の最終報告書『中等教育における社会科』が提出された。報告書の序文の執筆を担当したジョーンズとキングスレーは、委員会の目的が「シティズンシップの育成」にあると表明している。最終報告書によれば、「よきシティズンシップ」とは、「近隣社会の非常に有用な成員であること」「みずからの都市、州、国家に対する忠誠心と義務感をもつこと」「人間社会のあらゆる部分に共通する共感と正義感をもち、世界共同体の成員としての意識をもつこと」だとされている。[32]

社会科委員会の報告書は、中等教育改造審議会の改革路線を踏襲した。審議会の成果は、一九一八年に『中等教育基本原理』として発表された。ここでは、「シティズンシップ」と「民主主義」の角度から、カリキュラム改革をおこなうことが目指されている。「アメリカ合衆国の教育は、民主主義の意味の明確な概念によって導かれるべき」であり、「個人と社会が相互に影響し開花させることが民主主義の理想である」という。[33]「シティズンシップ」の概念は、つぎのように定義されている。

> 生徒がみずからの職業をシティズンシップとの関連からみてとり、シティズンシップをみずからの職業の観点からみてとるときにのみ、彼は、産業民主主義のなかで有用な成員として準備されるようになる。したがって、職業と社会公民教育を分離させる危険性をもつ計画に対しては、たとえよく練られたものであったとしても、この委員会は異議を申し立てることにする。[34]

クリバードは、『中等教育基本原理』の効率主義的な側面に注意を向けている。クリバードは、一八九〇年代にエリオットが主導した一〇人委員会（Committee of Ten）のレポート（一八九三年）と比較して、中等教育改造審議会の改革が一般市民を対象として包括的に制度を再編した点で、「民主主義の教育」を拡充したと論じている。この意味で、「新しい中等教育」は「民主的なもの」であったが、しかしそれは「社会秩序の効率的な作用」を促すという限りで「民主的なもの」であったという。換言すれば、「民主主義の教育」は、社会のなかで、子どもが「みずからの最適の地位を発見するように教育する」ことに向けられた。クリバードは、この改革が「知性の発達としての教育」から、「将来の市民生活にかかわる直接的な実用性としての教育」への「象徴的な転換」を招いたと批判している。(35)

『中等教育基本原理』は、「シティズンシップ」を「職業」との関連から把握している。そして、中等教育改造審議会は、生徒たちのよりよいコミュニティ生活を実現することを目指す観点から、実践的なカリキュラム政策を展開した。ハンプトン・インスティテュートのカリキュラムは、中等教育改革の基本方針を方向づける形で発展した。白人を主体とする「シティズンシップ教育」の実践は、「社会的効率」と「アメリカ化」の角度から正統化された。「民主主義」の発展は、「アメリカ化」の進行と基盤を共有すると理解された。進歩主義期の学校改革において、ジョーンズが構想した「シティズンシップ教育」は、影響を及ぼしたのである。

5　シティズンシップと民主主義の再編

進歩主義期の学校改革を主導したジョーンズの「シティズンシップ教育」について、以下の四点の特徴を導出することができる。

第一に、「シティズンシップ」の概念が示す対象が拡張されて、学校改革が展開されたことである。彼の学校構想は、黒人と先住民の子どもを「シティズンシップ」の当事者とみなし、彼らを市民の成員に包摂して教育する革新的な意味をもっていた。ニューヨークの調査やハンプトン・インスティテュートの社会科はその具体的な試みであり、当時、発展しつつあった社会学の研究手法はそれらの発展に大きく寄与することになった。ジョーンズは、黒人や移民に教育を受ける機会を提供しようとした。教育機会を平等に保障する課題は、「民主主義」の中心に位置していた。彼は、学校教育の整備と拡充を通して、「シティズンシップの育成」をはかり、社会改良を進めたのである。

リューベンは、一九世紀の「シティズンシップ」の転換を、「選挙権」をもつ白人男性だけに認めた「共和主義的シティズンシップ（republican citizenship）」から、黒人、女性、移民を含む「民主的シティズンシップ（democratic citizenship）」への拡張として解釈したうえで、さらに二〇世紀初頭の進歩主義学校が子どもの存在を「シティズンシップ」の成員に加えて包摂的に再概念化したと指摘する。彼女によれば、一九世紀には子どもは「自立性」をもたないと判断され、「シティズンシップ」の存在から排除されていたという。彼女は、進歩主義の転換が「シティズンシップ」概念の「平等化」を促した一方で、「シティズンシップ」概念を基礎づけてきた「自立性」の問題が捨象されたと主張する[36]。ジョーンズのカリキュラム構想は、このような進歩主義期の教育の特色を映しだしている。

第二に、ジョーンズにおいて、「シティズンシップ」の内実が政治概念から生活概念へと転換したことが指摘できる。彼は、黒人の投票権の確立や政治権力の獲得を追究することをしなかった。というのも、黒人の政治参加が北部の白人の反感を招き、黒人と白人の対立の溝を深めることを恐れたからである。ハンプトンの社会科は、黒人と先住民のコミュニティ生活にかかわる実際的な単元から組織された。ジョーンズは、一九世紀の「シティズンシップ」概念の中核にあった政治的主題の要請に代えて、生活適応にもとづく「シティズンシップ教育」を探究した。このことは、「シティズンシップ」と「民主主義」を政治概念に回収するのではなく、コミュニティ生活の社会実践的な活動を創出し、新たな学校空間を形成する可能性を内包してもいたが、他方で、非政治化された「シティズンシップ」と「民主主義」の教育は、生活活動から政治へとつなぐ学習の経路を喪失し、職業準備と生活適応に傾倒する教育を生みだすことに帰着した。

この点で、デュボイスをはじめとする黒人解放運動の論者から厳しく批判された。デュボイスの批判は、ジョーンズが黒人の権利、名誉、尊厳を軽視していることに向けられた。デュボイスによれば、白人指導者が唱える「協同」は黒人の抑圧と差別を永続化するにすぎないという。ジョーンズは、「シティズンシップ」概念を黒人や移民の子どもに拡張しようとした裏側で、彼らの尊厳の問題や、権利と社会参加といった政治的主題を回避していた。ハンプトン・インスティテュートの実践から社会科委員会へと至るカリキュラム改革の流れは、子どもたちのコミュニティ生活の改善をねらいとするものであった。

第三は、職業教育をめぐって論争が繰り広げられたことである。ハンプトン・インスティテュートのカリキュラムは、政治や経済のアカデミックな知識の教授よりも、黒人と先住民の職業準備と生活指導を中心にして構成された。そこでは、実際的な有用性をもつとされた内容の学習がおこなわれた。「公民」の授業では、「政府機構」の内容は重要性が低いとされ、「公衆衛生」の単元が多く取りいれられた。具体的には、道路、農業、健康といった子どもの生活に身近な題材が選択された。これに対し、デュボイスは、アカデミックな教育の必要性を主張して、ジョーンズの改革を批判した。しかし、ジョーンズは、みずからの政策を変更することなく、職業教育に偏重したカリキュラム政策を継続した。中等教育改造審議会の『中等教育基本原理』では、「シティズンシップ」は「職業」との関連から解釈され、産業主義社会を推進する「社会的効率」と「アメリカ化」が志向された。

第四に、「民主主義」と「アメリカ化」が予定調和の関係として想定されたことである。ジョーンズのカリキュラムは、多様な人種や民族のコミュニティを尊重することよりも、白人社会の優越性を前提にしていた。彼は、新しい移民や黒人の特性を研究し、人種に関する独自の理論を構築した。彼は、白人と黒人の対立を回避して、「協同」を築きあげるカリキュラム改革を進めようとした。だが、それは、黒人の政治的権利の確立を等閑に付したまま、白人と黒人の「宥和」と「協同」を実現させようとするものであり、実際には、黒人と移民を白人社会に同化させることを意味していた。黒人や移民など、人種や民族の相違にかかわらず、彼らを民主主義の担い手たる「シティズンシップ」の成員に加えた一方で、権利、尊厳、社会参加をめぐる政治闘争は回避され、白人主体の「アメリカ化」が推進された。フェルプス・ストークス財団は、アメリカの「民主主義」をアフリカ諸国に拡大し発展させようとした。ジョーンズは、「アメリカ化」を「シティズンシップ教育」の優先的な課題として認識していた。「シティズンシップ」の概念は、包摂と排除、差別と抑圧を内包していたが、それは人種の優劣にもとづくものとして正当化された。「民主主義」の理想は、「アメリカ化」と整合性をもつと理解されていた。

このように、ジョーンズの構想は、進歩主義期のカリキュラム改革を牽引し、学校政策を先導する役割を担った。彼は、中等教育改造審議会の社会科委員会の委員長を務めることによって、「社会科」のカリキュラムの枠組みを形成し、影響力をもつようになった。ジョーンズは、職業指導と生活適応に傾倒した「シティズンシップ教育」を展開した。これによって、子どもの存在を「シティズンシップ」の成員として包摂する革新的な実践が導かれたが、他方で、「シティズンシップ」の内実は、政治概念から生活概念へと転換し、権利、投票、尊厳をめぐる政治が回避された。進歩主義期の「シティズンシップ教育」は、教科としての「社会科」の創設を準備し、積極的な可能性を提示した一方で、さまざまな課題と困難をも生みだしたのである。

注

（1）Lybarger, Michael, "Origin of the Modern Social Studies, 1900–1916," *History of Education Quarterly*, vol. 23, no. 4, 1983, pp. 455–468.

（2）Kliebard, Herbert M., *Changing Course: American Curriculum Reform in the 20th Century*, New York: Teachers College Press, 2002, pp. 24–38.

（3）Reuben, Julie A., "Beyond Politics: Community Civics and the Redefinition of Citizenship in the Progressive Era," *History of Educational Quarterly*, vol. 37, no. 4, Winter, 1997, pp. 399–420.

（4）Jones, Thomas Jesse, *Sociology of a New York City Block*, New York: AMS Press, 1968, pp. 61–74.

（5）Ibid., pp. 75–93.

（6）Ibid., pp. 113–133.

（7）Ibid., p. 133.

（8）Giddings, Franklin Henry, *The Principles of Sociology*, New York: Macmillan, 1896. *Democracy and Empire*, New York: Macmillan, 1900. *Inductive Sociology*, New York: Macmillan, 1901.

（9）Giddings, Franklin Henry, *The Principles of Sociology*, op. cit.

（10）Giddings, Franklin Henry, *Democracy and Empire*, op. cit.

（11）Jones, Thomas Jesse, *Social Studies in the Hampton Curriculum*, Hampton, VA: Hampton Institute Press, 1906, p. 3.

（12）Ibid., p. 4.

（13）Jones, Thomas Jesse, *Industrial Education and Economic Progress of the South*, Hampton, VA: The Institute Press, 1909.

（14）Lybarger, Michael, "Origin of the Modern Social Studies, 1900–1916," op. cit. 森分孝治『アメリカ社会科教育成立史研究』風間書房、一九九四年。

(15) Jones, Thomas Jesse, *Social Studies in the Hampton Curriculum*, op. cit., pp. 6–12.
(16) Ibid., p. 12.
(17) Ibid., pp. 6–40.
(18) Ibid., p. 5.
(19) Ibid., p. 5.
(20) デュボイス「ワシントン—デュボイス論争」『アメリカ古典文庫19　黒人論集』研究社、一九七五年、一七九—一九三頁。
(21) デュボイス『黒人のたましい』岩波書店、一九九二年、一三三—一三七頁。
(22) デュボイス「ワシントン—デュボイス論争」前掲書、一八九頁。
(23) 森分孝治『アメリカ社会科教育成立史研究』前掲書、五九四—五九六頁。
(24) Du Bois, W. E. B., "Negro Education," *The Crisis* 15, February, 1918, pp. 172-178.
(25) Jones, Thomas Jesse, *Four Essentials of Education*, New York: Charles Scribner's Sons, 1926, pp. 13-14.
(26) Ibid.「教育の本質」に関するジョーンズの主張は、一九二九年に出版された『文明の本質』にも受け継がれている。(Jones, Thomas Jesse, *Essentials of Civilization*, New York: H. Holt and Company, 1929.)
(27) Ibid., pp. viii-ix.
(28) Jones, Thomas Jesse, *Negro and the Census of 1910*, Hampton, VA: Press of the Hampton Normal and Agricultural Institute, 1912.
(29) Jones, Thomas Jesse, *Education in East Africa*, New York: Phelps-Stokes, 1922.
(30) Jones, Thomas Jesse, *Educational adaptations: A Report of Ten Years' Work of the Phelps-Stokes Fund, 1910–1920*, New York: Phelps-Stokes Fund, 1920. フェルプス・ストークス財団におけるジョーンズの業績については、つぎも参照。(Jones, Thomas Jesse, *States*, U. S. Bureau of Education, Washington Government Printing Office, 1917.)

(31) Jones, Thomas Jesse, "Statement of Chairman of the Committee on Social Studies," Preliminary Statements by Chairman of Committee of the National Education Association, *The Reorganization of Secondary Education,* Washington Government Printing Office, 1913, pp. 16-28.

(32) Committee on Social Studies of the National Commission on the Reorganization of Secondary Education of the National Education Association, *The Social Studies in Secondary Education,* Washington Government Printing Office, 1916, pp. 5-10.

(33) National Education Association, *Cardinal Principles of Secondary Education: A Report of the Commission on the Reorganization of Secondary Education,* Washington Government Printing Office, 1918, p. 9.

(34) Ibid., p. 16.

(35) Kliebard, Herbert M., *Changing Course: American Curriculum Reform in the 20th Century,* op. cit., pp. 39-49.

(36) Reuben, Julie A., "Beyond Politics: Community Civics and the Redefinition of Citizenship in the Progressive Era," op. cit., pp. 408-411.

第4章　ハイスクールのシティズンシップ教育
——変容する民主主義

1　シティズンシップ教育の鉱脈

一九九〇年代以降のグローバル世界において、「シティズンシップ」をめぐる議論が活況を呈し、「シティズンシップ教育」を実践する動きが積極的に探索されてきた。グローバル化は、一九世紀以降の国民国家の境界に規定されたナショナルな教育を超えて、世界の相互依存関係を強化し、トランスナショナルな対話や活動、コミュニケーション、ネットワークを活性化させた。このことは、領域的な国家や国民の枠組みを揺るがし、多様な人種、民族、宗教、価値、文化、慣習が交流し差異を承認するグローバルな市民社会の創出を準備するとともに、国民国家モデルに傾倒した「国民教育」から、社会的、文化的な多様性、寛容、討議、複合的なアイデンティティを称揚するコスモポリタン的な「シティズンシップ教育」への転換を促してきた。

ヨーロッパでは、一九九二年二月のマーストリヒト条約によって、欧州連合の創設が合意へと至り、EU圏内の市民の移動・居住の自由や就労の自由、地方議会を含む選挙権と被選挙権などの「EU市民権」が認められた。そのことは、出生にもとづく国籍としての「シティズンシップ」を離れ、ポストナショナルな状況下での居住を軸とする「シティズンシップ」概念の刷新を喚起してきた。[1] こうした動きを受けて、「シティズンシップ教育」への期待が高まり、その制度づくりが進められてきた。イギリスでは、ロンドン大学のクリック（Bernard R. Crick）が議長を務めたシティズンシップ教育諮問委員会（The Advisory Group for Education on Citizenship）が一九九八年に「学校でのシティズンシップ教育と民主主義の教授」を発表し、二〇〇二年から「シティズンシップ」が中等教育のナショナル・カリキュラムとして必修化された。通称、「クリック報告（Click Report）」と呼ばれるこのレポートで、「シティズンシップ」は、「社会的、道徳的責任（social and moral responsibility）」「コミュニティへのかかわり（community involvement）」「政治的リテラシー（political literacy）」の三つの構成要素から成立すると定義された。[2]

ヨーロッパ理事会（European Council）は、二〇〇〇年三月の「リスボン戦略（Lisbon Strategy）」で、「よりよい職業をより多く創出し、社会的結束を強化したうえで、持続的な経済成長を達成する、世界中でもっともダイナミックで競争力のある知識基盤型経済（knowledge-based economy）」の構築を打ちだすと同時に、そのような「知識基盤型経済」社会を担う「アクティブ・シティズンシップ（active citizenship）」の重要性を指摘している。[3] また、ヨーロッパ評議会は、二〇〇五年を「教育を通じたヨーロッパ・シティズンシップ年」と位置づけ、グローバル時代の新しい「シティズンシップ教育」を積極的に推進することを提唱している。ヨーロッパ統合に伴う「EU市民権」の拡大は、「シティズンシップ」と国籍との結び目を断ち切り、従来の国民国家モデルに代替するトランスナショナルな公共性の形成を触発する一方で、多様な文化と民族の共生や、差異の権利と承認の問題、差別と抑圧と不平等、移民や外国人労働者の排斥、市民権と国籍の不一致など、新たな争点とコンフリクトを惹起している。

アメリカでも、「シティズンシップ」は、教育の中心課題に設定されてきた。移民国家であり、自由と民主主義を建国の理念に標榜するアメリカは、歴史的に、「シティズンシップ」をめぐるさまざまな論争と闘いを経験してきた。多文化的、多民族的な状況を前に、アメリカ社会の統合と多様性をどのように実現するのかということは、今日に至るまで問われ続けている。教育改革においては、一九九四年の二〇〇〇年の目標——アメリカ教育法（Goals 2000: Educate America Act）で、「生徒の達成目標とシティズンシップ」という項目が作成され、すべての生徒が「よきシティズンシップ」「健康」「コミュニティ・サービス」「自己責任」の増大に努めることを通じて、「シティズンシップ」を獲得することが目的に掲げられた(4)。二〇〇二年のどの子も落ちこぼれさせない法でも、安全で規律正しく、ドラッグのない教育環境の創造のために、「よきシティズンシップ」を涵養することが強調されている。また、「社会科」や「公民」「アメリカ政治」「サービス・ラーニング」「特別活動」を中心に、「シティズンシップ教育」の実践が盛んに奨励され蓄積されてきた。「シティズンシップ教育」の内容は一様ではないが、その特徴のひとつは、子どもたちがコミュニティの活動や討議に参加し、民主主義社会を担う「市民的資質」を育成することにある。子どもたちの政治学習や政治教育、リテラシー教育を実践する授業プログラムやワークショップが開発され、政治参加や社会参加を促す「アクティブ・シティズンシップ」の形成が強調される傾向にある。「シティズンシップ」の問いは、従来の国民国家や国籍を超えて、多様な文化と民族が交差するコスモポリタン的なレベルで生起するとともに、国家、地域、コミュニティといったローカルなレベルでも浮上している。

ところで、通常、「シティズン（citizen）」は、「市民」「国民」「公民」などと訳されることが多い。しかし、「シティズン」と同じような英語にも「シビル（civil）」や「シビック（civic）」など多様な語が存在する。『オックスフォード英語辞典』によれば、「シティズン」は、「市ないし町の居住者、特に市民としての権利と特権をもつ居住者」「国家の成員、つまり外国人に対してその国で選挙権をもつ住民」という説明がなされ、主にそれが権利概念に依拠していることが理解できる。一方の「シビル」には、「シティズンの属性」という内容が第一に記してあるが、それ以外に「適切な公的社会秩序をもつこと」「野蛮ではないこと」「教養のある人、洗練された人」「民間の」など、多様な解釈が紹介され、権利概念に限定されず、社会的、倫理的な側面が含まれている。[5] マーシャル（Thomas Humphrey Marshall）によれば、近代の「シティズンシップ」は、人身、思想、言論、信条など個人の自由を保障する一八世紀の「市民的権利」から、普通選挙法や議院制といった一九世紀の「政治的権利」を経過して、二〇世紀の社会保障、保険制度、経済的福祉の「社会的権利」の保障へと発展してきたという。[6] 一九世紀から二〇世紀にかけて、「シティズンシップ」の概念は、大きく転換し変容してきたというのがマーシャルの結論である。

だが、一九世紀から二〇世紀初頭の転換期に、何が変わったのだろうか。「シティズンシップ」をめぐる議論は、どのように変遷したのだろうか。ここでは、アメリカの進歩主義期のカリキュラム改革を事例に取りあげて、「シティズンシップ」についての転換の一端をひもとくことにしたい。とくに、一九一〇年代の中等教育改革に照準を合わせ、「シティズンシップ教育」がどのように変容し展開していったのかを検討する。敢えてこの時期のカリキュラム改革を主題とするのは、今日の「シティズンシップ教育」をめぐる重要な論点の多くが、進歩主義期の試みにおいて準備され表現されていたと考えるからである。アメリカは、一九世紀後半から二〇世紀初頭の急激な工業化、産業化、都市化の進展によって、目覚ましい経済的発展を遂げた。アメリカの社会的、経済的な繁栄は、労働を求めて、大量の移民が流入する事態を招いた。しかも、この時期の移民の多くは、イタリア、ポーランド、スロバキア、クロアチア、ロシアからの移民であり、従来のアングロ・サクソン系とは異なり、「新移民」と呼ばれた。新移民の多くは、農村出身者であったが都市に居住し、東部や中西部の鉄鋼、石油、石炭、繊維などの産業で労働者として従事した。進歩主義期に「シティズンシップ教育」が前景に登場したのは、このような社会的要因に起因している。「シティズンシップ」をどのように学校の学びに組みいれ、カリキュラムを構想するのかというのは、教育に課せられた一大テーマであった。

とりわけ、一九一〇年代の全米教育協会の中等教育改造審議会と、そのなかに設置された社会科委員会が構想した「シティズンシップ教育」は、ハイスクールのカリキュラム改革を先導する役割を果たした。興味深いのは、社会科委員会が提案した「社会科」や「コミュニティ・シビックス」や「アメリカ民主主義の問題——経済的、社会的、政治的(Problems of American Democracy: Economic, Social, Political)」のカリキュラムが、「シティズンシップ教育」について、中立的な知識獲得に偏重した政治学習や政治教育としてよりも、社会生活や社会実践への参加を誘う「アクティブ・シティズンシップ」の形成を目指したことであり、生徒が居住するコミュニティの活動を推進したことであり、「シティズンシップ」を地域、州、国家、世界共同体という多次元的なレベルで構想したことである。他方で、中等教育改造審議会や社会科委員会が推進したカリキュラム改革は、「シティズンシップ教育」をめぐって、多くの課題や争点をも浮き彫りにすることになった。

ラヴィッチ（Diane Ravitch）は、一九一八年に中等教育改造審議会が提出した『中等教育基本原理』について、ハイスクール段階のすべての生徒が「一般教養」を身につけ、英語、外国語、数学、歴史、科学を学ぶことを推奨した点で、「教育学的な革命」に値する「アメリカの中等教育の全く新しい時代」を先導したと解釈している。それは、「ハイスクールの役割を再定義」し、「組織化された教職者の主流派の中に、教育学的な進歩主義を放つこと」につながった。⑦ラグマン（Ellen C. Lagemann）は、「進歩主義教育」が「伝統的な教科中心のカリキュラム」を放棄し、「課題解決型やプロジェクト中心の活動」を導入したと評価する。彼女によれば、『中等教育基本原理』は、「本質的に一律的なアカデミック・コア」を樹立するよりも、「学術上の必要条件において、より柔軟性に富む多様な内容の教科」を教授することを推奨し、「生徒指導とテストの増大」を帰結させたと論じられている。これにより、学校教育の目的が「大人生活の実際的活動と直接的に結びつくもの」となった。具体的には、ラテン語、古代史、フランス語、上級数学などが廃止され、代わりに、商業科、社会科、工芸、物理、生物、家政学といった教科が追加されることになった(8)。

一方で、リューベンによれば、「シティズンシップ」は、歴史的には、「共和主義的な」観念から「財産」や「選挙権」をもつ一部の白人男性にのみ付与される形で発展したが、一九世紀の平等主義的な考え方の普及によって、黒人、移民、女性などを含む「民主的な」概念へと転換したと解釈されている。そのうえで、二〇世紀初頭の改革は、「シティズンシップ」の対象を、さらに「子ども」へと拡張して包摂的に再定義したと指摘する。「シティズンシップ」の成員に「子ども」を包摂することは、「シティズンシップ」概念の「大衆化」と「平等化」を促進した一方で、歴史的に、その概念の中核を構成してきた「政治参加」や「参政権」といった主題を扱うことからは後退していったという(9)。リューベンの見解は、『中等教育基本原理』には触れていないが、進歩主義期の中等教育改革における「シティズンシップ教育」を解釈するうえで参考になる。中等教育改造審議会の社会科委員会は、「アクティブ・シティズンシップ」の形成を掲げて、カリキュラム改革を推進した。「シティズンシップ」の概念が「政治的権利」から「社会的権利」へと変容し、「共和主義的な」観念から「民主的な」観念へと転換するなかで、新しい「シティズンシップ教育」が準備され実践されていくのである。

2　社会科委員会のシティズンシップ教育

一九一三年に、全米教育協会のもとに中等教育改造審議会が組織され、予備報告書が公表された。中等教育改造審議会は、一九一一年にハイスクールとカレッジの接合委員会（The Committee on Articulation of High School and College）が作成した報告書の提言を受けて設立された。ハイスクールとカレッジの接合委員会の委員長を務めたのは、ブルックリンで数学教師をしていたキングスレーである。報告書は、委員会の目的をハイスクールの学科課程の再計画を実施し、カレッジ段階の教育の門戸を開放することにあると記している。[10]

中等教育改造審議会は、ハイスクールとカレッジの接合委員会に加えて、英語、社会科、自然科学、古典、現代言語、家庭、技術、音楽、ビジネス、農業など、教科ごとの委員会から組織され、全米教育協会に任命を受ける形で設立された。一九一二年一二月と一三年二月に、フィラデルフィアで会議が開催され、予備報告書が刊行された。一三年七月に、予備報告書は、全米教育協会で審議され承認されることによって、アメリカ国内のすべてのハイスクールに配布する計画が発表された。実際、多数の学校や教育機関から高い支持を獲得することになった。[11]

中等教育改造審議会において、「シティズンシップ教育」を前面に掲げたのは、トマス・ジョーンズが委員長を務めた社会科委員会である。ジョーンズは、一九世紀末以降、増え続ける移民や黒人を対象にして、生徒の「シティズンシップ」を育成する新しい試みに挑戦した。そのために、ハンプトン・インスティテュートで、教科としてもっとも早い時期に「社会科」の教授を展開した。社会科委員会は、ハンプトンの実践を発展させる形で、ハイスクールの「社会科」の目標を生徒の「シティズンシップ」の涵養にあると表明した。[12]

> よきシティズンシップがハイスクールの社会科の目的である。学校全体を通じた行政や教授がコミュニティの社会福祉に貢献すべきである一方で、社会科はこの領域で直接的な責任をもっている。人間の向上の方法の理解に直接的に貢献しない事実、条件、理論、活動というのは、何の主張もないのに等しい。[13]

ここで、「シティズンシップ」とは、何を意味したのであろうか。「シティズンシップ」としての「社会科」は、どのように構成されたのだろうか。報告書によれば、「シティズンシップ」が「コミュニティの社会福祉」に貢献すると解釈されている。「社会科」のカリキュラムは、（1）コミュニティ・シビックスと職業調査、（2）一六〇〇年代ないし一七〇〇年代までのヨーロッパ史、（3）一六〇〇年代ないし一七〇〇年代以降のヨーロッパ史、（4）一七六〇年以降のアメリカ合衆国の歴史、（5）経済学と公民理論と実践の五つの内容から構成された。

「コミュニティ・シビックス」の教科は、「個人であれ、私的機関であれ、政府であれ、よきシティズンシップが遂行する活動のすべて」を含むものとされた。そして、生徒が「自身のコミュニティの公民的条件」に精通することが「シティズンシップ」の要件とされた。たとえば、「コミュニティの健康」「公共的なレクリエーション」「道路、道、車、水、ガス、電気などの公共施設」「家族の収入」「貯金と保険」「貧困とその除去、貧民の保護」「犯罪と改革――少年裁判所」「年齢、性、職業、国籍に関連する人口分類」「都市生活」「農村生活」「環境と自然資源の保存」「人権対所有権」「群集の衝動的行動と利己的な伝統の保守」「教育の社会的段階と校舎の利用」「政府機構」などである。注意すべきなのは、「政府機構」の学習よりも、コミュニティの実際的な生活にかかわる学習が重視されたことである。その理由について、報告書は、「大統領の選出方法」を知ることよりも、「自分が住んでいるコミュニティの保険担当官の義務」を理解する方が有益だからだと説明している。

「歴史」についても、「よきシティズンシップ」の涵養が目標に設定されている。ここでも、「国王と勇士の行為」だけを教え、「一般市民の労働」を排除するのではなく、「私たち自身の制度や活動にかかわる記録」を学習することが要請されている。というのは、「少数者の栄光と夢」よりも、「多数者の労働と計画」の記録の方が重要だからだと解釈されている。したがって、必要なのは、「生徒を疲弊させるような知識」ではなく、知識を「生徒自身と生徒のコミュニティにとって重要な鍵になるもの」として提供することであり、「自身の環境を知りたいという欲求」を喚起することであり、生徒を『公民的に』思考させ、『公民的に』生きることを支援する」ことであり、「自分たちが生きている事柄を学習する」ように教えることである。(14)

このように、社会科委員会は、「シティズンシップ」の形成を前面に掲げて、教科の存在根拠を示していった。「社会科」は、「コミュニティ・シビックス」「歴史」「公民」「経済学」の教科を通して、生徒がコミュニティのなかでよりよく生活し、自身の環境について理解することが目指された。ここで獲得されるべき「シティズンシップ」の概念は、権利や法律をめぐる政治概念から、コミュニティの労働や生き方を学習する生活概念へと焦点を移行させることになった。したがって、国家や州の政府機構、行政組織、法制度にかかわる中立的、抽象的な内容を学習し、政治的、社会的な権利保障の拡充をおこなうことが志向されるのではなく、コミュニティ生活のなかで生起する具体的で実践的な問題を解決することに重点がおかれた。「シティズンシップ教育」は、コミュニティの実際的な生活における有用性との連関から定義されたのである。

3　アクティブ・シティズンシップの教育——「アメリカ民主主義の問題」

「アメリカ民主主義の問題」は、一九一六年に中等教育改造審議会の社会科委員会が第一二学年の生徒を対象に、「知性的なアクティブ・シティズンシップ」を形成する教科として構想したカリキュラムである。一九一三年の予備報告書後、社会科委員会は、アーサー・ダンが委員会の幹事を務めて、カリキュラム政策を展開した。委員会の構想は、一九一六年の最終報告書『中等教育における社会科』へと結実した。報告書の序文で、「社会科」は、「人間社会の組織化と発展」と「社会集団の成員としての人間」に直接関係する教科とされ、「シティズンシップを増進する顕著な機会をもっている」と表明されている(15)。

アメリカのハイスクールの社会科は、よきシティズンシップの育成という意識的で不変的な目的のためにおこなわれるべきである。私たちは、近隣における「よきシティズンシップ」というものを、その近隣の「完全に効率化された成員」と同一のものとみなしている。それは、政治単位としての自身の市、州、国家への忠誠心と義務感によって特徴づけられるものである(16)。

「よきシティズンシップ」は、「効率性」「忠誠心」「義務感」の三つから解釈されている。すなわち、「シティズンシップ」の条件となるのは、みずからが居住するコミュニティの「効率的な成員」としての役割を担うとともに、市、州、国家への「忠誠心」と「義務感」を所持していることである。さらに、報告書は、「社会科」が国家や州の領域を超えて、『世界共同体』の成員としての感覚を育成すべきである」と論じている。「シティズンシップ教育」は、自身が居住する国家、地域、ローカルな次元から、世界共同体の次元へとつないでいく形で構想されている。一方で、「よきシティズンシップの育成」の第一歩は、「国家の理想」「国家の効率性」「国家への忠誠心」「国家への自尊心」を実現することであると指摘されている(17)。

社会科委員会が具体的なカリキュラムとして提案したのは、第九学年から第一二学年までの「社会科」である。第七学年から第九学年では、「地理」「ヨーロッパ史」「アメリカ史」「公民」を学習し、第一〇学年から第一二学年では、「ヨーロッパ史」「アメリカ史」「アメリカ民主主義の問題」を学ぶことが奨励された。そして、これらの教科が、それぞれの教科として孤立するのではなく、相関的、横断的に関連づけられるべきだと提案された。「地理」は、「歴史」と「公民」と「密接に相関すべき」であり、「完全に社会化される」ことが必要だという。また、「公民」は、一九一三年の予備報告書における「コミュニティ・シビックス」の内容に準ずるべきだとされた。[18] カリキュラムは、相互に関連し相関しあう関係概念として解釈されている。

「アメリカ民主主義の問題」は、ハイスクールの最終学年に設定されたことが象徴的に示すように、「社会科」の目標としての「シティズンシップ」を具体化する科目として考えられた。シティズンシップ教育の理論的、実践的研究に携わるパーカー（Walter C. Parker）によれば、進歩主義期の「シティズンシップ教育」は、「個人の市民的、政治的権利」と「代議制度と共和政体」の確立を企てた一九世紀リベラリズムに対する「不満」に根ざしていたと論じられている。[19] パーカーは、伝統的なリベラル民主主義によって皮相的なものにされた「シティズンシップ」概念を、進歩主義がより「生きた参加的なもの」として再定義したととらえ、その代表的な試みとして「アメリカ民主主義の問題」をあげている。[20]

パーカーとは異なる視角から進歩主義期の「シティズンシップ教育」を論じたのは、社会科成立史の研究者であるサクセ（David W. Saxe）である。サクセは、一九一〇年代の社会科のカリキュラムが「生徒の個性」を伸ばすことよりも、「社会奉仕、福祉、有用性、効率性、責任の観念」を内面化し、「国家に忠誠を尽くして、政府と役人に対する義務感をもつこと」を「よきシティズンシップ」と定義したと述べる。[21] そのうえで、「アメリカ民主主義の問題」については、科目名、形態、方法、内容に至るまでほとんど規格化されておらず、「実験的な科目」として位置づけられていたと指摘する。[22] 社会科委員会は、つぎのように見解を述べている。

社会生活における重要な問題のいくつかに対して、より明確かつ包括的で、より深い知識を提供し、より知性的なアクティブ・シティズンシップを保障することを目的として、ハイスクールの最後の学年におかれる社会科の最高段階の教科であるということとは、一般に合意されている。この教科に先立つ教科と同様に、それは、生徒の「現在の成長の必要性」を提供するものであり、とくに公民や歴史の教科を通じて、生徒がこれまでに受けた教育を基盤にしておこなわれるものである。(23)

注目すべきなのは、「アメリカ民主主義の問題」が「知性的なアクティブ・シティズンシップ」を保障する教科として構想されている点である。教科を構成するのは、従来、「公民」などで教授されていた「政治学」や「社会学」に加えて、「経済学」に関する事柄の学習であり、「社会科」の総合的な教科としての位置を付与された。だが、それは、政治や経済のシステムについての抽象的、中立的な知識の獲得を目的としているのではない。むしろ、生徒がみずからのコミュニティのなかで直面する「問題」を知性的、活動的に解決することが目指された。教科の基盤を構成するのは、「形式的な社会科学」ではなく、「社会の決定的重要性と生徒の直接的関心といった具体的問題」であり、「みずからの生活において、あるいは政治学的、経済学的、社会学的なさまざまな局面において発生する実際的な問題・課題・条件」である。したがって、学習方法においても、「政治学」「経済学」「社会学」のアカデミックな研究成果を伝達することよりも、「さまざまな状況の具体的な問題」を題材にして、「社会生活の重要な問題」を探究することが重視されている。

『中等教育における社会科』によれば、「アメリカ民主主義の問題」の内容は、コミュニティ生活の政治的、経済的、社会的な課題から選択されるべきであり、それらが具体的で社会実践的な活動を通して学習されるべきだという。社会科委員会の報告書は、移民の単元を例にあげて説明している。それによれば、「移民の経済学的連関」では、「生産」にかかわる「労働供給と他の産業的問題」「消費」にもとづく「生活水準」「土地所有の問題」について学び、「移民の社会学的連関」では、「都市への集中といった人口移動と配分」「人種の混合にみられる移民の同化」「健康問題などの重要な統計」「教育と宗教にかかわる問題」「芸術や科学、倫理における移民の社会的貢献」を勉強し、「移民の政治学的、政治上の問題」では、「移民の政治理念」「帰化と、その方法と混乱」「行政と移民法」「移民によって生じ、あるいは複雑化する地方自治政府の問題」について学習することが提唱されている。

このように、「アメリカ民主主義の問題」のカリキュラムでは、「生徒の直接的な関心と必要性」から、「民主主義の具体的な問題」を学習することが目標にされた。必要なのは、「特定の知識体の本質的価値」や「社会科学の包括的な知識の獲得」ではなく、「社会現象の観察」を通して「経験と実践」を深めることである。「社会問題」というのはすべて、多様な側面を有し、複雑な要因が相互に作用しあっている。そこで、「入手可能なすべての事実を公平に熟慮する社会的判断力を形成する習慣」が求められることになる。[24]「アクティブ・シティズンシップ」を追究する「民主主義の教育」とは、生徒が住むコミュニティの「具体的な問題」について、知性的、活動的、社会実践的に学習することと同義であった。このことは、「シティズンシップ」の内実を、生徒の出自ではなくコミュニティの居住によって定義する視線を準備している。それは、「シティズンシップ」を政治概念から生活概念へと転換し、学校のカリキュラムを活動、探究、課題解決に根ざした「生きた参加的なもの」へと転換する可能性を内包していた。他方で、「シティズンシップ」は、地域、市、州、国家、世界共同体とのつながりで理解されながらも、コミュニティ生活から政治へとつなぐ視点が弱く、社会生活の「効率性」や「忠誠心」を強調する傾向をもちあわせていた。

４　移民の社会的統合とシティズンシップ

「コミュニティ・シビックス」や「アメリカ民主主義の問題」が導入され、カリキュラム改革が推進された背景には、

表1　アメリカ合衆国の学校教育（単位は千人）

	在学者		17歳	ハイスクール		教職員	
年	K-8	9-12	人口	卒業者	教員	校長	他の職員
1890	14,036	268	1,259	44	364	—	—
1900	16,225	630	1,489	95	423	—	—
1910	18,340	1,032	1,786	156	523	—	—
1920	20,863	2,414	1,855	311	680	13.6	6.6
1930	23,588	4,741	2,296	667	854	30.9	6.9
1940	20,985	7,059	2,403	1,221	875	31.5	4.8
1950	22,095	6,397	2,034	1,200	914	39.3	9.2
1960	32,242	9,520	2,672	1,858	1,355	63.6	13.8
1970	36,610	14,647	3,757	2,889	2,023	90.6	31.5
1980	31,639	14,570	4,262	3,043	2,185	106.0	35.0
1990	33,978	12,472	3,485	2,585	2,357	125.6	—

ハイスクールへの進学者の増大に伴う社会的な変化が存在する。なかでも、一九世紀末以降のハイスクールの入学者数の増大は見逃せない。リーズ（William J. Reese）によれば、アメリカのハイスクールの起源は、一八二一年にボストンに設立されたイングリッシュ古典学校に遡り、その後、一九世紀全般を通じてゆっくりと拡大し発展していった。なかでも、一九世紀末から二〇世紀前半にかけて、ハイスクールへの進学者数は、飛躍的に増加することになった。表1によれば、一八九〇年において二六万八千人であったハイスクールの在学者数は、その後、一九〇〇年には六三万人、一九一〇年には一〇三万二千人となり、さらに一九二〇年には二四一万四千人と、一〇年ごとにほぼ二倍の割合で増大している。同じく、ハイスクールの卒業者数をみた場合にも、一八九〇年の四万四千人から、一九〇〇年の九万五千人、一九一〇年の一五万六千人、一九二〇年の三一万一千人と伸びている。この数字は、一八九〇年から一九二〇年の三〇年の間に、一七歳人口の変化が一二五万九千人から一八五万五千人と、一・五倍にしか増大していないことと比較すれば、ハイスクールの普及を示すものとして重要である。一八九〇年においては、一四歳から一七歳の青年の六・七%しかハイスクールに通っていなかったのに対し、一九二〇年には、その数は三二・四%に達している。[25]

また、一九世紀末から二〇世紀初頭にかけてのアメリカは、都市化、産業化、工業化、機械化が進展し、目覚ましい経済成長を遂げた時期に相当する。巨大化した企業が独占を進め、資本と生産の集中がおこなわれ、資本主義の発展を謳歌した。一八九〇年から一九二九年までの間に、アメリカのＧＮＰは三倍に伸びている。第一次世界大戦開戦前には、イギリスとドイツを抜いて世界一位の経済大国へと躍りでたが、さらに大戦後の一九年には、貿易黒字となり債権国へと成長している。アメリカ経済の急速な発展は、大量の移民労働者の流入を招くことにもつながった。一九〇一年から一〇年までの一〇年間に八八〇万の移民が流入したが、この数字は、一八九一年から一九〇〇年にかけての移民が三六九万人であったことからすると、二・四倍の伸び率に相当する。一九〇〇年の総人口が約七六〇〇万人であり、以降の一〇年間で、毎年、総人口の一％にあたる移民が入国した計算になる。移民の多くは、イタリア、ポーランド、スロバキア、クロアチア、ロシアをはじめ、東欧や南欧からの新移民であり、民族的には、ラテン系やスラブ系、宗教的には、カトリックやギリシャ正教、ユダヤ教であった。また、中国系や日系の移民も増加し、新移民の入国者数は旧移民の数よりも多くなった[26]。

アメリカでは、一八九〇年にフロンティアが消滅したこともあり、新移民の多くは、東部や中西部の都市に居住して、鉄鋼、石油、石炭、繊維などの産業労働者として従事した。このことは、学校教育にも大きな影響を及ぼした。ラヴィッチによれば、一九〇〇年代の大都市の学校の生徒の多くは、移民か移民の子どもであったという。たとえば、一九〇八年のニューヨーク市の公立学校の子どもの七一・五％は父親が外国生まれであり、シカゴで六七・三％、クリーブランドで五九・六％、プロビデンスで五九％、ニューアークで五八・九％、サンフランシスコで五七・八％であった。しかも、移民の子どもの多くは、極端に貧困な家庭で、混雑と悪臭が放たれるスラム街で育ち、貧弱な公益事業のもとでの生活を余儀なくされた。公立学校の多くは、健康診断、歯科の診療所、夜間学級、夏季学級、職業コース、障害児のための特別学級などを設置した。また、放課後には、学校を地域に開放したり、夕方に成人教育を実施したりしたところもあったという。ラヴィッチは、それらの多くが移民の家庭から必要とされて導入されたものであり、学校が医療や社会的なサービスを提供した点で、「価値ある画期的な試み」であったと高く評価している。(27)

一方で、南欧や東欧からの移民や中国系や日系の移民は、アングロ・サクソン系の旧移民とは異なる文化や慣習をもっていた。そのことは、社会的、経済的、文化的な対立や葛藤、摩擦をも誘発し、移民排斥や人種主義的な活動を活発化させる要因にもなった。グリーン（Nancy Green）は、一九世紀末以降の反移民の活動が、狂信的なＷＡＳＰや、ク一・クラックス・クラン（Ku Klux Klan）などの人種差別主義者だけでなく、アメリカ労働連盟などの労働組合指導者や、黒人指導者の間でも、安価な移民労働力との競合への懸念からおこなわれたことに着目している。移民問題の深刻さは、非識字率の高さにもあらわれている。この時期の非識字率は、ドイツ人、スカンジナヴィア人、イギリス人、アイルランド人といった旧移民で五％未満であったのに対し、新移民のイタリア人では四六・九％、ユダヤ人で二五・七％、ポーランド人で三五・四％、スロバキア人で二四・三％に達したという。一九一七年に、ウィルソン（Thomas Woodrow Wilson）大統領の拒否権を押しきって成立した移民法改正（Immigration Act of 1917）は、移民規制のための「識字テスト（Literacy Test）」の導入を準備した。第一次世界大戦の勃発は、「アメリカ化」の運動を助長させた。外国の物を一切排除するキャンペーンが大々的に繰り広げられ、英語教室の開講や、キャベツなど外国産の野菜の拒否など、「一〇〇％アメリカニズム（100 percent Americanism）」を謳う活動が展開された。(28)また、黒人やカトリック教徒、新移民への暴力や脅迫が繰り返され、凄惨なリンチがたびたび起きた。そうした流れもあって、一九二一年に、連邦議会は、移民割当法（The Quota Immigration Act）を制定し、一九一〇年を基準にして出身国別に移民の数の上限を設定した。

「シティズンシップ教育」が課題として浮上したのは、ハイスクールの普及が飛躍的に進むとともに、人種、民族、宗教、文化、慣習など、生徒の家庭的、社会的な背景や要求が多様化するなかで、学びとカリキュラムを構想しなおし、学校教育を刷新する必要性に直面したことが背景にある。そこでは、子どもたちが自身の環境について理解を深め、コミュニティ生活を支援することによって、社会統合を進めることが意図された。「シティズンシップ」は、権利、法律、政治参加にかかわる内容よりも、コミュニティの大人たちの労働や生活を理解し実際に行動することへと焦点が移行することになった。すなわち、国家や州の政府機構や行政組織、法制度にかかわる中立的、抽象的な内容の学習をし、社会におけるその保障を目指すよりも、コミュニティ生活のなかで生起する具体的で実践的な事柄の学習が強調されるようになった。「シティズンシップ」の概念は、選挙や権利に関する政治概念としてではなく、近隣のコミュニティにおける実際的な有用性にかかわる生活概念として想起されるものとなった。「アクティブ・シティズンシップ」の獲得は、コミュニティ生活のなかで直面する課題の解決や社会実践的な活動によって達成されると考えられた。

5　『中等教育基本原理』のカリキュラム政策——産業社会の興隆

一九一八年に中等教育改造審議会が発表した『中等教育基本原理』は、中等教育の基本政策を打ちだすとともに、進歩主義期のカリキュラム改革を牽引する影響力を誇示した。中等教育改造審議会は、委員長のキングスレーを中心にして、中等教育組織と行政委員会、農業委員会、芸術教育委員会、ハイスクールとカレッジの接合委員会、ビジネス教育委員会、古典語委員会、英語委員会、家庭科委員会、産業科委員会、数学委員会、現代語委員会、音楽委員会、体育委員会、科学委員会、社会科委員会、職業指導委員会から構成されていた。では、中等教育改造審議会において、「民主主義」と「シティズンシップ」の教育は、どのように位置づけられていたのだろうか。『中等教育基本原理』では、つぎのように述べられている。

アメリカ合衆国の教育は、民主主義の意味の明確な概念によって導かれるべきである。個人と社会が相互に影響し開花させることが民主主義の理想である。民主主義は、社会が個人を搾取するのでも、個人により社会的利益を無視するのでもない。より明確にいえば、民主主義の目的は、個々の成員が彼の仲間と社会全体の幸福のために計画された活動を通して、個性を発揮させる社会を組織することにある。この理想は、人間の活動が高次元の効率性を基盤にしてなされることを要請する。(29)

「民主主義」の観念は、産業社会において「有用な成員」を形成するための効率的な社会配分の観点から提示されている。そのために、「民主主義」は、「教育に第一の信頼をおかねばならない」とされる。ここで、「シティズンシップ」は、「職業」との関連でとらえられる。「世の中の仕事との真の接触」によって、「文化の活性化」をはかり、「奉仕の精神とともに職業を教えること」が必要である。個人がコミュニティの「有用な成員」になり「個性を発揮させる」ものとして、あるいは社会生活における「最高の効率性」を遂行するものとして、「職業」が強調されている。「民主主義における教育」は、「個々人がみずからの場所を発見し、その場所が、自分自身とより高貴な目的に向けた社会の両方を形成するような、知識、関心、理想、習慣、能力を発達させる」ことにある。(30)

『中等教育基本原理』では、七つの学習課題が掲げられた。すなわち、(1)「健康」、(2)「基本過程の熟達」、(3)「価値ある家庭の成員」、(4)「職業」、(5)「公民教育」、(6)「余暇の活用」、(7)「倫理的性格」である。中等教育改造審議会は、「健康」についての学習が無視されてはならないと強調する。学校は、「健康教育を提供し、健康の習慣を植えつけ、身体的活動の効果的なプログラムを組織し、労働と遊びの計画において健康の必要性を尊重し、予防と健康への関心の促進において家庭とコミュニティと協同する」ことが必要である。「基本過程の熟達」では、読み、書き、算術、計算、口頭表現、筆記などの教授とその実際的な活用が目指されている。また、審議会は、「価値ある家庭の成員」として生きる人間を育成するために、「社会科」が「家庭」を「根本的な社会制度」ととらえ、「文学」が「家庭」を形成するという「人間の基本的事柄」を理想化し、「音楽」と「美術」が「より美しい家庭」を育むように教えることが大切だとし、また、女子には「家庭科」の教育が必要だと指摘している。「職業教育」は、「コミュニティにとっての職業の重要性の認識」と、「選択した職業の成員や異なる職業集団の成員、雇い主と従業員、生産者と消費者との間で適切な関係をもつことの確かな考え方」を発達させることを目的にするという。

「公民教育」の目標は、個人が近隣や町や国家の成員として適切に行動することができる「資質」を育てることにおかれる。そこでは、「民主主義」の原理に照合して、人びとの多様な「差異」は奨励されるが、すべての人びとがかかわる「共通問題への利害」が失われない程度で認められるべきだという。そして、すべての教科が「よきシティズンシップ」の形成に貢献すべきだが、なかでも「社会科——地理、歴史、公民、経済」がそれを「第一の目的」にするとされている。「余暇の活用」では、教育が「身体と精神と心の気晴らし」と「みずからの個性を豊かにし拡大すること」を保障することが奨励され、具体的には、学校が、美術、音楽、文学、演劇、社会的交流についての喜びを享受する能力を育てることの意義が説かれている。そのうえで、これらの教育をもってして、子どもたちの「倫理的性格」を発達させることが、「中等学校の目的のなかで最高のものである」と述べられている。[31]

民主主義の理想は、一方では、個人と個々人から成る集団とが、さまざまな職業と他の人間的営みにおいて効率的に振る舞うようにする特殊化にかかわるとともに、他方では、民主主義の成員が、共通観念と、共通理念と、協同と社会的結束と社会的連帯を形成する共通の思考様式と感情と行動を獲得するような統一にかかわるものとなる。(32)

中等教育改造審議会は、子どもたちがコミュニティのなかで適切な社会生活を送ることができるようにするために、実用的なカリキュラム政策を展開した。それによれば、過去の中等教育は、「ほんのわずかな集団の必要性」にしか対応していなかったと指摘される。これに対し、ハイスクールへの進学者が急速に拡大し、異なる人種や民族、文化、職業、社会集団、職業をもつ家庭の子どもたちが増大するなかで、そうした多様な社会背景に対応した新しいカリキュラムと教育政策を立案し展開することが要請されたのである。そこでは、「民主主義」の観念は、産業主義社会の「効率性」の観点から理解された。「シティズンシップ」もまた「職業」との関連から定義された。ハイスクールの改革は、「産業民主主義」を推進するために喫緊の課題だったのである。

そのために、つぎの五点の提案がおこなわれた。第一は、生徒の能力を発達させるために、学校が「効率的に提供できる最大限の多様な種類の教科」を準備することである。第二に、中学校の生徒が、多様な経験を獲得して、「自分自身の能力と適性を吟味する」とともに、教師の「指導」によって「みずからの教育と職業を決定するように支援される」ことである。第三に、教育の内容と方法は、生徒の能力、関心、必要性に応じて、また、農業、商業、科学などの教科の特性に応じて、多様性が担保されるべきである。第四に、ハイスクールのカリキュラムは、「効率性」を尊重し、それぞれに「分化」することが提案されている。カリキュラムは、「アカデミックな関心と必要性」を満たすことよりも、農業、ビジネス、産業、芸術、家庭科など、多様な「職業」を考慮して編成されることが必要である。第五は、「アメリカ民主主義にとって不可欠な共通知識、共通理念、共通関心」を形成する「統一的機能」を果たすことである。

学校では、統一的な思考や価値観が形成され、社会的統合を促すことが重視されている(33)。

『中等教育基本原理』は、「民主主義」と「シティズンシップ」の確立のための改革案を提起した。学校政策としては、一九世紀のコモン・スクールの伝統に依拠して、アメリカの学校教育の「原型」を維持すると表明する一方で、すべてのカリキュラムを「ひとつの統一された組織」で学習できる「総合制学校」の創設を提唱した。他方で、具体的な教科内容や教育方法については、人種、民族、文化、集団、職業など多様な社会背景に即した形で、分化すべきだと提案された(34)。産業化に伴う経済成長によって、南欧や東欧から多数の移民が流入した。彼らは、しばしばアングロ・サクソンの旧移民の文化や慣習と衝突し、政治的、文化的な対立が生じることにもなった。このことは、アメリカの「共通観念」「共通理念」「協同」「社会的結束」「社会的連帯」とは何か、という根源的な問題を突きつけた。「コミュニティ・シビックス」や「アメリカ民主主義の問題」のカリキュラムが構想され、「シティズンシップ」と「職業」のかかわりや、「知性的なアクティブ・シティズンシップ」が求められるようになったのは、そのような社会的、歴史的な状況に派生している。

このように、進歩主義期の「シティズンシップ教育」は、一九一三年の中等教育改造審議会の社会科委員会の予備報告書から一六年の『中等教育における社会科』を経過して、一八年の『中等教育基本原理』へと展開していった。中等教育改造審議会のカリキュラム改革は、「シティズンシップ教育」の実践を導いた一方で、「社会的効率」「生活適応」「職業準備」にもとづく「産業民主主義」を牽引することにもなった。進歩主義期において、「シティズンシップ」と「民主主義」の教育は、産業主義社会や都市化の拡大を色濃く反映する形で展開したのである。

6　シティズンシップ教育の公共性

近年、「シティズンシップ教育」は、世界的に大きな拡がりをみせている。それは、従来の国民国家モデルに傾倒した「国民教育」への再考を迫り、社会的、文化的、歴史的な多様性や多元性を支持し、新たな権利、義務、社会参加、アイデンティティを称揚するトランスナショナルな公共性の創出を促してきた。経済危機、地球温暖化、エネルギー、医療危機、食糧危機、核、テロ、機密情報の漏洩など、現代社会を取りまく課題は、旧来の国民国家モデルだけでは解決できず、領域的な国家や国民の枠組みを超えたグローバルな対応が求められている。「シティズンシップ」をめぐる議論は、現代の政治、経済、人権、市民社会、環境、コミュニケーション、情報、技術、医療、貧困、紛争、ジェンダー、エスニシティなど、あらゆる領域に及んでいる。そのことは同時に、「シティズンシップ教育」を政治教育や政治学習の分野に限定するのではなく、複雑化し相互に領域を横断する社会実践的な活動の参加を誘うグローバルな学びへと再構築する必要性をも喚起している。

他方で、「シティズンシップ」の理念は、従来の国民国家の正統性を浸食し、コスモポリタン的な市民社会の形成を準備しただけでなく、地域やコミュニティのリージョナルな動きを活発化させ、国家、地域、ローカルな実践の再創造にも拍車をかけている。「シティズンシップ」は、国籍や出生との結び目を離れ、多様な文化と民族の共生と平等を探る新たな実践を前進させた一方で、移民や移住労働者の市民権の成員資格にかかわる問題や、差異の権利と承認をめぐる対立、政治的、経済的な地域統合の困難性、差別と格差と不平等の拡大、社会的、文化的なアイデンティティ形成の葛藤など、多くの矛盾と摩擦を露呈してきた。このことからすれば、二〇世紀初頭のアメリカにおける「シティズンシップ」もまた、そのような思想、実践、政策が抱える可能性と困難性の両方が錯綜した状況にあった。一九一〇年代の中等教育改造審議会と社会科委員会の政策から、「シティズンシップ教育」の課題と争点として、以下の五点が浮かびあがってくる。

第一に、「シティズンシップ」の成員をめぐる論点であり、参加と承認にかかわる問題である。リューベンが一九世紀の歴史を、選挙権を有する白人男性だけに認めた「共和主義的シティズンシップ」から、女性や黒人を担い手に加える「民主的シティズンシップ」への転換ととらえたうえで、二〇世紀初頭においては、新たに子どもを「シティズンシップ」の当事者に加えて包摂的に再定義したと解釈するように、進歩主義期の改革によって、「シティズンシップ」概念の対象が子どもへと拡張されたことは重要である。このことは、一九世紀においては、「自立性」をもたないとされ、「シティズンシップ」から排除されていた子どもの存在を、進歩主義期の学校改革が包摂して「平等化」と「大衆化」を促した一方で、伝統的な「シティズンシップ」の成立基盤を構成してきた「自立性」の問題を捨象することにもなった㉟。中等教育改造審議会の改革は、子どもたちを「シティズンシップ」の成員に加え、彼らの参加を誘う革新的な意味を含んでいたが、その内容については、大きく変容し後退する面をもちあわせていた。「シティズンシップ教育」は、その成員をどのように定義し承認し、彼らの参加をどのように導くかという課題を突きつけている。

第二は、「シティズンシップ」概念の内実についてである。マーシャルは、二〇世紀前半の「シティズンシップ」を「市民的・政治的権利」から「社会的権利」への展開という角度から解釈した。中等教育改造審議会のカリキュラム改革は、「シティズンシップ」の観念を、選挙権や投票権の確立、政治権力の獲得に関する政治概念から、コミュニティの活動、仕事、衛生、社会適応を志向した生活概念へと転換するきっかけを表現している。「コミュニティ・シビックス」では、「政府機構」や「大統領の選出方法」の学習よりも、「コミュニティの保険担当官の義務」の学習の方が重要だとされ、コミュニティ生活をよりよく生きることが尊重された。多くの公立学校が健康診断、歯科の診療所、障害児学級、夜間学校、成人教育などを実施し、学校が医療や衛生にかかわる社会的なサービスを提供した。このことは、一九世紀の「シティズンシップ」概念が黒人や女性の権利上の抑圧や差別の解消を意図する政治概念として想起され発展したのとは異なり、権利、義務、差別、尊厳、名誉をめぐる教育の政治化から、社会適応やコミュニティ生活に傾倒する教育へと新たな段階を画する転機を準備した。実際、アメリカで、「シティズンシップ」が再び政治的な主題として大きく立ちあらわれるのは、一九五〇年代以降の「公民権運動（Civil Rights Movement）」まで待たねばならない。白人と黒人の別学を定めた州法に違憲判決を下したブラウン判決（一九五四年）や、アラバマ州のバス・ボイコット運動（一九五五年）を契機に、黒人やマイノリティによる人種差別反対の機運が高揚した。一九六〇年代には、公民権法（一九六四年）や投票権法（一九六五年）の制定、移民法改正（一九六五年）による移民制限の廃止など、政治的な権利、平等、投票、差別撤廃をめぐる運動が拡大した。それは、一九八〇年代以降、多文化主義の潮流が勢いを増す引き金となった。かくして、今日、「シティズンシップ」は、再政治化され、新たな政治的、社会的、文化的な論争のなかにおかれている。「シティズンシップ教育」の実践は、政治、生活、文化をつなぎ、「市民的・政治的権利」と「社会的権利」を媒介する経路を必要としている。

第三は、「シティズンシップ教育」の方法にかかわる問題である。すなわち、「シティズンシップ教育」は、知識、概念、学問の形成に主眼をおくのか、あるいは、活動、経験、参加、実践、討論に焦点をおくのかという、アプローチの問題である。「アメリカ民主主義の問題」では、「知性的なアクティブ・シティズンシップ」を形成することが掲げられた。社会科委員会が推進したのは、「生徒を疲弊させるような知識」から「生徒自身と生徒のコミュニティにとって重要な鍵になるもの」への転換であり、政治や経済のアカデミックな知識を教授することから、「さまざまな状況の具体的な問題」や「社会生活における重要な問題」を探究することへの転換であった。それは、ラグマンが「課題解決やプロジェクト中心の活動」と高く評価し、パーカーがコミュニティ生活に根ざした「生きた参加的なもの」を蘇生したと絶賛したように、政治、経済、法律などの客観的、中立的な知識の獲得に傾斜した政治教育、政治学習よりも、活動的で社会実践的な学びを触発する契機を与えた。「アメリカ民主主義の問題」のカリキュラムを称揚するパーカーは、現代において、「民主主義の学習」を再生することを試みている。彼は、「公共生活における統一と多様性」を創出するために、熟議や討議にもとづく「民主主義の教授」を実践することに従事している。[36]このように、進歩主義期のカリキュラム改革は、現代の民主主義教育へとつながる画期的な意味を帯びていた一方で、クリバードがそれを「知性の発達としての教育」から「将来の市民生活にかかわる直接的な実用性としての教育」への「転換」と批判したように、新たな課題と争点を惹起することにもなった。[37]

第四に、「シティズンシップ」と「職業」の関連である。中等教育改造審議会は、膨張する産業社会を前に、実用的な職業や社会生活の効率性を重視し、職業教育を積極的に推進した。「民主主義」というのは、個々の成員が「仲間と社会全体の幸福」のための「計画された活動」を通して、「個性を発揮させる社会」を組織することだとされたが、それは、具体的には、産業社会の「有用な成員」になることと同一視された。また、ハイスクールへの進学率の増大は、生徒の多様な社会的背景やニーズにもとづいたカリキュラム開発を要請していった。したがって、キングスレーと中等教育改造審議会の構想は、総合制学校を公教育のモデルとして提示する一方で、カリキュラム政策においては、産業社会のなかで生徒がそれぞれの能力に応じた教育を受けることができるようにするために、教育内容を効率的に分化することを容認した。

第五は、「シティズンシップ」を通じた社会的統合についてであり、もっと具体的には、社会の多様性と統一、包摂と排除をめぐる問題である。進歩主義期のカリキュラム改革は、「シティズンシップ教育」によって、それをどのように解決するのかという困難な問いを提起している。一九世紀末以降の急速な工業化、産業化による経済的発展は、南欧や東欧からの大量の移民の流入を導いた。彼らの多くは、安価な労働力として鉄鋼、石油、石炭、繊維などの産業で雇用され、農村よりも東部や中西部の都市部に居住した。その多くは、貧困家庭で、スラム街に居住し、普通教育さえ受けられない状況であった。移民排斥や反移民などの人種主義的な活動が精力的に展開され、新移民を知性的に劣った存在としてみる考え方が拡がっていった。一九一七年に、移民法が改正され、新移民に対する包摂と排除の規制がつくられた。これによって導入された「識字テスト」は、新移民の知性の低さを証明する理由づけにも使われた。新移民と旧移民の間で、しばしば文化や価値観の衝突が生じ、政治的、文化的、宗教的な摩擦や対立の原因ともなった。社会科委員会が進めた「コミュニティ・シビックス」や「アメリカ民主主義の問題」のカリキュラムは、そのような社会情勢を反映して構想されたものである。「シティズンシップ」の観念は、生徒が居住する地域、市、州、国家、世界共同体という多次元的な観点で構想された一方で、コミュニティへの「効率的な成員」になり、国家、地域、ローカルなものに対する「忠誠心」と「義務感」をもつことが重視された。『中等教育基本原理』でも、アメリカ社会の「共通観念」「共通理念」「協同」「社会的結束」「社会的連帯」の形成が意図されることになった。

今日、グローバル世界の拡大は、一九世紀以降の国民国家の存在を揺るがし、国民と国家のカップリングの解消を進めるとともに、従来の「国民教育」から「シティズンシップ教育」への転換と再定義を促している。領域的な国家や国境の枠組みを超えたスプラナショナルな対話と活動が拡がる一方で、国家、地域、家庭を含むローカルな実践を見なおす動きが活性化している。「シティズンシップ」と「民主主義」をめぐる主題は、再政治化され、政治教育や政治学習を中心に影響力を増大しつつある。そうしたなかで、進歩主義期の学校改革における「シティズンシップ教育」の実践が再び注目を集めている。中等教育改造審議会や社会科委員会は、「社会科」「コミュニティ・シビックス」「アメリカ民主主義の問題」などのカリキュラムを導入し、『中等教育基本原理』に代表されるハイスクールの抜本的な改革を打ちだした。「シティズンシップ」のテーマもまた、一連の学校と学びの変革を通して前景に登場したものである。これによって、子どもが「シティズンシップ」の担い手として加えられ、活動的で参加的な「アクティブ・シティズンシップ」の創造が準備されるとともに、「シティズンシップ」の内実は、政治概念から、生活や職業にかかわる概念へと転換していった。「シティズンシップ教育」の浸透は、人種、民族、移民の市民権をめぐる成員資格と承認の問題や、差別と抑圧と不平等の構造をはらむことに加え、社会の多様性と統合、包摂と排除にかかわる実践的な矛盾と対立をも表面化させた。進歩主義期のカリキュラム改革は、「シティズンシップ教育」をどのように構成し実践するのかを考えるうえで、今日に通底するコンフリクトを抱えることになったのである。

注

（1）デランティ、ジェラード『グローバル時代のシティズンシップ——新しい社会理論の地平』佐藤康行訳、日本経済評論社、二〇〇四年、一八三—一八五頁。

（2）The Advisory Group for Education on Citizenship, "Education for Citizenship and the Teaching of Democracy," Final Report of the Advisory Group on Citizenship, 1998.

（3）Lisbon European Council 23 and 24 March Presidency Conclusion, 2000. European Commission, *Making a European Area of Lifelong Learning a Reality*, Brussels: COM, 678, November 2001.

（4）Goals 2000: Educate America Act, 1994.

（5）*The Oxford English Dictionary*, 2nd ed., vol. 3, Oxford University Press, 1989.

（6）マーシャル、T、H・ボットモア、トム『シティズンシップと社会的階級——近現代を総括するマニフェスト』岩崎信彦・中村健吾訳、法律文化社、一九九三年。

（7）ラヴィッチ、ダイアン『教育による社会的正義の実現——アメリカの挑戦（一九四五〜一九八〇）』末藤美津子訳、東信堂、二〇一一年、六七頁。

（8）Lagemann, Ellen C. *An Elusive Science: The Troubling History of Education Research*, Chicago: The University of Chicago Press, 2000, pp. 100–102.

（9）Reuben, Julie A., "Beyond Politics: Community Civics and the Redefinition of Citizenship in the Progressive Era," *History of Educational Quarterly*, vol. 37, no. 4, Winter, 1997, pp. 399–420.

（10）Kingsley, Clarence D., "Statement of Chairman of the Committee on Articulation of High School and College," Preliminary Statements by Chairman of Committee of the National Education Association, *The Reorganization of Secondary Education*, Washington Government Printing Office, 1913, pp. 7–8.

（11）Ibid., pp. 7–9.

（12）Jones, Thomas Jesse, "Statement of Chairman of the Committee on Social Studies," Preliminary Statements by Chairman of Committee of the National Education Association, *The Reorganization of Secondary Education*, Washington Government Printing Office, 1913, p. 16.

（13）Ibid., pp. 16–17.

（14）Ibid., pp. 17–18.

（15）Committee on Social Studies of the National Commission on the Reorganization of Secondary Education of the National Education Association, *The Social Studies in Secondary Education*, Washington Government Printing Office, 1916, p. 5.

（16）Ibid., p. 9.

(17) Ibid., p. 9.
(18) Ibid., pp. 11-12.
(19) Parker, Walter C., *Teaching Democracy: Unity and Diversity in Public Life*, New York: Teachers College Press, 2003, p. 19.
(20) Ibid., pp. 109-110.
(21) Saxe, David Warren, *Social Studies in Schools: A History of Early Years*, New York: State University of New York Press, 1991, pp. 147-149.
(22) Ibid., pp. 165-166.
(23) Committee on Social Studies of the National Commission on the Reorganization of Secondary Education of the National Education Association, *The Social Studies in Secondary Education*, Washington Government Printing Office, 1916, p. 52.
(24) Ibid., pp. 53-56.
(25) Reese, William J., *The Origins of the American High School*, New Haven: Yale University Press, 1995. National Center for Educational Statistics, *120 Years of American Education: A Statistical Portrait*, Washington D. C.: U. S. Department of Education, 1993.
(26) 森杲「アメリカ独占資本形成期の移民労働力」『北海道大學　經濟學研究』第一八号、一九六九年、一四九―二一八頁。渡辺靖編『現代アメリカ』有斐閣、二〇一〇年、一〇八―一〇九頁。
(27) ラヴィッチ、ダイアン『学校改革構想の一〇〇年――二〇世紀のアメリカ教育史』末藤美津子・宮本健市郎・佐藤隆之訳、東信堂、二〇〇八年、四四―四五頁。
(28) グリーン、ナンシー『多民族の国アメリカ――移民たちの歴史』明石紀雄訳、創元社、一九九七年、一〇四―一〇五頁。
(29) National Education Association, *Cardinal Principles of Secondary Education: A Report of the Commission on the Reorganization of Secondary Education*, Washington Government Printing Office, 1918, p. 9.

(30) Ibid., pp. 9-16.

(31) Ibid., pp. 10-16.

(32) Ibid., p. 21.

(33) Ibid., pp. 21-24.

(34) Ibid., p. 24.

(35) Reuben, Julie A., "Beyond Politics: Community Civics and the Redefinition of Citizenship in the Progressive Era," op. cit., pp. 408-411.

(36) Parker, Walter C., *Teaching Democracy: Unity and Diversity in Public Life*, op. cit.

(37) Kliebard, Herbert M., *Changing Course: American Curriculum Reform in the 20th Century*, New York: Teachers College Press, 2002, pp. 39-49.

第5章　民主主義の信頼を探究する学校改革
――デボラ・マイヤーの挑戦

学校の学びとカリキュラムを民主主義の創造に向けてどのように再構築するのか。一九八〇年代から九〇年代にかけて、デボラ・マイヤーがニューヨークのセントラル・パーク・イースト中等学校（Central Park East Secondary Schools）でおこなった進歩主義的な改革は、民主主義を探究する学びとカリキュラムを創出するうえで、一つの重要な手がかりを提供してくれる。

1　セントラル・パーク・イースト中等学校の驚異

一九七四年に、イースト・ハーレムの第四学区にある第一七一区学校の敷地内に小学校が創設された。第四学区は、ニューヨーク市のなかでもっとも貧しい地域のひとつであり、人口の大半はラテン系だが、アフリカ系アメリカ人の人口も増加していて、政治的に分裂し、教育面でも底辺にある地域であった。オルタナティブ・スクールとして開始したこの学校で、マイヤーはさまざまな改革に着手することになる。一九八〇年に新たに第一〇九区学校が開設され、さらに数年後にリバーサイド校が設立されて、三つの学校へと拡大した。

セントラル・パーク・イースト中等学校は、それらの小学校での実践をもとに、一九八五年に創設された。設立に際し、第四学区の地域学校委員会、ニューヨーク市教育委員会オルタナティブ・ハイスクール局、および、サイザー（Theodore R. Sizer）が代表を務めるエッセンシャル・スクール連盟（Coalition of Essential Schools）からの支援を受けた。そこで、マイヤーは、デューイやピアジェ（Jean Piaget）の教育理論を継承して、学校を小規模な「スモール・スクール（小さな学校）」として組織し、「コミュニティ」を中心とした学校づくりを展開した。

驚くべきことは、非行や暴力、貧困、家庭の崩壊が深刻なイースト・ハーレムの地域で、市内トップレベルの学業達成を実現したことである。実際のところ、一九七七年から八四年の間にイースト・ハーレムの小学校を卒業した八五％が高校の卒業証書を、そして残りの一一％がＧＥＤを取得したことであり、この数字はニューヨーク全体の五〇％という数字とは対照的であった。さらに、セントラル・パーク・イースト中等学校の近隣地域の住民の八五％がアフリカ系アメリカ人、ラテン系アメリカ人で、二〇％強の生徒が特別な教育のサービスを受ける要件を満たし、経済的な貧困やマイノリティが大半を占める条件下で、市のスタンダード・テストの結果が最下位から顕著な上昇をみせただけでなく、在学生徒の九七・三％はハイスクールを卒業し、そのうち九〇％の生徒が大学・短大に進学したのである(1)。

こうした「驚異的成功」によって、セントラル・パーク・イーストの実践は、民主主義の学校とカリキュラムを志向する新たな道筋を開拓していった。その動向は、チャーター・スクールや学校選択制などの競争原理的な市場化と、テスト、スタンダード、アカウンタビリティに代表される官僚制的な再統制化が支配する現代の教育改革の趨勢に対して、教師と子どもと保護者の信頼関係や協同の構築を軸に、「真正（オーセンティック）な授業と学び」を展開し、「知性的なコミュニティ」と「民主的なコミュニティ」を創出する進歩主義学校の流れを形成した。

今日、民主主義は、危機に直面している。新自由主義的な市場原理や国家のスタンダード政策が席巻する状況で、民主主義の教育は、かつてないほど逆境に立たされている。マイヤーの試みは、人と人とがつながりあうコミュニティを再興し、民主主義の信頼を回復する学びとカリキュラムをどのように構成し、学校改革を推進するのかという点について、多くの示唆を提供してくれる。セントラル・パーク・イーストの実践は、「民主的なコミュニティ」によって、「希望の学校」を再生する重要なヴィジョンを示してくれるように思われる。

2　スモール・スクールとコミュニティ

ストライクは、「スモール・スクール」を中心とした「コミュニティ」としての学校づくりを支持する。彼は、今日の教育改革が「国家対市場」という枠組みによって表現される構図を策定してきたのに対し、そのオルタナティブとして、「コミュニティ」を基盤とする「学校改革の第三の道」を開拓することが必要だと訴える。そのうえで、「スモール・スクール」は、「教育改革においてもっとも希望に満ちた潮流」であり、「強力なコミュニティの学びの場を創造するもっとも大きな可能性をもっている」と主張する。(2)

ストライクは、一九八三年に教育の卓越性に関する全米審議会（National Commission on Excellence in Education）が提出した報告書『危機に立つ国家』や、一九九四年の二〇〇〇年の目標――アメリカ教育法、二〇〇二年のどの子も落ちこぼれさせない法、二〇一〇年度からオバマ政権によって採択された「トップへの競争レース」プログラムなど、テストやアセスメント、アカウンタビリティを推奨する「スタンダード・パラダイム」と、バウチャー制度やチャーター・スクールをはじめ、学校選択制や学校間の競争を誘導する市場原理的な「チョイス・パラダイム」を批判して、「スモール・スクール」と「真正な授業と学び」を志向する「コミュニティ・パラダイム」を探索する。ストライクは、この「学校改革のパラダイム」を、表1のような形で提示している。(3)

3つのパラダイム

スタンダード・パラダイム	チョイス・パラダイム
一貫したシステムの欠如 厳格さの欠如 アカウンタビリティの欠如	自由の欠如 支配の非効率性
スタンダード 整列化 アカウンタビリティ	選択 競争
外在的 アカウンタビリティにもとづく動機 能力給	外在的 市場にもとづく動機
国家によって決定されるスタンダード 中核的な目標は経済的 個人の成功 集合的な生産性 公共財	創立者によって提供される 消費者によって選択される 個人の成功 集合的な生産性 公共財
スタンダードによって決定されるカリキュラム テストによって特定される真のカリキュラム	創立者によって提供される 消費者によって選択される
立法的な民主主義 官僚主義的 コンプライアンスのチェック 強化される制裁	消費者主権 提供者による統治 自律性
機会の平等	機会の平等
立法者へ テストによって決定された基準のために	消費者へ 選好の満足のために 立法者へ 公共の利益のために

表１　学校改革の

	コミュニティ・パラダイム
中心的な問題	疎外
鍵となる解決法	コミュニティ
動機	内在的 専門的なスタンダード コミュニティへのかかわり ケア 信頼
教育の目標	実践に内在する善 自律性 シティズンシップ 倫理的関係 個人の成功 集合的な生産性 共通財
カリキュラムと教育学	実践への参加 真正な教授 範囲の内容よりも深さ 人間的なコア・カリキュラム テーマ化された，あるいはそうでなければ焦点化された 共有されたカリキュラム
ガバナンス	構築レベルではローカル 高度な自律性 教師の同僚性 コミュニティへの参加 小規模で，フラットで，非官僚主義的
中心的な規範	機会の平等 民主主義の包摂
アカウンタビリティ	ローカルなコミュニティへ ローカルな目標を満たし，コミュニティを望む専門的な スタンダードのために 立法者へ 公共の利益のために

「コミュニティ・パラダイム」は、「知性的なコミュニティ」と「民主的なコミュニティ」という二つの原理によって組織される。学校は、どこであれ、「知性的なコミュニティ」であることが必要であり、「探究」を重視し、生徒たちが「知性」を用いることが奨励されるべきである。そうした学校では、教科の内容が、人間活動の「実践」として教えられ、「真正な学び」へと発展する。音楽であれ、数学であれ、物理であれ、芸術であれ、農業であれ、スポーツであれ、「真正な学び」を展開するのは、それらが「人間の社会的活動」として創造され維持される「実践者のコミュニティ」へと参加するように教えられることである。「民主的なコミュニティ」は、宗教やジェンダー、エスニシティ、能力上のあらゆる「差異」にかかわらず、「すべての人が平等に価値を与えられるコミュニティ」のことであり、「共通財」が追究され、「すべての考え方が公正に熟慮されるコミュニティ」のことである。それは「包括的」で「参加的」な「コミュニティ」を意味している④。

このような「コミュニティ・パラダイム」の根底には、デューイの教育と公共性の哲学がおかれている。デューイは、一九世紀の市場主義的なリベラリズムと一九三〇年代以降のニューディール的な福祉国家の両方を批判し、民主主義への信頼に根ざした学校改革と公共性を形成することを探索した。彼は、「民主的なコミュニティ」の構築を意図して、学びとカリキュラムの刷新をはかった。そして、一八九六年に創設したシカゴ大学の実験学校や、多くの進歩主義学校において、教師と子どもたちが互いに「顔のみえるコミュニケーション」を通じて、「知性的な活動」に従事し参加する学びを創造しようとした。デューイが探索したのは、活動し探究し表現する学びの経験をカリキュラムの成立基盤に据えることであり、一人ひとりの子どもが知性的な活動にかかわる学びのコミュニティへの参加を保障することであった。学校は、「コミュニティ」とつながりあう「社会的なセンター」として構想されている⑤。

デューイはまた、「民主主義」を探索するなかで、「知性」の役割を重視している。彼は、「学習とは思考することを学習すること」であるととらえ、「教育の知性的な側面」は「反省的思考を育成すること」にあるという見解を示している。ここで、「反省的思考」とは、不確実な「困惑」「混迷」「疑問」の状態から、解決されるべき「結果」に向けて、「探究」をおこなう「一続きの連鎖」を指している。デューイは、「反省的思考」を、「示唆」「知性化」「指導的観念」としての「仮説」「推論」「行為による仮説の検証」という「五つの位相あるいは側面」から解釈している。[6] デューイの哲学は、思考することを学ぶ知性的な協同活動を触発し、「民主主義」と「コミュニティ」の信頼に立脚した学校づくりを「知性的なコミュニティ」へとつなげる視点を提供している。

ストライクによって提唱される「コミュニティ・パラダイム」は、このようなデューイや進歩主義の思想系譜に位置づけられるものである。ストライクは、スタンダード、アカウンタビリティ、競争によって支配された教育改革の問題を、生徒の「疎外」と「アノミー」にあると指摘している。現代の教育においては、「疎外こそが問題であり、コミュニティが解決である」という。そして、その具体的な対策として、「一貫性」「結束」「ケア」「つながり」の教育が志向される。ストライクによれば、生徒の「疎外」と「アノミー」を解決に導くのは、「スモール・スクール」と「真正な授業と学び」による「コミュニティとしての学校」を目指すことである。それは、生徒たちの豊かな学びを「コミュニティ」の「信頼」によって回復し、教師と生徒の「障壁」を超えて、「より民主的で平等な社会」を構築する「希望の源」として学校づくりを推進することを意味している。[7] ストライクにおいて、「民主的なコミュニティ」と「知性的なコミュニティ」としての学校は、「スタンダード・パラダイム」と「チョイス・パラダイム」への対抗軸として重要な機能を担っている。

3　エッセンシャル・スクール連盟の活動

セントラル・パーク・イースト中等学校の改革は、ストライクの主張する「スモール・スクール」の「コミュニティ・パラダイム」を主導した先駆的な実践として位置づけることができる。セントラル・パーク・イーストでのマイヤーの学校改革を支援したのがエッセンシャル・スクール連盟である。連盟代表のサイザーは、マサチューセッツ州アンドーバーのフィリップス・アカデミー校長や、ハーバード教育大学院の研究科長、ブラウン大学の教授を歴任するとともに、『ハイスクール研究』（一九八四年）や『ホーレスの妥協』（一九八四年）、『ホーレスの学校』（一九九二年）、『ホーレスの希望』（一九九六年）などを発表して、学校改革に積極的に従事した。[8] サイザーが一九八四年に中等教育の改革のためにブラウン大学に組織したのがエッセンシャル・スクール連盟である。エッセンシャル・スクール連盟は、生徒が「知性」を最大限に活用する「スモール・スクール」と「コミュニティ」を支持して、「民主主義の実践」を前進させる観点から学校改革に着手した。

連盟設立の前年にあたる一九八三年というのは、アメリカの教育界にとって一つの重要な分岐点となった年でもある。共和党のレーガン（Ronald Wilson Reagan）政権下で、『危機に立つ国家』が発表され、大きな波紋が拡がることになった。報告書は、アメリカの公教育が「危機」に瀕していると診断し、教育改革が喫緊の課題であるという認識を示した。それによって、ハイスクールの卒業要件の厳格化や、教育基準の測定化、教育期待の高度化、授業時数の増加、教員養成の改善と教員の待遇改善といった方向性が示された。[9] その後、アメリカの教育改革は、九四年の二〇〇〇年の目標――アメリカ教育法や、〇二年のどの子も落ちこぼれさせない法をはじめ、「スタンダード・パラダイム」と「チョイス・パラダイム」が支配的な勢力を形成する時代を迎えることになる。サイザーがハイスクール研究に着手し、エッセンシャル・スクール連盟を組織したのは、このように公教育が大きな転換点に直面した時期であった。

ハイスクールの研究でサイザーが明らかにしたのは、アメリカの中等教育の現状が、消費者算数、運転免許取得コース、ウエディングの練習、バレーボールなど、すべての教科が「ショッピング・モール」のごとく配置され、生徒は店の陳列窓を眺めてまわる買い物客のように授業を履修しているという事態であった。そこでは、生徒は、「知性を充分に活用することを学ぶ」ことが促されたり、知性的に考え思考することに夢中になって取り組んだりすることもなく、相互に関連のない教科を「無感動」のまま受講することを余儀なくされる。皮肉なことに、ハイスクールで「もっとも成功した授業」というのは、「教育を受けること」が「死ぬほど退屈である」ことを理解させた授業であり、教師にとっては、生徒との知性的なかかわりや、本物の創造的な学びを保障することよりも、成績や日常の業務をいち早くおこなうことが日々の仕事になっている。

これに対し、サイザーは、デューイの教育哲学に依拠して、スタンダード・テストやカリキュラムにみられる「フリーサイズの教育方法」を放棄し、ボトムアップ的な「民主主義」を原理とした学校づくりを展開しようとした。エッセンシャル・スクール連盟は、小規模な「スモール・スクール」を構築し、「民主主義の実践」を推進することを意図した。連盟は、「個人に配慮し、公正で、知性的に挑戦する学校」を謳い、「信頼」と「礼儀正しさ」と「高い期待」を維持するために、教師と生徒が互いに顔をつきあわせて理解できる程度の「小規模で個人に配慮する学びのコミュニティ」の構築を目指している。そのうえで、つぎの一〇項目を「共通原理」として明示する。

（1）知性を充分に活用する学習をおこなうこと

（2）少なく学ぶことは多くを学ぶこと、内容の範囲を超えて深く学ぶこと

（3）目標をすべての生徒に適用すること
（4）個人に配慮すること
（5）活動者としての生徒、コーチとしての教師
（6）熟達を証明すること
（7）礼儀正しさと信頼の傾向
（8）学校全体へのかかわり
（9）教えることと学ぶことに向けられるリソース
（10）民主主義と公正性

エッセンシャル・スクール連盟が掲げる哲学は、「学校のデザイン」「教室の実践」「リーダーシップ」「コミュニティとのつながり」の四領域から構成され、学校組織は、「ガバナンス」「構造」「文化」「カリキュラム」「教授」「アセスメント」「専門的な発展」において、「一貫したフレームワーク」を構築することが要請される。そのためのスローガンとして、「少なく学ぶことは多くを学ぶこと（Less is More）」が掲げられ、すべての生徒の「アカデミックな成功」を成就するための「民主主義の実践」が志向されている。サイザーは、学習活動の領域を「探究と表現」「数学と科学」「文学と芸術」「哲学と歴史」の四つに分類したうえで、教師と生徒が「適切な仕方で作業し学び」、「学校の課業で熟達した事柄を明確に示し」、「正しい動機」を与え、「知性の活用」に焦点を合わせ、「シンプルで柔軟な構造」を維持する学校づくりを奨励する。「民主主義の実践」は、教師と生徒が互いに理解し信頼関係を築く「スモール・スクール」において、生徒が「知性」を活用し、「コミュニティにもとづく『真の世界』の学び」と「達成にもとづくアセスメント」を展開することによって実現されるものとなる。(10)

4　民主主義のシニシズムに抗う――困難のなかの希望

セントラル・パーク・イーストの挑戦は、教育がきわめて困難で、絶望が漂う状況から出発している。それは、アフリカ系アメリカ人やラテン系など、貧困層や低所得者層が大半で、政治的にも分裂し、学力水準が最低水準にあったという意味に限られたものではない。マイヤーがセントラル・パーク・イーストの小学校に赴任した一九七四年というのは、ニューヨーク市が一五〇〇〇人以上の教師を解雇し、実質的にすべての小学校の図書室、そしてほとんどの音楽と美術のプログラムを廃止するなど、厳しい予算削減を強いられた時期でもあった。このような状況にもかかわらず、マイヤーは、一貫して民主主義への信頼を表明し、民主主義の生き方に対する信念を主張し続けた。彼女は、アメリカ社会に拡がる民主主義のシニシズムに抗い、知性的な活動とコミュニティへの信頼によって学びを回復することに力を注いだ。一九八五年から開始されたセントラル・パーク・イースト中等学校の試みは、「民主主義の実践」を「知的な習慣」へとつなげ、「真正な学び」と「コミュニティ」としての学校づくりを展開することに支えられている。マイヤーは、つぎのように述べている。

民主主義の思想は、いま再び（あるいはもしかするとつねに？）危機的な状況にある。私は生涯にわたるパルチザン［闘士］として、つねに民主主義のために発言をしてきた[11]。

公教育における民主主義の希望をけっして手放さないために我々がすべきことは、大変ではあるけれど、シンプルなことである。

それは、長所も短所も含め、民主主義的なものごとの進め方というものに揺るぎない信頼を寄せる、それだけだ。市場にも専門家にも独裁者としてのさばらせないことが必要である。(12)

民主主義への不信や懐疑に対するマイヤーの危機感は深刻である。マイヤーは、民主主義が逆境に立たされるなかで、一貫して「民主主義の希望」を掲げ続けた。彼女によれば、「人間どうしの結び付きなど信じられない」という認識は、白人の子どもにも黒人の子どもにも、富裕層にも貧困層にもみられるし、「みなは一人のために」などというのは、自分たちを「油断させる罠」でしかないという認識が傷ついた子どもや保護者に拡がっているという。彼女は、それを「シニシズム」と呼んでいる。とりわけ、低所得者層や貧困層が大半を占めるイースト・ハーレムにおいて、マイヤーが積極的に取りくんだのは、「どうすれば、アメリカ社会の底辺にいる子どもたちにとって、学校が彼らの知的な可能性をつぶしてしまうのではなく、伸ばしていく場所となり得るのか。どうすれば、もっとも裕福な人が自分の子どもに買い与えてやれるものを、もっとも貧しい人に対しても公的資金によって与えることができるのだろうか」という問題であった。「最良の教育を受けるお金のある人々だけに提供してきたのと同じ教育」を「あの子どもたち」に提供すること、そこに、子どもたちに対するマイヤーの「敬意」と、民主主義に対する力強い「信念」をみてとることができる。

この意味で、公立学校は、民主主義とは何であり、コミュニティとは何であるかを教えてくれる場所である。マイヤーによれば、「民主主義」によって「対立」を乗り越えられるとすれば、それは人びとのなかに「互いに肩を寄せあって生きる同じコミュニティの仲間という思い」があるからであり、公立学校が、人種、階級、宗教、イデオロギーの対立と相違を超えて「政治的な対話の経験」を積むことができる場にならなければならないという。彼女は、「相容れない意見」をぶつけて戦わせるなかで、自分の「意見の検証」をおこない、あるいは「新しい考え」を思いつかせるような「経験」を重視するのである。学校が「民主的なコミュニティ」となる一つの指標は、「職員や保護者や生徒や地域が協同し、互いに尊敬し合う」関係を築くことであったという。

加えて、セントラル・パーク・イーストの成功の鍵は、学校のあらゆる場面で、「知的な思考の習慣」を育てようとしたことにある。学校で、『ＣＰＥ中等学校の思考の習慣』のスローガンを作成して、ほとんどの教室に提示し、学校通信にもしばしば掲載した。それは、つぎの五つの項目から構成されている。すなわち、「証拠（どうしてそれがわかるのか）」「視点（だれが何のために言ったことか）」「因果関係（何が原因か、他に何が起こったか）」「仮説（もし、仮にそうだとすると）」「だれにとって重要なのか」の五つである。また、セントラル・パーク・イーストでは、「作業の習慣」を重視している。そこには、「責任が重くなっても引き受けること」「他者と適切にコミュニケーションができる力をつけること」「自分の考えをはっきりと表明するだけではなく、柔軟に考えを変えられること」「締切や約束を守る人だと信用されるようになること」が含まれている[13]。学校では、「民主主義的な市民にする思考の習慣」を明確化し、「思考をうまく活用すること」が促されたという[14]。

セントラル・パーク・イーストの実践は、学校を「スモール・スクール」として組織するものであった。マイヤーは、規模の大きな学校ではうまくいかないと考え、「小さな学校」の形成を積極的に掲げる。改革に求められるのは、思慮深い教師たちが協同してじっくりと考えられることであり、学校で「直接顔をみながら」何度も「対話」がおこなわれることであり、学校そのものが「推論すること」「省察すること」「評価すること」「修正すること」「計画すること」の大切さを日常的に実践し、「子どもや教師を教育してくれる」場所となることである。「小さな学校」では、生徒を「モルモット」のように扱うことなく、生徒が参加可能な形でものごとを決めることができる。これによって、生徒一人ひとりの学習活動に細やかに対応し、教師と生徒が互いに顔を突きあわせて仕事をするようになる。また、生徒たちに、

「身体的な安心感」を与え、生徒が怒りを発散させたとしても、素早く対応できるようになる。さらには、学校の複雑な運営組織や管理組織を整備し、「スタンダード」を設定することに労力を費やすことなく、互いが信頼し尊敬しあうことによって、風通しのよい「アカウンタビリティ」を実行することができるようになるという。

マイヤーは、生徒の「知的な習慣」を育むために、「スモール・スクール」と「民主的なコミュニティ」を構築しようとした。彼女によれば、「知的な活動」に求められるのは、学校が「安心できる場所」となり、子どもたちが「安心できる学校づくり」を展開することである。憎悪と敵対と不信感に満ちた学校ではなく、学校と家庭、教師と子どもと保護者が「信頼」でつながりあう改革が目指された。学校では、「互いの意見に真摯に耳を傾ける」ように促され、互いの「信頼」と「尊敬」を築くことが必要となる。「民主主義の習慣」とは、「知的な習慣」のことである。そのような学校で展開される学びとカリキュラムは、「民主主義を実践するためのよいレッスン」となる。[15]「知的な活動」と「学びのコミュニティ」は、「民主主義の実践」を遂行するうえで重要な役割を担うのである。

マイヤーの学校づくりは、人びとが互いに信頼しあい尊敬しあう「民主主義の実践」に対する強い信念によって支えられている。それは、彼女自身が設立にかかわり校長を務めたボストンのミッション・ヒル・スクール（Mission Hill School）の実践でも継承された。一九九七年に創設されたミッション・ヒル・スクールは、サウスボストンのロックスベリー地区、アレガニー通り六七番地に設立されたパイロット・スクールである。幼稚園から第八学年までの子どもが通学しているが、半数以上の子どもたちが無料給食や減額給食の資格条件を満たす低所得者層であり、その多くがアフリカ系アメリカ人やラテン系の子どもたちである。ミッション・ヒルは、パイロット・スクールであることから、カリキュラムの策定や教師の雇用に至るまで、ある程度の裁量の自由が認められた。ミッション・ヒルにおいても、マイヤーが取りくんだのは、教師と生徒の「信頼」を基盤にして、「民主的なコミュニティ」を構築する実践を支えることであった。[16] コミュニティの「知性的な活動」を触発し、「民主主義の習慣」を育むセントラル・パーク・イーストやミッション・ヒルの取りくみは、デューイのシカゴ実験学校の学びや多くの進歩主義学校の挑戦を継承している。

5　コミュニティとしての学校——対話・協同・信頼の学び

セントラル・パーク・イースト中等学校の実践は、学校に対する積極的な希望を紡ぎ、教育の未来を展望する新たな回路を開拓するものである。ここでは、今日、「コミュニティとしての学校」が提起する課題について、二つの点を指摘することにしたい。

第一に、「スタンダード・パラダイム」と「チョイス・パラダイム」に対して、「コミュニティ・パラダイム」がもつ意味についてである。民主主義とコミュニティを志向する学校改革は、市場的な新自由主義や官僚制的な福祉国家の教育の対抗軸となりうるのだろうか。「スモール・スクール」の潮流は、市場原理と再統制化の共振という教育改革の趨勢に対するオルタナティブとなるとすれば、それはどのような意味においてだろうか。注目すべきなのは、マイヤー自身が「選択制」を肯定している点である。彼女は、「選択制は公教育を救う」と述べている。だが、それは無批判に「選択制」を支持するものでもなければ、自由化と市場化をイデオロギー的に正当化するものでもない。彼女が強調して訴えるのは、「どのような種類の選択制を取り入れるか」という問題であり、「公教育を再建するために意識的に用いる公正な手段として、選択制の概念を打ち出す」ことである。マイヤーは、「より大きな方略」として、「より小さな規模」で、学校と家庭が「信頼しあえる雰囲気」を高め、目標を分かちあう「教育的なコミュニティ」を構築することが必要だという。「市場」は、「公正な」公教育や、コミュニティの「信頼」のもとで、効果的に機能するのである。[17]

マイヤーはまた、スタンダードのカリキュラムに対して辛辣な批判を展開する。実際、アメリカでは、一九八三年の『危機に立つ国家』、九一年の『二〇〇〇年のアメリカ――教育戦略』、九四年の二〇〇〇年の目標――アメリカ教育法、〇二年のどの子も落ちこぼれさせない法などによって、教育の市場化とスタンダード化が促されていった。ブッシュ（George W. Bush）政権下で、一九六五年の初等中等教育法を改正する形で成立したどの子も落ちこぼれさせない法は、アメリカのすべての児童・生徒の学力向上を謳い、アカウンタビリティの強化や学校選択制の拡大を企図した。なかでも、州統一学力テストを実施し、結果を公表することによるアカウンタビリティの遂行をすべての州と学区に課し、学校の卒業率や出席率、習熟レベルの向上などの「適正年次進捗度（Adequate Yearly Progress）」の達成を求めた。〇五年より第三学年から第八学年までの学年と、第一〇学年から第一二学年までのいずれかの学年で、数学と読解の学力テストをおこなうこと、〇七年からは科学を加えること、〇五年までにすべての教室に良質な教師を配属することが示された。また、「適正年次進捗度」で示された学力向上を満たすことができず低い位置にとどまっている学校については、生徒に転校の選択肢を与え、補完的な教育をおこない、教職員を入れかえ、チャーター・スクールへと転換するなど、状況改善のための措置が施されることも記された。

スタンダード・テストにもとづく学力競争、教師への成果主義的な評価システム、アカウンタビリティの政策は、ニューヨークでは早くも八〇年代後半から準備され策定されてきた。ニューヨーク州では、一九八九年の卒業生から卒業単位数を一六単位から一八・五単位に増やし、英語、社会科を高校の四年間で、数学、科学を二年間で、外国語を三年間で学習するように変更した。そして、七八年から実施されてきた読解、書き取り、数学のテストに、新たに科学と社会科の教科を加え、その結果を「総合評価報告」として教育委員会に報告することになった。さらに、学力が低いとされた学校については、改善計画の提出が求められるようになったという。[18] 二〇〇一年に、世界有数の富豪であるブルームバーグ（Michael Bloomberg）がニューヨーク市長に就任すると、市場原理的なビジネス・モデルの教育改革を進めた。二〇〇三年一月には、「チルドレン・ファースト──ニューヨークの公教育の新しいアジェンダ」を発表し、読書や数学のスタンダード・プログラムの導入や、三二の学区の廃止などを掲げ、トップダウンの改革を断行した。[19] 二〇〇七年一〇月には、貧困家庭の子どもが多くいる学校で学力テストの成績が向上した場合には、教員ひとりあたり三千ドルのボーナスが支給されることなども決定した。[20]

ところで、ニューヨークの学力テストでは、生徒の点数やデータを改ざんする不正がおこなわれているという疑惑も浮上している。それによれば、二〇一〇年の州の学力テストで、統計的に不自然な数の生徒が、試験の合格最低点で通過しているという。たとえば、代数の場合、合格最低点の六五点を取得した生徒の数は八四五一人で際立って多いのに対し、それ以下の六一、六二、六三、六四点のすべての人数を合計しても、七一四五人にしかならなかったというのである。しかも、テストの多くは、担当教員によって採点されていたことから、疑惑が一気に高まることになった。[21]

だが、新自由主義的な教育政策は、オバマ政権下においても実行されてきた。二〇〇九年に、オバマ大統領は、金融危機後の経済対策の一環として、アメリカ復興・再投資法（The American Recovery and Reinvestment Act of 2009）に署名し、総額八〇〇〇億ドル規模の景気刺激策を講じ、三〇〇万人超の新規雇用を創出するという方針を示した。教育部門においては、「アメリカ史上最大の教育改革への投資」として、「トップへの競争レース」プログラムが発表され、教育の質にかかわる州の競争的資金の獲得を促すために四三億ドルが予算計上された。それは、生徒の学力向上のための成果主義の採用や、チャーター・スクール、スタンダード・テスト、アカウンタビリティの拡大など、学校間の競争を激化させる政策を基本線にしている。

マイヤーは、『危機に立つ国家』が「アメリカの公立学校の失敗」を宣言し、「アメリカ経済の衰退」の原因を教育に求める認識を示したこと自体が「誤り」だったと警鐘を鳴らしている。彼女によれば、「真の危機」はむしろ、異なるところにある。たとえば、アメリカが先進国中で最低水準の投票率であること、児童福祉や乳幼児へのケア、医療ケア、家庭へのケアなど、弱者に対する「責任あるケア」が整備されていないこと、貧困層、若年層、有色人種に対してきわめて重い負荷がかけられていることなどである。にもかかわらず、学校が、進行するスタンダード化や大規模化のなかで、コミュニティの「疎外」の問題から遠く離れていることこそが「危機」であるという。逆説的ながら、公立学校の「危機」は、新自由主義的な教育改革の趨勢によって、加速度的に進行してきたと考えるべきである。[22]

この点で興味深いのは、かつてスタンダード・テストやアカウンタビリティの政策を主導し、デューイやマイヤーの進歩主義学校を鋭く批判してきたラヴィッチが、現在、マイヤーとの間で、「差異を架橋する」という書簡形式の議論をウェブ上で公開していることである。『エデュケーション・ウィーク』に頻繁に掲載され更新されている書簡によれば、ラヴィッチとマイヤーの対話は、ラヴィッチがみずから推進してきたスタンダード・テストやアカウンタビリティ、どの子も落ちこぼれさせない法などを「過ち」であったと修正するところから出発している。ラヴィッチは、もともとマイヤーの「オープン・クラスルーム」の運動を批判し、むしろ壁とドアによって区切られた教室づくりを支持してきた。しかし、今日に至り、ラヴィッチは、自身が牽引してきた「テストとアカウンタビリティの拡大」がむしろ「間違い」であり、それらが「主要な国家的欠陥」を招いたと反省的にとらえなおしている。

ラヴィッチは、『経験と教育』の最後で、ジョン・デューイが『進歩主義教育』と『伝統的教育』について考えることをやめ、その代わりに『よい教育』について考えるべきだと述べた」ことに注意を向ける。このことから、長い間、「教育学の敵対的グループ」に位置づけられてきたマイヤーとラヴィッチの間で、「共通の基盤」を探る対話が開始されている。[23] ラヴィッチは、一九九〇年代中盤以降、スタンダードの動向が分裂し、公教育が「大規模なハイジャック」に遭遇したと批判する。すなわち、『危機に立つ国家』は、報告書であり、観念的でリベラルであり、「よい教育のヴィジョン」を堅持していたのに対し、どの子も落ちこぼれさせない法は、法的な強制力を伴い、テストの点数をあげる「スキル」の向上以外にいかなるヴィジョンも存在しないという。八〇年代のスタンダード運動がテスト政策によって「ハイジャックされた」というのがラヴィッチの結論である。[24] このように、「民主的なコミュニティ」を構築するマイヤーの企ては、「チョイス・パラダイム」と「スタンダード・パラダイム」の教育改革に対する批判と反省的な再構築を突き動かす原動力になっている。

第二に、教師と生徒が互いに対話し協同し尊敬しあう「スモール・スクール」を奨励し、「知的な活動」と「真正な学び」によって「希望の学校」を再生することの意義についてである。一九九〇年代以降、アメリカでは、スタンダードやアカウンタビリティの動向と合わせて、教師と生徒の信頼を根底から突き崩し、相互の不信と摩擦を増大させるような改革が画策されてきた。とりわけ、ニューヨークから拡がった「ゼロ・トレランス（寛容ゼロ）」の政策は、学校で頻発する暴力や非行、犯罪に対して、容赦ない処分を科す「学校の警察化」を牽引してきた。マイヤーがセントラル・パーク・イーストで、教師と生徒が信頼し尊敬しあう教育を対話や協同によって築こうとしたのと時を同じくして、それらの信頼関係を突き崩すような改革が導入されていった。当時のニューヨーク市長のジュリアーニ（Rudolph Giuliani）が、「卵を盗む者は牛も盗む」という諺をもとに取りいれたのが「ゼロ・トレランス」であった。九八年に、ジュリアーニ市長は、学校安全の管轄部署を教育局から市警へと移譲している。その結果、ニューヨークでは、この時期に生徒数が七万人減少したにもかかわらず、学校に配置される警察官の数は、三二〇〇人から五二〇〇人に六二％も増員された。[25] 治安維持の予算が大幅に増加し、警察予算は市営病院予算の四倍以上の二六億ドルに増額された一方で、福祉にかかわる予算は三分の一も削減されている。ニューヨーク州でも、八八年から九八年にかけて、刑務所支出が七六%も増加したが、大学教育予算は二九%削減された[26]。ニューヨークは、市場原理と厳罰化を推進する主戦場へと変貌していったのである。

アメリカ全体でも、医療、保険、福祉、教育にかかわる徹底的な予算削減が進められ、「小さな政府」による市場化と規制緩和が実施された一方で、増大する貧困層に対して厳しい管理や統制を強制し、たとえ軽犯罪であっても違反した場合には、厳罰に処す「刑罰化」の政策が策定されていった。一九九四年の連邦ガン・フリー学校法から、どの子も落ちこぼれさせない法に至るまで、厳罰主義的な「刑罰化」が推進されてきた。マイケル・ムーア（Michael Moore）監督の映画『ボウリング・フォー・コロンバイン』（二〇〇二年）でも有名なコロラド州コロンバイン高校事件（生徒一二人と教師一人死亡、犯人生徒二人自殺）をはじめ、学校での一連の銃乱射事件は、厳罰化へと舵を切るきっかけを与えた。とくに、メディアによるセンセーショナルな報道が果たした影響は大きい。九〇年代のアメリカでは、犯罪が一三%減少したが、犯罪についての報道は二四〇%増え、暴力による少年犯罪は大きく減少したが、三分の二のアメリカ人は少年犯罪が増加していると答えている[27]。学校では、警察官や安全職員が巡回し、金属探知機や監視カメラが設置され、生徒のロッカーやリュックサックが検査される。遅刻、ずる休み、凶器や薬物の持ち込み、教師への暴力的言動、身分証明書の提示拒否、携帯電話の引き渡しの拒否など、違反行為を犯した場合には、生徒に一切の弁明の余地が与えられることなく、停学や退学処分が科されたり、ときには、裁判所への出頭や生徒の逮捕、刑務所への収容がおこなわれたりすることもある[28]。

二〇〇一年九月一一日のアメリカ同時多発テロは、厳罰主義や監視を強化し正当化する政策の導火線となった。「テロとの戦い」を声高に宣言した当時のブッシュ大統領は、テロ事件からわずか四五日後に愛国者法を制定した。テロの阻止と回避を意図したこの法律は、プライバシーや言論の自由を制限するとともに、政府が一般市民の氏名、住所、電話、Ｅメール、ファックス、インターネット、医療、金融機関、クレジットの顧客データなど、あらゆる個人情報の入手や盗聴、傍受をおこなうことを可能にした。アメリカのすべての州で、「ゼロ・トレランス」にかかわる法律が制定され、学校内での銃所持、暴行、アルコール・薬物所持、わいせつ、強盗、放火などに対する厳罰主義的な罰則が採用された。実際、厳罰化は、アメリカ全土に浸透して実施されている。たとえば、オハイオ州の小学一年生の男の子は、母親に学校でバターのぬり方を教わったことを伝えるために、カフェテリアからプラスチックのナイフを持ち帰ったことで、一〇日間の停学処分を科されている。また、ニュージャージー州のある幼稚園生は、休み時間に泥棒警察ごっこで遊んだ際に、人差し指を相手に向けてピストルを撃つのに見せかけたことで三日間の停学処分を受け、八歳の少年は紙を使って銃の形を作り、友人に向けたことで裁判所に送られている㉙。

見逃すことができないのは、どの子も落ちこぼれさせない法や「トップへの競争レース」など、近年の教育改革が学校間で生徒の学力向上を競いあう環境整備へと向かうなかで、厳罰化の施策が低学力の生徒や貧困家庭の生徒を支援するのではなく、その反対に、彼らを学校から排除するために利用される悪質なケースが目立っていることである㉚。アメリカ全体では、二〇〇六年だけで三三〇万人が停学や退学の処分を科されたが、そのなかで暴力を伴うものは一割に満たず、ほとんどは、遅刻や教師への口答え、服装の乱れなど非暴力的な規則違反が原因であった。しかも、同じ年、黒人生徒の一五％、ヒスパニックの生徒の七％が停学処分を受けたのに対し、白人生徒は五％しか受けていない。退学についても、黒人生徒の〇・五％、ヒスパニックの〇・二％に対し、白人生徒は〇・一％である㉛。このように、厳罰主義の対象とされる生徒の人種の偏りを顕著にみてとることができる。だが、二〇〇九年一二月二五日のクリスマスの日に生じたナイジェリア国籍の男性による航空機爆破テロ未遂事件は、市民の不安と恐怖感をさらに煽情することになった。二〇一一年五月に、オバマ大統領は、テロ防止のために、捜査機関が盗聴や通信傍受をおこなうことを認める愛国者法延長法案に署名し成立させている。

一方で、学校における厳罰化に対しては、批判的な声明も公表されてきた。ニューヨークでは、ニューヨーク市民的自由連合（New York Civil Liberties Union）が、「学校の過剰警察化への代替的施策」として「生徒の尊厳が尊重される学校」を提唱している。この連合は、サイザーのエッセンシャル・スクール連盟による「スモール・スクール」を「成功している学校」の例にあげて、その特徴として、つぎの七つを示している。すなわち、（1）強い支援的なリーダーシップ、（2）校則制定への生徒の意見、（3）過度な懲戒処分に対する建設的な代替的施策、（4）学校安全職員と教師との間のコミュニケーションと明確な権限関係、（5）生徒の学習以外のニーズのためのサービス支援、（6）教育の権限を与えられた教職員と教師・生徒間の緊密な関係、（7）信頼と尊敬の学校文化である[32]。ここで、エッセンシャル・スクール連盟の「スモール・スクール」が成功例として取りあげられ、教職員に教育の権限を認めることや、学校で信頼と尊敬を育むことの意義が指摘されていることは重要である。

マイヤーが民主主義のシニシズムと闘い、相互の信頼や尊敬に根ざした「民主的なコミュニティ」の構築を訴え続けるのは、教師と生徒、学校と家庭の不信感と軋轢を増幅させるような改革が矢継ぎ早に導入されてきたことも関係するだろう。彼女は、ニューヨークでもっとも貧しく、非行や犯罪、暴力が多発する地域で、なおも生徒に敬意を払い、信頼しあう雰囲気を構築することを決して放棄することがなかった。マイヤーが探究する「希望の学校」は、厳罰主義やスタンダードにみられる「民主主義の危機」に対する強烈な批判を含んでいる。「困難なのは実現することだ」というマイヤーの論考のタイトルからは、彼女が学校づくりの過程で直面してきた多くの試練や挑戦がうかがえる。

マイヤーは、「信頼を築くためには、まず互いを尊敬し合えることが前提となる」という。学校の学びとカリキュラムは、人種や民族など、問題がいっそう厳しく困難な状況においても、「互いを大切に思い尊敬し合って」、可能な限り謙虚に、「注意深く耳を傾けられる」ように構成されることが求められる。このことは、教室の学びとカリキュラムを「知的な活動」に満ちた場所に変革することをも意味している。マイヤーによれば、「すばらしいアイディアは、何もないところからわき出てくるわけではない」。そうではなく、「丁寧に観察し、細かいところにも注意を払い、情報をすぐに使えるようにしておき、その活用の仕方を心得ておくこと」が大切である。「知的探求」において重要なのは、「学問世界」そのものの要求ではなく、「民主的な市民として何をなすべきか」という要求である。「民主的な市民」の形成という視点からすれば、あらゆる生徒は科学者がどのように「真理」に到達したのかを知る必要が生じてくる。「知的な」という言葉は、大学や学校教育だけに限定された言葉ではない。サイザーの「自分の頭をよく使うこと」というのは、健康な生活を送ることと同じくらい実生活に必要なものであり、優れた職人であれ、数学者の活動であれ、同じように観察できるものである。

このように、「知的な活動」をおこなう「民主的な市民」は、「注意深く観察する人」であり、「想像したり、疑問をもったり」する人であり、「他者が世界についてどう考え、どう感じ、どう見ているのかということを想像する習慣」ができている人であり、「根拠」と「事実」を重視し、「慎重さと説得力と力強さをもって人にものごとを伝えるすべ」を知っている人であり、「世界や同朋の市民に対するケアの精神」をもっている人であり、「働くことに関する倫理」をもつ人のことである[33]。セントラル・パーク・イースト中等学校で実践された、「証拠（どうしてそれがわかるのか）」「視点（だれが何のために言ったことか）」「因果関係（何が原因か、他に何が起こったか）」「仮説（もし、仮にそうだとすると）」「だれにとって重要なのか」の五つの習慣は、「知的な活動」が日常的に尊重されていたことを如実に示している。

セントラル・パーク・イースト中等学校では、「自己の思考力をうまく働かせる方法」を教えることが目標とされ、

「いかに学習し、いかに推論し、いかに調査するか」という「知的到達度」を高めることが探索されている。ハイスクール修了の際には、それぞれの生徒は一四のポートフォリオを卒業認定委員会に提出し、一定の成績を収めたことが証明される必要があるという。具体的には、第一一学年と一二学年で、「卒業後の計画」「科学（理科）／技術」「数学」「歴史および社会科」「文学」「自伝」「学校・コミュニティでの奉仕活動、及びインターンシップ」「倫理および社会問題」「美術／美学」「実践的技能」「メディア」「地理」「英語以外の言語／二重言語習得」「体育」の一四領域の「ポートフォリオ要件」を「卒業プロジェクト」として満たさなければならない。生徒は、それを卒業審査会に提出し、検討と認定を求めるのである。学校はあらゆる生徒にひらかれており、「高い期待」「信頼」「ある種の人格的品位」「多様性の尊重」に力点がおかれている。(34)

6　希望の学校のために――民主主義の信頼

マイヤーの挑戦は、民主主義への絶望とシニシズムが拡がるなかで、民主主義の信頼を擁護し再興することを意図するものであった。セントラル・パーク・イースト中等学校では、対話と協同と信頼の構築によって、「知的な活動」と「学びのコミュニティ」を形成することが促された。そこでは、学校は、「民主主義の実践」が繰り広げられる「レッスン」の場となる。マイヤーによる改革の軌跡は、同時期にニューヨークで導入された「ゼロ・トレランス」による厳罰主義や、スタンダード・テスト、アカウンタビリティといった政策とは対照的である。社会的な不信感と軋轢と摩擦が増幅する状況で、「学校の警察化」と「刑罰化」が実施され、市場原理による再統制化が推進されたことは、民主主義の将来に陰鬱な影を落としてきた。そうしたなかで、マイヤーは、対話、協同、信頼、尊敬によって、知的な学びとカリキュラムを組織することに全力を注いだのである。彼女は、学校をつぎのようにとらえている。

学校とは、つぎの世代が世界や自分の住む地域について理解するときに、このようであってほしいと我々大人が望む形を意識的に具体化する場所である。……もし、互いに尊敬し合うということが健全な民主主義の基礎をなすとしたら、それはすなわち学校の基礎でなくてはならない。このような学校を実現するということは、壮大でかつどこまでも魅力的ないとなみである。そして幸いにも、この実現へ向かう道は喜びに満ちている。(35)

セントラル・パーク・イースト中等学校の改革は、民主主義の信頼を回復し、コミュニティを再興する進歩主義的な学校づくりを先導した。マイヤーは、学校を「希望」と「信頼」に満ちた場所として蘇生することに精力を傾けた。彼女の実践は、「コミュニティとしての学校」や「スモール・スクール」の理念を謳う改革として継承されている。セントラル・パーク・イーストの実践を支えたのは、デューイや進歩主義の学校哲学であり、エッセンシャル・スクール連盟の学校哲学であった。折しも、学校が開設された一九八〇年代というのは、市場化やスタンダード化への流れが加速する時期と重なっている。教育の市場化と厳罰化は、ニューヨークを舞台に開始されたのを皮切りに、世界の多くの都市で採用されて普及していった。

ストライクが「国家対市場」に対する「学校改革の第三の道」と形容し、「スタンダード・パラダイム」と「チョイス・パラダイム」のオルタナティブとして「コミュニティ・パラダイム」を位置づけたように、マイヤーの実践は、民主主義と教育のシニシズムに対する「パルチザン」としての様相を呈している。このことは、一九三〇年代のデューイが、世界恐慌に直面する状況で、古典的な市場原理とニューディール以降の官僚制的な国家の両方を批判し、「民主主義」と「公共性」を防御する学校構想を展開したことと軌を一にしている。その基盤には、人と人とのつながりや信頼、尊厳、互恵的な関係を軸にした民主主義への信念を持続させ、「民主主義の習慣」を「知的な習慣」へと連結する「コミュニティとしての学校」の哲学が横たわっている。

今日、マイヤーの進歩主義学校は、世界規模で脚光を浴びている。セントラル・パーク・イーストの改革は、民主主義の信頼を回復し再構築しようとする。それは、学びへの期待と絶望が複雑に錯綜するなかで、「スモール・スクール」と「コミュニティ」の形成を通して「希望の学校」を再生しようとする。民主主義を擁護するマイヤーの試みは、新自由主義的な市場原理と再統制的なスタンダードの共振関係に対して確かな楔を打ちこんだのである。

注

（1）マイヤー、デボラ『学校を変える力――イースト・ハーレムの小さな挑戦』北田佳子訳、岩波書店、二〇一一年。マイヤー、デボラ・シュワルツ、ポール「セントラル・パーク・イースト中等学校――困難なのは実現することだ」澤田稔訳。

（2）Strike, Kenneth, *Small Schools and Strong Communities: A Third Way of School Reform*, New York: Teachers College Press, 2010, pp. 1-14.

（3）Ibid., pp. 135-137.

（4）Ibid., pp. 1-14.

（5）Dewey, John, "The School as Social Centre," *The Middle Works*, vol. 2, pp. 80-93.

（6）Dewey, John, *How We Think: A Restatement of the Relation of Reflective Thinking to the Educational Process*, *The Later Works*, vol. 8, pp. 105-352.

（7）Strike, Kenneth, *Small Schools and Strong Communities: A Third Way of School Reform*, op. cit., pp. 17-22.

（8） Sizer, Theodore R., *Horace's Compromise: The Dilemma of the American High School: The First Report from a Study of High Schools*, Boston: Houghton Mifflin, 1984. *Horace's School: Redesigning the American High School*, Boston: Houghton Mifflin, 1992. *Horace's Hope: What Works for the American High School*, Boston: Houghton Mifflin, 1996.

（9） National Commission on Excellence in Education, *A Nation at Risk: The Imperative for Educational Reform: A Report to the Nation and the Secretary of Education, United States Department of Education*, 1983.

（10） Sizer, Theodore R., *Horace's Compromise: The Dilemma of the American High School: The First Report from a Study of High Schools*, op. cit.

（11） マイヤー、デボラ『学校を変える力――イースト・ハーレムの小さな挑戦』前掲書、xxii頁。

（12） 同上書、一一五頁。

（13） 同上書。

（14） マイヤー、デボラ・シュワルツ、ポール「セントラル・パーク・イースト中等学校――困難なのは実現することだ」前掲論文、五頁。

（15） マイヤー、デボラ『学校を変える力――イースト・ハーレムの小さな挑戦』前掲書。

（16） Meier, Deborah, *In Schools We Trust: Creating Communities of Learning in an Era of Testing and Standardization*, Boston: Beacon Press, 2002. 黒田友紀は、ストライクの「コミュニティ・パラダイム」をもとに、ボストン市のパイロット・スクールの改革について考察している。黒田によれば、ボストン市内のパイロット・スクールは、一九九五年に市教育委員会、教員組合、教育長の協同によって設立された実験学校であり、公設民営のチャーター・スクールとスタンダード・テストに対抗する改革として提案された「スモール・スクール」である。それは、テストに代わり、学校独自の評価基準として「真正の評価」を導入し、「学習コミュニティの新しいモデル」を模索するものだという。（黒田友紀「民主的なコミュニティとしての学校」第一〇一回公共哲学京都フォーラム「公共世界としての学校」神戸ポートピアホテル、二〇一一年三月。）

(17) マイヤー、デボラ『学校を変える力——イースト・ハーレムの小さな挑戦』前掲書、一三二—一五二頁。

(18) 北野秋男『日米のテスト戦略——ハイステイクス・テスト導入の経緯と実態』風間書房、二〇一一年、三四—三五頁。

(19) 一方で、「チルドレン・ファースト」による改革が、さまざまな組織の参入を通じたスモール・スクールの創設を促したことにも注意する必要がある。二〇〇二年から二〇〇八年にかけて、二五校の総合制高校が閉校になったのに対し、二〇七校のスモール・スクールが新たに設立されている。（後藤武俊「中間組織による草の根の教育改革支援——ニューヨーク市のスモール・スクール運動を事例に」北野秋男・吉良直・大桃敏行編『アメリカ教育改革の最前線——頂点への競争』学術出版会、二〇一二年、二二四頁。）

(20) "Teachers Agree to Bonus Pay Tied to Scored," *The New York Times*, October 18, 2007.

(21) "City to Toughen Auditing of School Test Scores," *The New York Times*, February 18, 2011.

(22) Meier, Deborah, *Will Standards Save Public Education?*, Boston: Beacon Press, 2000, pp. 12-13.

(23) Ravitch, Diane, "Did We Bridge Our Differences?," Bridging Differences, Education Week's Blogs, November 2, 2010.

(24) Ravitch, Diane, *The Death and Life of the Great American School System: How Testing and Choice Are Undermining Education*, New York: Basic Books, 2010, pp. 15-30.

(25) ニューヨーク市民的自由連合「生徒の尊厳が尊重される学校安全——学校の過剰警察化への代替的施策」『大東文化大学紀要　社会科学』船木正文訳、第五〇号、二〇一二年、一六六頁。

(26) ヴァカン、ロイック『貧困という監獄——グローバル化と刑罰国家の到来』森千香子・菊池恵介訳、新曜社、二〇〇八年。

(27) 船木正文「学校暴力と厳罰主義——アメリカのゼロ・トレランスの批判的考察」『大東文化大学紀要　社会科学』第四一号、二〇〇三年、一五五—一七〇頁。

(28) Schoonover, Brian, *Zero Tolerance Discipline Policies, The History, Implementation, and Controversy of Zero Tolerance Policies in Student Codes of Conduct*, New York, Bloomington: iUniverse, 2009. 船木正文「アメリカにおける学校の警察化と法執

行としての教育」愛敬浩二・水島朝穂・諸根貞夫編『現代立憲主義の認識と実践――浦田賢治先生古希記念論文集』日本評論社、二〇〇五年、一七三―一九一頁。

(29) Schlafly, Phyllis, "Zero Tolerance or Zero Common Sense?" Phyllis Schlafly April 23, 2003 column.

(30) 船木正文「ゼロ・トレランスは生徒の問題行動の抑制と規範意識の向上をもたらすか」『高校生活指導』一九二号、全国高校生活指導研究協議会、二〇一二年三月、八二頁。

(31) "It's Time to End Zero Tolerance in Schools: A Call to Action," *The Atlantic Philanthropies*, April 18, 2011.

(32) ニューヨーク市民的自由連合「生徒の尊厳が尊重される学校安全――学校の過剰警察化への代替的施策」前掲論文、一六五―一八二頁。

(33) マイヤー、デボラ『学校を変える力――イースト・ハーレムの小さな挑戦』前掲書、一九四―二五二頁。

(34) マイヤー、デボラ・シュワルツ、ポール「セントラル・パーク・イースト中等学校――困難なのは実現することだ」前掲論文、二一―九頁。

(35) マイヤー、デボラ『学校を変える力――イースト・ハーレムの小さな挑戦』前掲書、二〇〇頁。

第Ⅲ部　新たな民主主義と教育の時代へ

第6章　教育・学習・学校のイノベーション

――産業主義社会を超えて

1　ポスト産業主義時代の学習活動の生成

二一世紀を迎えた今日のポスト産業主義社会において、先進諸国の学校では、革新的で創造的な学習を生みだす活動が拡がっている。グローバル化、知識基盤社会化、高度情報化、多文化社会化などに対応して、学校では、従来の知識の伝達と獲得に偏重した教室から、探究し協同しあうコミュニティを創出する新しい学びへの転換が生じている。このことは、確定的な文化の伝達と再生産にもとづく旧来の知識注入型の教育に代わって、文化の創造と再創造の観点から、学習活動をとらえなおすことを意味している。カリキュラムの観念は、既存の制度化された教科の領域や内容、授業計画として、教室の実践の外側から規定されるよりも、一つひとつの教室の学びの実践において生起し、教師と子どもたちの手探りと手作りの活動によって協同的で生成的に実現するものとして認識することが強調されてきている。学校は、確定された既存の文化を伝達し獲得することに終始するのではない。新しい文化が絶えず創造され、多様な知識や情報が交流し共有されることによって、質の高い学びへの参加が誘われる公共的な空間として、学校を再構築する試みが探索されているのである。

　こうした動向に伴い、日本でも、それぞれの学校や教室の特色を生かした新しい学習活動を支援する動きが活発化した。一九八九年の小学校学習指導要領の改訂において、小学校低学年の教科として実施への基礎が築かれた「生活科」や、一九九八年の改訂により小学校、中学校、高等学校で導入された「総合的な学習の時間」など、子どもたちの活動的で探究的な学びを推進するカリキュラム改革の動きが拡大した。たとえば、「総合的な学習の時間」の目標は、（1）自ら課題を見付け学び考え主体的に判断し、よりよく問題を解決する能力を育てること、（2）学び方やものの考え方を身に付け、問題の解決や探究活動に主体的、創造的に取り組む態度を育て、自己の生き方を考えることができるようにすること、（3）各教科、道徳、特別活動で身に付けた知識や技能を相互に関連付け、学習や生活に生かし、総合的に働くようにすることにあると説明され、各学校が目標と内容を定めることによって、国際理解、情報、環境、福祉、健康などの主題について、既存の教科の枠組みを超えて学習をおこなうことが推奨された。そこでは、子どもたちの経験や活動にもとづいて、横断的で総合的な学習を実施することが目指されている。[1]

　また、二〇〇八年に改訂された学習指導要領は、「知識基盤社会」のなかで「『生きる力』をはぐくむという理念」がますます必要とされると指摘した。そして、改訂の内容について、「ＯＥＣＤが知識基盤社会に必要な能力として定義した『主要能力（キー・コンピテンシー）を先取りした考え方』だという見解を示した。「キー・コンピテンシー」とは、ＯＥＣＤのＤｅＳｅＣｏによって「国際的な標準学力」として提唱されたものであり、学力を「自律的に行動すること」「社会的に異質な集団で交流すること」「社会・文化的、技術的ツールを相互作用的に活用する能力」の三つに分類するところに特徴がある。[2]そうした状況を反映して、日本の学校においても、活用型の学力や発展的な思考、情報編集力、対人的なコミュニケーション力の育成が強調される傾向にある。「学力」として、①基礎的・基本的な知識・技能の習得（「習得」）、②知識・技能を活用して課題を解決するために必要な思考力・判断力・表現力等（「活用」）、③学習意欲（「意欲」）が掲げられた(3)。

このような活動と経験にもとづく学びを推進し、学校の変革を導く観点から、近年、脚光を浴びている理論として、デューイのプラグマティズムと、文化歴史的活動理論がある。デューイのカリキュラム構想は、彼がシカゴ大学に着任して創設した実験学校において表現されている。一方の文化歴史的活動理論の系譜は、ソビエト心理学の文化歴史学派に位置するヴィゴツキー（Lev Vygotsky）によって創始され、今日では、ヘルシンキ大学のエンゲストローム（Yryö Engeström）やバース大学のダニエルズ（Harry Daniels）、カリフォルニア大学サンディエゴ校のコール（Michael Cole）らによって活発に研究が開拓され、世界的に高く評価されているものである。デューイとヴィゴツキーは、同時代に生きて幅広く活躍したものの、両者の間に直接的な交流や論争は確認できない。だが、今日、プラグマティズム・ルネサンスに伴うデューイ再評価の動向と、文化歴史的活動理論によるヴィゴツキー再評価の動きは、共通した教育のヴィジョンを指し示している。それは、ポスト産業主義時代の学習活動をひらき、近未来の教育のイノベーションを導くうえで、ますます重要性を増してきている。

2　文化歴史的活動理論の学習論

（1）文化歴史的活動理論の展開

今日のますます多様化し複雑化する社会状況において、人間の創造的で探究的な社会実践を生みだしていく新しい活動のモデルとして、文化歴史的活動理論が注目されている。文化歴史的活動理論は、人間の活動を個人によって遂行されるものとして理解するよりも、歴史的で社会的で文化的なものとして解釈する点において、また、既存の制度化されたシステムやカプセル化された学習を推進するのではなく、社会変革的で文化創造的な学習システムを探索する点において、さらには、個々の学問領域や制度の系統的で個別的な組織化に依拠して研究に着手するよりも、政治学、社会学、心理学、教育学、文学などの総合的で領域横断的な研究に着目し、国際規模の成果へと発展させようとする点において、新しい研究領域を開拓し、学問パラダイムの刷新をおこなうことを意図するものである。

文化歴史的活動理論の端緒は、ヴィゴツキー、A・N・レオンチェフ（Alexei N. Leont'ev）、ルリア（Alexander Luria）ら一九二〇年代から三〇年代にかけてのソビエト心理学の研究に求めることができる。エンゲストロームは、『拡張による学習――活動理論からのアプローチ』（一九八七年）で、文化歴史的活動理論の成立と発展史を三つの世代に区分して論じている。第一世代に相当するのは、ヴィゴツキーを中心とする世代であり、彼の「複合的な、媒介された行為（mediated act）」に具体化されるように、「媒介（mediation）」の概念を提出した。「主体（subject）」は行為の「対象（object）」から切り離されているのではなく、「主体」と「対象」と、それらを「媒介するアーティファクト（mediating artifact）」は「三つ組み」のものとして理解されている。

そこでは、「主体」と「対象」との二元論にみられる近代的認識論の裂け目に、主体が対象に向けて行為する際に用いる文化的手段として、「文化的アーティファクト」の概念が導入されることになる。これによって、「個人」と「文化―歴史的な社会の構造」との間の橋渡しがおこなわれ、両者の対立を克服することが試みられた。人間の行為は、個人が環境に対して直接的に反応するのではない。まして、人間の行為の外側に対象が位置づけられているのでもない。人間と対象との間は、「文化」という「道具」に媒介されているのであり、行為における「対象志向性」によって仲立ちされているのである。エンゲストロームによれば、「対象は文化的実在であり、行為がもつ対象志向性が人間の心理を理解する鍵になる」という(4)。ダニエルズは、コールの研究(5)を紹介して、ヴィゴツキーに発する文化歴史的アプローチの

「媒介」概念をつぎのように表現している。

●それは文脈の中で媒介された行為を強調する。
●それは、分析の歴史的・個体発生的・微視発生的レヴェルを含み広範囲に理解される「発生的方法」の重要性を主張する。
●それは日常生活の出来事に基礎づけられた分析を求める。
●それは、精神が人々の媒介された共同的な活動の中で立ち現れると仮定する。重要なのはその理由から、精神は「共同構成され、分散されている」ということである。
●それは、原因―結果、刺激―反応、説明科学を拒否する。それは、活動の中で出現する精神性を強調し、説明のフレームワークにおいては、解釈が中心的な役割を果たすことを承認する科学を支持する。
●それは社会科学や生物科学と同様、人文学から方法論を引きだす(6)。

ダニエルズによれば、ヴィゴツキー学派が提起する「媒介」の概念は、「非決定論的な説明を発展させる」ものである。「媒介物」は、「諸個人が行為する手段の役割を果たし、またそれらは社会的・文化的・歴史的な諸要因によって働きかけられる」ものである(7)。その概念は、主体と客体との二元論を退けることを通して、決定論的、還元論的な世界観を拒否する。このことは、一方の主観主義的（個人主義的）な研究と、他方の客観主義的（環境主義的）な研究との間の分裂を結びつけ媒介することを意味している。

A・N・レオンチェフの息子のA・A・レオンチェフ（A. A. Leont'ev）は、『ヴィゴツキーの生涯』（一九九〇年）で、文化歴史理論の出発点を雑誌『児童学』（一九二八年）に掲載されたヴィゴツキーの論文「子どもの文化的発達の問題」に求めている。そして、A・N・レオンチェフに贈呈された抜き刷りに記されている「歴史的な証明書として、著者から親愛なるアレクセイ・ニコラエヴィチ・レオンチェフへ」という、文字通り「『歴史的』なもの」に注目させるひと言に触れながら、ヴィゴツキーが「内的な心理過程」を理解するために、「道具的」「文化的」「歴史的」と呼ぶ理論を構築したと解釈する。それは、「心理発達」のメカニズムとして、「外的行為」が「心内的な知的行為」に転換する「内化」を示すものである。A・A・レオンチェフはまた、ヴィゴツキーが「文化的発達」と「自然的な行動発達能力」が切り離せないものだと論じ、人類が歴史的に作りあげた言語、記号、文字、計算システムといった「文化」が子どもの「自然的な行動発達能力」を度外視して「新しい発達」を生みだすことはないが、「目的」に応じて「自然を変化させる」と解釈したことを評価している。⑧

ところで、エンゲストロームは、第一世代の仕事の限界についても指摘する。それは、第一世代が分析単位を「個人」に限定していた点である。そして、この課題は、A・N・レオンチェフと彼に強く影響を受けた第二世代の研究者によって克服されたと解釈する。⑨エンゲストロームによれば、第二世代の貢献は、「集団的活動（collective activity）」の概念を導きいれたことにある。彼は、A・N・レオンチェフが歴史的に発展してきた「分業」によって「個人的行為」と「集団的活動」との間に「決定的な分化」が生じたことを、「原始時代の集団狩猟」の例を用いて論じたことに注意を向けている。すなわち、狩猟をおこなう際の人間の活動は、孤立した個人的行為として成立するのではなく、狩猟に携わる者たちが相互に共有している集団的なレベルで構成されている。レオンチェフは、最高段階の「集団的活動」が、対象に関係づけられた「動機（motive）」によって方向性を与えられると主張する。⑩

だが、エンゲストロームは、第二世代の限界をつぎのように指摘する。それは、彼らがヴィゴツキーのモデルを「集団的活動システムのモデル」へと拡張することがなかったことである。エンゲストロームは、第二世代が伝統の相違や文化的多様性について充分に考察しなかったというコールの指摘を紹介して、活動理論の第三世代が取りくむべき課題を以下のように記している。⑪

活動理論の第三世代に必要なのは、対話、多様なものの見方の枠組みや声、そして相互作用する活動システムのネットワークを理解できる概念的ツールを開発することである[12]。こうした研究のなかで基礎となるモデルは、少なくとも二つの活動システムの相互作用を含むものに拡張されねばならない。

コールは、一九六〇年代にソビエトへ留学してルリアのもとで学び、そこで、ヴィゴツキーの理論や中央アジアにおける比較文化的研究に従事したアメリカの研究者である。帰国後、彼は、ヴィゴツキーの著書の紹介や編集をおこなうことを通して、一九八〇年代以降のアメリカや西側諸国におけるヴィゴツキー再評価の動向を導くことに貢献した。彼は、ヴィゴツキー学派の理論とアメリカにおける文化人類学的な手法の両方を援用しながら、読み書きを中心とする人間の認識の発達と学校での学習との関連を調査した[13]。とくに、アメリカやメキシコでの比較調査から、従来のヴィゴツキー学派に対し、多様な文化間の「対話」や「活動システムのネットワーク」に着目する視点を開拓した。

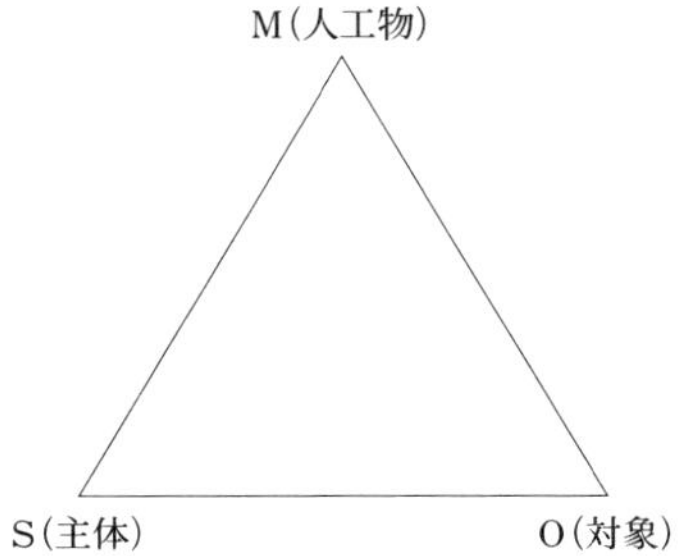

図1　基礎的媒介三角形

理論面において、コールは、伝統的なヴィゴツキー学派の考え方に修正を加えている。それは、「文化」の概念をより前面に位置づけることであり、従来のヴィゴツキー学派において熟成されてきた「道具による媒介」の概念を、「人工物による媒介」の概念へと置き換えることである。彼は、ヴィゴツキーにおいて、「主体」「道具」「対象」の三角形であらわされていた「媒介」の構図を、「主体」「人工物」「対象」という形で修正している（図1）。コールによれば、「主体と対象とが単に『直接的』に結びつけられているだけでなく、同時に、人工物（文化）からなる媒介物を通して間接的にも結びついている」と主張されている。[14] そのうえで、「人工物」の概念を、ヴァルトフスキー（Marx Wartofsky）の研究[15]を引きあいに出して説明している。すなわち、「（道具と言語を含めて）人工物を『人間の欲求や意図を対象化したもので、認知的、情動的内容がすでに備わっているもの』」と理解することであり、そのなかには、斧やこん棒、針、食べ物を入れる容器、ことば、筆記道具、遠隔通信のネットワークなどの「生産に直接用いられる第一次的人工物」、レシピ、信念、規範、憲法などの「行為や信念の諸相を保存し伝達する」ものとしての「第二次人工物」、規則や慣習が直接的な実用性をもつことのない「想像上の世界」における「第三次の人工物」が入りこむとされている。[16]

コールによれば、「文化」はつぎのように解釈されている。


1人工物は、文化の基礎的な構成要素である。

2人工物は、同時に、観念的であり物質的である。人工物は、人間と世界、そして互いを調整するが、道具とシンボルの特性を結びつけるようなやり方で調整する。

3人工物は、文化の要素として孤立したかたちでは存在しない。むしろそれは、文化的モデルや特別に構成された「別の世界」を含む諸水準の階層として理解される。

4ここで展開した人工物の概念と、文化的モデル、スクリプト等の概念との間には密接な類似性がある。この類似性を活用するためには、スキーマとスクリプトを、媒介過程において二重の現実をもつものと理解することが必要である。

5人工物とそのシステムは、状況、文脈、活動等とさまざまに言われる「何か他のもの」と結びついてのみ、そのようなものとして存在する。

6媒介活動は多方向的な結果をもつ。つまりそれは、主体と他の人間との関係を変容し、さらに、全体としての状況にたいする主体／他者の結びつき、そして、自己が他者と相互作用する媒介物を同時に変容する。

7文化的媒介は、先行諸世代の活動が人間に特殊な環境の一部として現在に積み重ねられているという発達的変化の様態を含意している。この形式の発達は、ひるがえって、人間の発達において、社会的世界が特別の重要性をもっていることを意味する。というのは、他の人間だけが、そのような発達が生じるために必要な特別の条件をつくりだせるからである。[17]

エンゲストロームが述べたように、文化歴史的活動理論は、主に三つの世代にわたって展開されてきた。第三世代が理論構築をおこなう「対話」「文化」「活動システムのネットワーク」をめぐるテーマは、このような歴史的背景から派生している。

（2）活動にもとづく学習と発達

活動の概念について、エンゲストロームは、マルクス（Karl Heinrich Marx）の『フォイエルバッハのテーゼ[18]』（一八四五年）から、以下の文章を引用して論じている。

これまでの唯物論（……）にみられる主要な欠陥は、事物（Gegenstand）、現実、感性が、ただ客体または直感という形式でのみとらえられていて、感覚的・人間的な活動・実践として、つまり主体的にとらえられていない、ということである。そのために、活動的側面は、唯物論とは対立しつつ、観念論によって抽象的に展開される。もちろん、観念論は現実的・感覚的な活動をそういうものとして認識しないにもかかわらず。（……）

環境の変化と教育に関する唯物論的な学説が忘れているのは、環境が人間によって変えられるし、教育者自身が教育されねばならない、ということである。それゆえに、この学説は、社会を二つの部分に――そのうちの一方が他方に超越しているものとして――分けざるをえない。

> 環境の変化と人間的な活動または自己変化との合致は、ただ変革的な実践としてだけとらえることができ、合理的に理解することができる。[19]

「環境が人間によって変えられる」という有名なテーゼは、「環境の変化」と「人間的な活動」の「合致」を通して「変革的な実践」を導くことを含意している。「活動」は、「環境」と「人間」の「対立」によってではなく、社会変革的な実践を創造する概念として提示されている。

エンゲストロームは、人間の歴史的で社会的で文化的な活動を「集団的活動システム」としてモデル化する。彼は、ヴィゴツキーの「主体」「道具」「対象」の三角形の基底に、「ルール」「コミュニティ」「分業」という三つの要素を加えている（図2）。この三つは、ヴィゴツキーの「発達」と「学習」の理論のインフラストラクチャーを形成するものである。「主体」と「対象」が「道具」に媒介されて行為が遂行されるとき、その基盤に「ルール」「コミュニティ」「分業」が存在する。これによって、エンゲストロームは、人間の「発達」や「学習」が、個人において成就されるのではなく、社会的で文化的で歴史的なものとして遂行されることに光を照らし、「活動の全体構造」の「再構成」を試みるのである。[20]

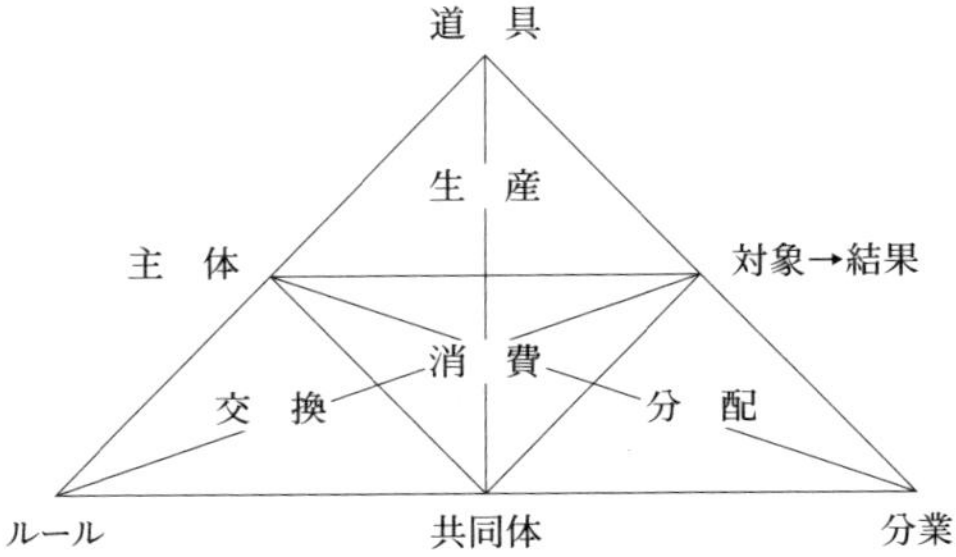

図2　人間の活動の構造

エンゲストロームは、ヴィゴツキーの「最近接発達領域（Zone of proximal development）」の理論に言及して、人間の「発達」についての概念を再構成する。彼は、個別的な問題解決において決定された「現実の発達水準」と、大人の指導や有能な仲間との協同による問題解決を通して決定される「潜在的な発達水準」との間にある「距離」として知られるこの理論が「個人的発達」と「社会的発達」の関係の「根本的な問題」を提起するという。そして、「発達」を、「個人がその発達の過程において、ある活動から別の活動へと移行する」ものと考えるのではなく、「社会システムとしての活動それ自体がたえず発達し変化」するものとして再解釈する。「人間の発達」というのは、「個人としての新しい活動」ではなく、「新しい社会的活動システムの生産」を意味している。「発達」や「学習」を促すのは、日常的行為において生成される「社会的活動システム」の「ダブルバインドの解決」にあるとされている。[21]

最近接発達領域の暫定的な定式化が、今や可能である。最近接発達領域とは、個人の現在の日常的行為と、社会的活動の新しい形態――それは日常的行為のなかに潜在的に埋め込まれているダブルバインドの解決として集団的に生成されうる――との間の距離である。[22]

エンゲストロームは、学校教育における「ダブルバインド」について、レイブ（Jean Lave）の研究から引用して、つぎのように論じている。

スーパーマーケットにおける問題解決と、学校教育の算数における問題解決とのあいだには非連続があると思われる。学校における問題は、あらかじめ学習を引き出すように計画されており、準備された入力データを使って手順を示すように企図されている。学校の授業は、多くの生徒たちにとって、難しく失敗に満ちている。一方、驚くべき成果をあげる計算活動が、学校を離れた状況のなかで行われている。（……）成人数学のプロジェクトのすべての参加者たちが、日常生活における計算実践についてよく知らなかった。彼らは、いわゆる「本当の数学」――学校で教えられた数学――をしていないことを恥じた。同じ彼らが、

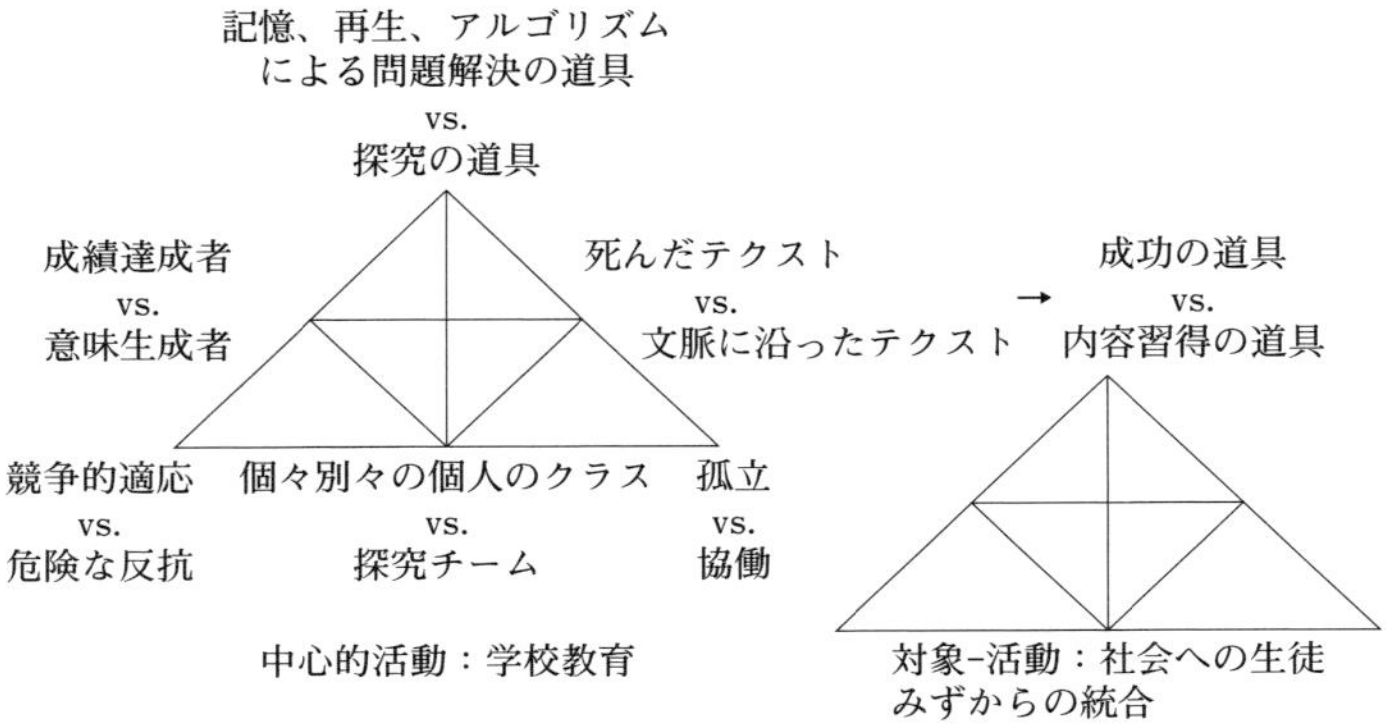

図3　学校教育の活動における第一の矛盾

台所やスーパーマーケットでは驚くほど計算の才を発揮するのを目の当たりにしたとき、このことはとりわけ興味深い。[23]

伝統的な学校教育においては、「対象」と「道具」との間に「奇妙な『逆転』」が生じるというのが、エンゲストロームの主張である。すなわち、「テクスト」は、社会実践的な活動においては「一般的な第二の道具」であるのに対して、学校教育では「テクストが対象そのものとなる」のである。子どもたちの「活動」は、新しい実践活動を導いていくためのものというよりも、その「活動の結果」は、「話しことばや書きことばによる再生かその変形版」として型取りされるものとなる。学校教育において、「テクスト」は、二重の意味を付与されることになる。つまり、一方では、「よい成績」を取得し、「労働市場における生徒の将来の価値を決定する『成功のしるし』」を得るための「死んだ対象」となると同時に、他方では、「学校の外の社会に対する自分自身のあり方を打ち立てるための生きた道具」となり、「潜在的な使用価値」をもつものとなるのである。エンゲストロームは、このような学校教育の活動を「矛盾」という角度から考察し、「第一の矛盾」を図3のようにあらわしている。[24]

高度な学習が遂行されるのは、学校教育が「内的矛盾」を含みつつ、新しいタイプの活動へと拡張していくかどうかにかかっている。「矛盾」は、学習活動の「推進力」ともなる。それは、学校教育の「組織された学習の専売特許」ではなく、さまざまな分野で、「生産的実践」としての「労働活動」と、「科学的研究活動と芸術的創造活動」とを媒介しながら、新たな活動を創造し拡張していくものとなる。それはまた、閉じた学校空間から協同的で社会実践的な学習へと再定位することを含意している。エンゲストロームは、生徒が「社会的生産へ直接参加する度合いが強くなればなるほど、学校の『（みずからを）維持する力』は危機にさらされ」、学校教育は「新しい質的次元の危機」に直面するが、そこから「学校における学習活動へのブレークスルー」を引きおこすことに期待を表明している。[25]

エンゲストロームはまた、マーク・トウェイン（Mark Twain）の『ハックルベリー・フィンの冒険』（一八八五年）を引きあいに出して分析する。この小説の最初におけるハックの活動は、「放浪生活」によって特徴づけられる。すなわち、冒険を好む中流階級の少年トム・ソーヤーとの交流を希求する一方で、貧しく虐げられた黒人奴隷のジムとの交わりを求める「放浪生活」として紹介されている。ハックは、自分が死んだことを装って父親のもとから逃げだし、中流階級として家庭生活を送る選択肢をみずから捨ててしまう。エンゲストロームは、ハックがミシシッピ川の島で逃亡奴隷のジムに出くわしともに生活する過程で遭遇するさまざまな「矛盾」や「ダブルバインド状況」について考察を加えている。

エンゲストロームは、「活動」について、「古い形態と新しい形態、退行的形態と拡張的形態が、社会のなかに同時に存在する」と述べる。子どもたちにおいては、「再生産的、反復的な」仕方で遊ぶことがある一方で、「遊びの新しい形態と構造、遊び活動のための新しいツールとモデルを、発明し構成する」。ハックルベリー・フィンの物語において、最初に経験される「矛盾」は、「個人的な放浪者の私的自由」と、中流階級的な意味で「放浪者の直接の文化的文脈を支配する公的不自由」との間に存在すると分析されている。

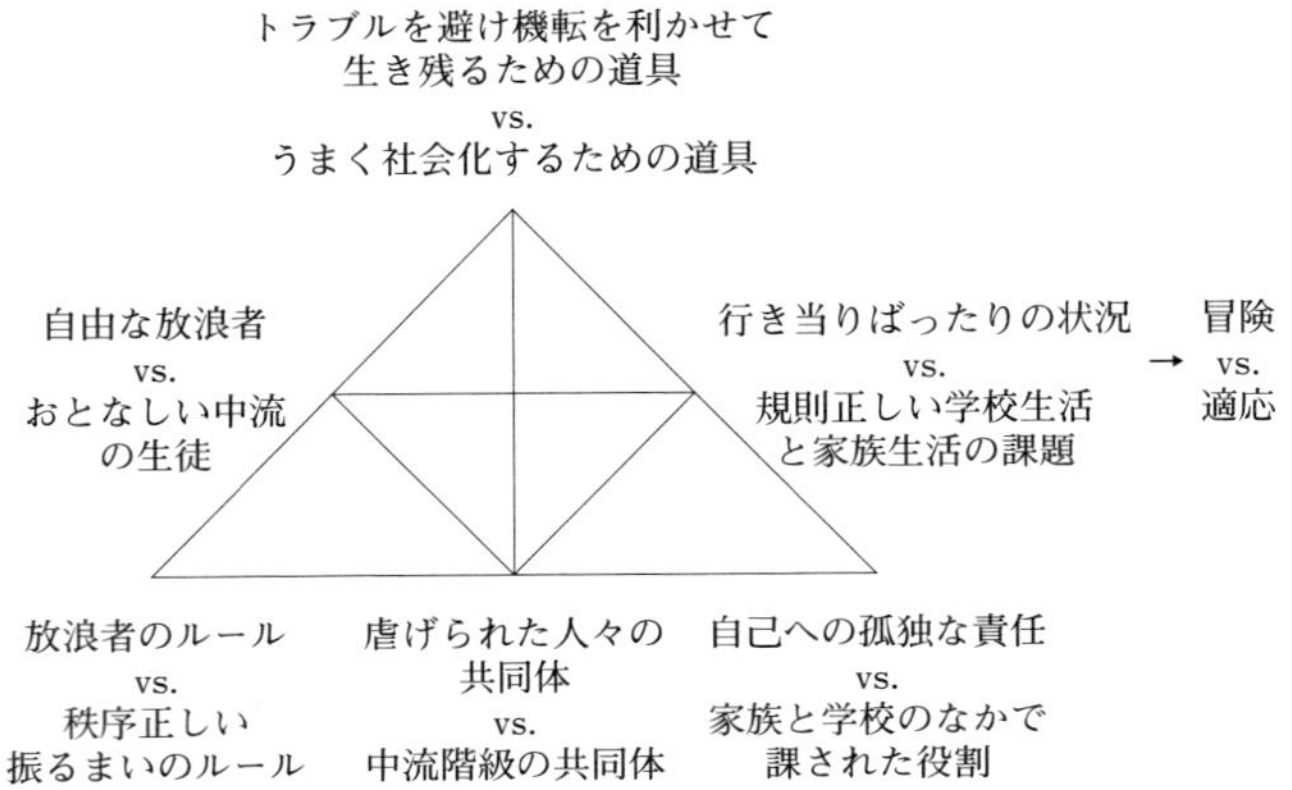

図4　ハックルベリー・フィンの生活活動の第一の矛盾

文化歴史的活動理論のモデルにしたがえば、「第一の矛盾」は、図4のようにあらわされる。「主体」は「自由な放浪者」対「おとなしい中流の生徒」として、「対象」は「行き当りばったりの状況」対「規則正しい学校生活と家庭生活の課題」として、「道具」は「トラブルを避け機転を利かせて生き残るための道具」対「うまく社会化するための道具」として、また、基底部分に位置する「ルール」については、「放浪者」対「秩序の正しい振る舞い」として、「コミュニティ」は「虐げられた人々」対「中流階級」として、「分業」は「自己への孤独な責任」対「家庭と学校のなかで課された役割」として表現される。ここでの「矛盾」は、「冒険」対「適応」という次元で理解されるものである[26]。

さらに、エンゲストロームは、「第二の矛盾」についても考察を進める。ハックとジムが、昼間は隠れて過ごし、夜は筏で川を下りながらの逃亡生活を送る場面を取りあげる。旅の途中で、殺人者や泥棒や詐欺師らと遭遇したのち、ようやく奴隷制のない自由州に辿り着くところまで来たとき、ハックは、はじめて自分がひとりなのではなく、自分とジムとが「二人三脚」なのだという「質的に新しい主体」を自覚する。エンゲストロームは、この場面において、「第二の矛盾の段階」に入ったとみなしている。それは、「古い活動をかき乱し、隠れた内的矛盾」を深刻なものに変え、「活動システムのな

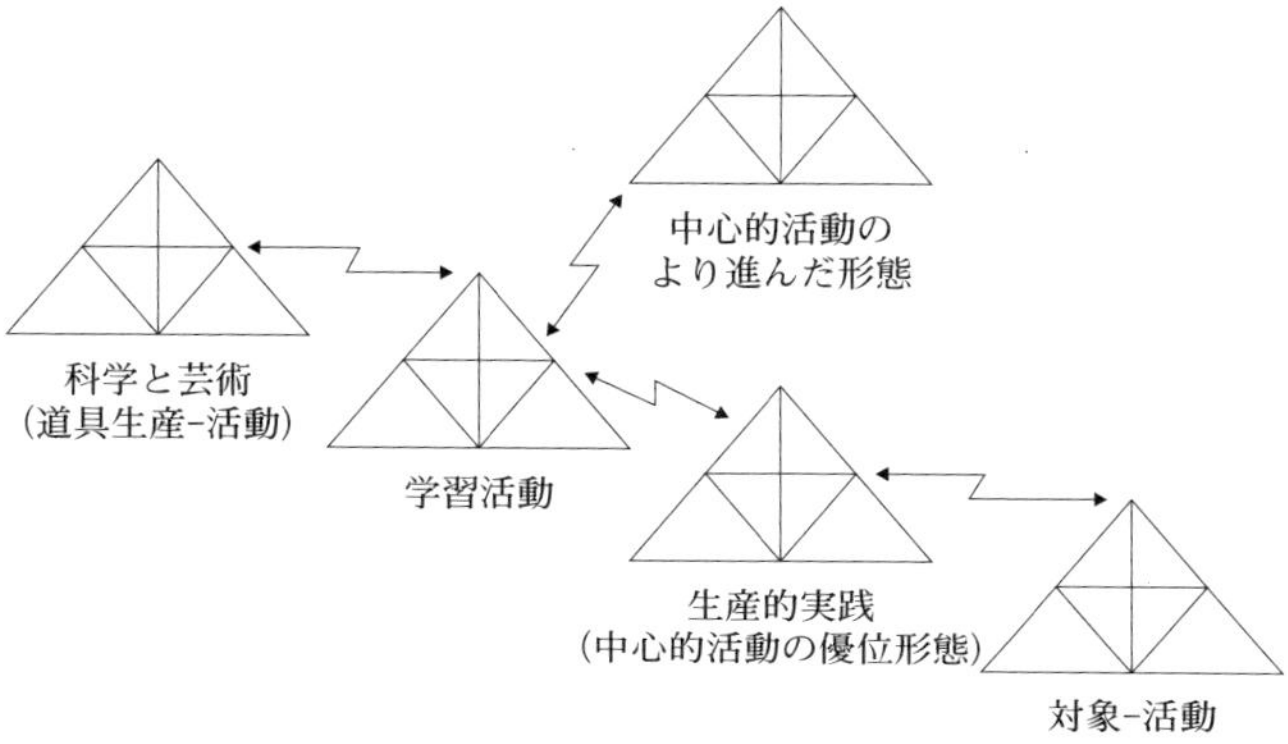

図5　人間の諸活動のネットワークにおける学習活動の位置

かにもちこまれた新しい要素とその古い要素」との「矛盾」が立ちあらわれる場面である。ここでは、「新しい協同的な主体という要素」が、『他人のトラブルに巻き込まれるな』という回避」の「古い道具」と対立することになる（表1）。エンゲストロームは、『ハックルベリー・フィンの冒険』の物語について、「あたかもこの著者が最近接発達領域の概念をもっていたかのように思われるのである」と述べている(27)。

エンゲストロームは、「学習活動の構造」を、つぎのように要約している。

1人間の学習は、他のさまざまな活動、系統発生的には、特に労働のなかに埋め込まれた学習操作と学習行為とから生まれた。

2学習活動は、固有の対象とシステム構造をもつ。この活動が成立するために必要な条件は、現在もなお、より早期の活動タイプ――学校教育、労働、科学・芸術――の内部で発展している。人間の活動ネットワークのなかで、学習活動は、一方に科学・芸術活動、他方に労働活動あるいは他の中心的な生産的実践のあいだを媒介する（図5）。

3学習活動の本質は、当該の活動の先行形態のなかに潜在している内的矛盾を露呈しているいくつかの行為から、客観的かつ文化―歴史的に社会的な新しい活動の構造（新しい対象、新しい道具、などを含む）を生産することである。学習活動とは、いくつかの行為群からひとつの新たな活動への拡張を習得することである。伝統的な学校教育は、本質的には主体を生産する活動であり、伝統的な科学

の最近接発達領域の継起的構造

『ハックルベリー・フィン』の内容
社会的放浪主義：個人の私的な自由 vs. 公的な不自由の文化規範
新しい主体の出現（ハックとジム）vs. 古い道具（回避モデル：「他人のことに頭を突っこむな」）
スプリングボード：嘘 新たな対象：共同の自由 新たな一般的モデル：「さしあたって手近にあることは何でもやる」（この新しいモデルの内的矛盾としてのブルジョア的実用主義 vs. ラディカルな道徳的アナーキズム）
奴隷的放浪主義（二人のペテン師に代表される）vs. ブルジョア・リベラル的な行為は古い活動形態によってかき乱されるが，また（それが予想以上のものを生み出すときには）創造された新しい活動の前兆的行為によってもかき乱される．

は、本質的には道具を生産する活動であるのに対して、学習活動は、学習を生産する活動である[28]。

ここで、「学習活動」が「主体」や「道具」を「生産する活動」にかかわるのではなく、「学習を生産する活動」として定義されていることが重要である。エンゲストロームによれば、「学習活動の対象」は「きわめて多岐にわたり複雑な様相を呈している社会的な生産的実践、あるいは社会的な生活世界（life-world）である」。それは、「歴史的により進化した形態」や「以前の形態ですでに乗り越えられた形態」のなかにも存在している。「学習」は、つねに「社会的な生産的実践」であり、「生活世界」に根ざした「活動システム」の創出を導くものとなる[29]。

（3）活動システムの越境・ネットワーク・協同

エンゲストロームに代表される文化歴史的活動理論の第三世代は、複数の「活動システム」の間で構築される「越境」「ネットワーク」「対話」のプロセスに照準を合わせて論じている。これによって、複数の異なる「活動システム」の対話と協同を通した変革的な社会実践を擁護するのである。山住勝広によれば、第三世代の活動理論は、

表1　『ハックルベリー・フィン』

矛　盾	段　階
古い活動の構成要素内部の第一矛盾	欲求状態
古い活動の構成要素間の第二の矛盾	ダブルバインド
	対象／動機の構成
これまでの活動と与えられた新しい活動／動機とのあいだの（理解されただけの動機と実行性のある動機とのあいだの）第三の矛盾	適用，一般化：与えられた新しい活動の構成要素である諸行為
新しい活動と隣接する諸活動とのあいだの第四の矛盾	活動2：反省，強化

「単一の活動システム」を対象とするのではなく、「相互に作用し合う複数の活動システムのあいだのネットワーク、対話、そして多様で多元的な『声』（ものの見方や立場、生活様式）に対する理解」を目指すという。それは、「異なった多様な組織やコミュニティのあいだで促進される相互作用やネットワークや水平的運動、すなわち『越境』であり『結合』（connection）であり『翻訳』（translation）」である。活動理論の第一世代と第二世代が「歴史」や「発達」の「垂直次元」に着目したのに対して、第三世代は、「文化的多様性」「対話」「越境」などの「水平次元」に焦点を当て、「相互作用しネットワークする活動システム」について探究するという[30]。複数の異なる「活動システム」の「対話」と「ネットワーク」によって、異なるコミュニティの差異や文化的多様性を結び越境する新たな活動をデザインし、相互作用的な「ネットワーク」の構築を企図するのである。

趙衛国は、文化歴史的活動論を分析枠組みとして使用して、日本の高校における中国系ニューカマー（ＮＣ）の「異文化適応」と「文化的アイデンティティ形成」について明らかにしている。趙は、エスノグラフィーの手法を通して、ニューカマー高校生に占める割合が五割を超える中国人が、日本の高校でどのように「異文化適応」をおこない、「文化的アイデンティティ」を形成しているのかを考察している。とくに、活動理論アプローチが採用する「主体」「対象」「媒介する人工物」「ルール」「コミュニティ」「分業」の六つの視点に依拠して、「越境による中国系NC高校生の文化的活動システムの変化」を「中国の文化的活動システム」から「日本の文化的活動システム」への移行という角度から論じている。そして、（1）生徒の来日動機や性格特性、日本文化への受容態度などの「個人的要因」、来日後の生活と将来設計における「家庭的要因」、（2）「生徒と教師の相互作用の質の違い」、（3）生徒の情報を教師に伝達する「教員組織」などの問題が、「学校適応の分化現象」に影響を及ぼす「主要因」を構成していると解釈する。

趙は、日本に在住する中国系ニューカマーの高校生たちが集団内部で「多様な学校適応」を経験し、「多元的な文化アイデンティティ形成の過程」を辿っていることに着眼する。そして、文化歴史的活動理論をもとに、ニューカマーの生徒が「日本の学校の新たな学習活動形態」を創りだし、「日本の学校の制度やシステムを変革する契機」を与えるとともに、ニューカマーの生徒にとっては、日本の学校が「異文化適応環境」であり、それ自体が「学校システムに適応する側面」と「彼ら自身の心理的な文化変容の側面」をあわせもつことを指摘している。趙によれば、来日した中国系ニューカマー高校生は、来日前に中国社会で身につけた「価値観」と「行動様式」の再学習を要請され、「部分的、ないし全体的な否定」が引きおこされることで、「内的矛盾」が生じることになる。

このような「文化的アイデンティティ形成（変容）の活動システム」は、図6のようにあらわされる。「主体」は「来日前vs来日後の中国系NC高校生」、「対象」は「中国vs日本の学校文化・地域社会」、「媒介人工物」は「中国vs日本の教育システム（義務教育年齢）・教科書・学校言語使用・学校と学校観・教師の期待（視点）と指導様態・学歴と中途退学に関するイメージ・マスメディア・外国人観・移民政策等」、「ルール」は「中国vs日本の学校文化・日常生活の中で維持されているルール」、「コミュニティ」は「中国vs日本の教師・生徒、来日前vs来日後の家族、現実の生活近

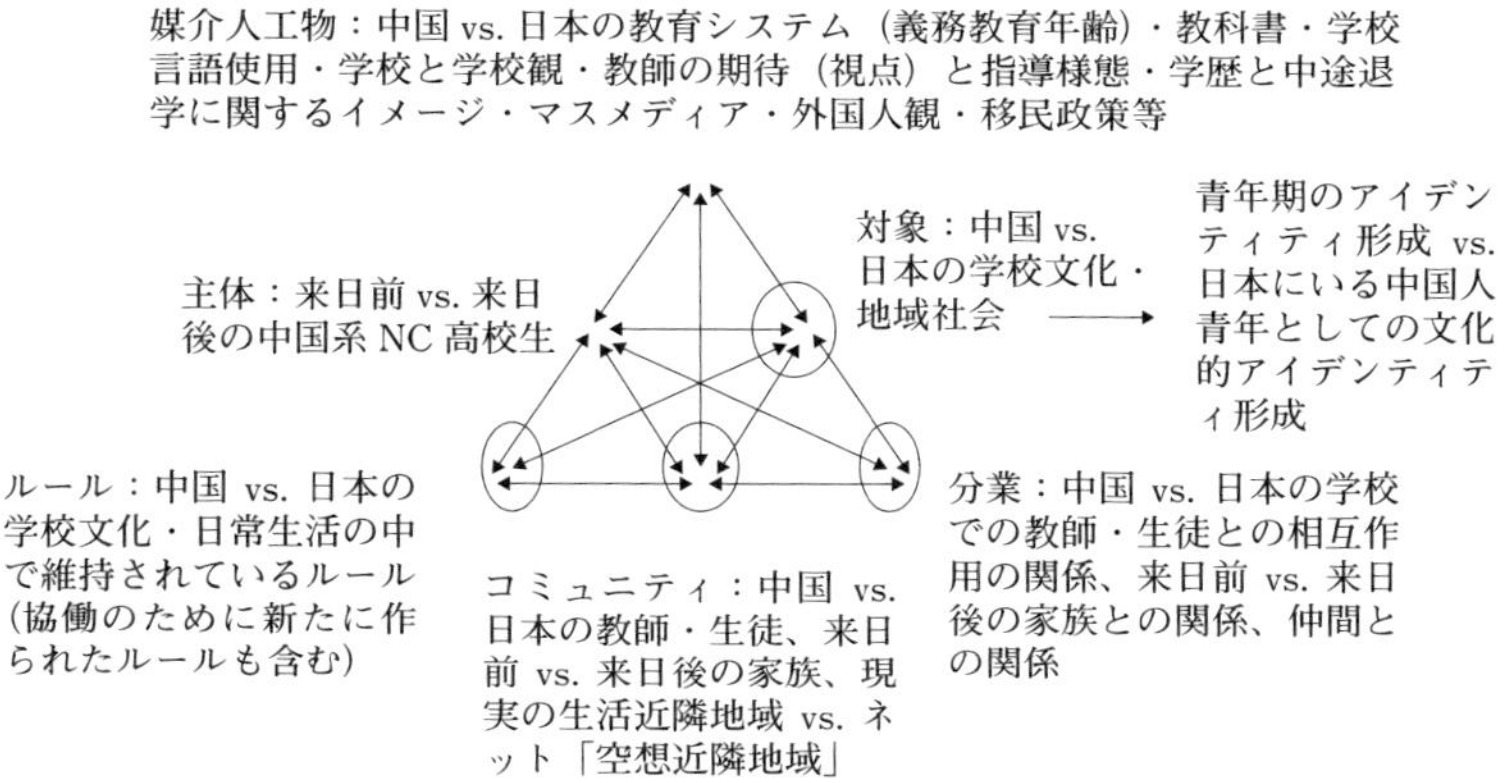

図6　中国系 NC 高校生の文化的アイデンティティ形成の活動システム

隣地域vsネット『空想近隣地域』」、「分業」は「中国vs日本の学校での教師・生徒との相互作用の関係、来日前vs来日後の家族との関係、仲間との関係」、「成果」は「青年期のアイデンティティ形成vs日本にいる中国人青年としての文化的アイデンティティ形成」として抽出されることになる。[31] 趙の研究は、中国と日本という、相互に作用する複数の異なる「文化的活動システム」の「越境」を論じ、中国系ニューカマー高校生の「多様な学校適応」と「多元的な文化的アイデンティティ形成」を見事に描きだしている。

文化歴史的活動理論が研究対象とするのは、学校での学習活動に限定されていない。現代の活動理論は、医療、科学、技術、企業、行政、情報、福祉、市民活動など、政治経済や人間の市民生活に関する多岐な活動を研究対象としている。たとえば、エンゲストロームらは、ヘルシンキのヘルスケアの事例から、医療現場にみられる医者と研究者と患者の「ケア・アグリーメント（care agreement）」について分析している。そのなかで取りあげられるのは、医療場面での「越境するラボラトリー（Boundary Crossing Laboratory）」の実践である。彼らによれば、伝統的な医療の「概念形成」は、専門家から患者への、あるいは「科学的概念」から「日常的概念」への「垂直的でトップダウンの過程」であり、それは、患者からみれば「本質的に争う余地のない権威主義的な概念」として提示されていたという。

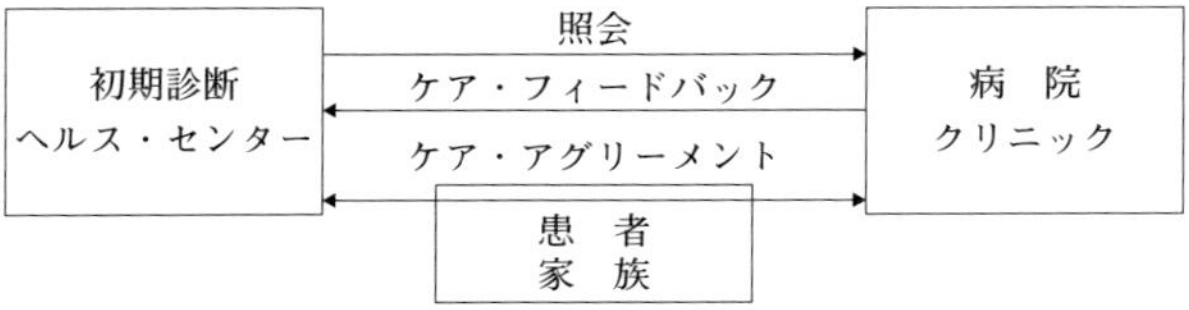

図7　先導的な実践者によりデザインされたケア・アグリーメントの実践の概念化の原型

エンゲストロームらは、ヴィゴツキーの『思考と言語』（一九三四年）が「革新的により相互作用的で創造的な概念形成の見方」を開拓したという。それは、「権威主義的概念」に代わって、「子どもたちの自発的な、あるいは日常的なボトムアップ式の概念発達」と「学校で教えられる科学的概念」との「創造的な出会い」を準備した点に求められる。エンゲストロームは、ヴィゴツキーのモデルが「科学的概念」と「日常的概念」の「中間の創造」を導いた点で、「互恵的」なものではあるが、「なおも垂直的」なものといえるかもしれないと指摘する。[32] 高木光太郎によれば、「生活的概念」は、やがて「科学的概念」へと発展し消滅するのではなく、「二つの異なった運動の方向をもつ単位」は、「接触し、互いを支えあう」ものである。すなわち、「言葉」のうえでの「理解」が「現実との関係」において把握されるとともに、「実際的な行為として現実との関係のなかでのみ実現していたもの」が「言葉」によっても把握されるようになる。これによって、「二つのネットワークが逆方向へと運動し」、「二つのネットワークの接触面に新たな『波』が生まれる」のである。[33]

　では、ヘルシンキの「越境するラボラトリー」の「ケア・アグリーメント」の場合はどうか。エンゲストロームらによれば、「越境するラボラトリー」では、「協同的な議論、分析、モデル化、テスト」によって形成される「概念化」の過程を、ヘルス・センター、病院、クリニック、患者、家族との間で共有する「相互の結び付き」が重視されている。図7にみられるように、ここでは、「トップダウン」の「概念形成」ではなく、「協同的な概念形成」が提案されている。彼らは、一〇か月間にわたる「ケア・アグリーメント」の実践を分析して、「協同的な概念形成と概念使用」

が「別々の連続した段階」ではなく、「概念」が「それらを用いることによって構築され」、「概念の使用」がつねに「概念の構築」を含んでいることに注意を促している[34]。

エンゲストロームらは、「ケア・アグリーメント」の場面における「越境するラボラトリー」を、医者や研究者の具体的な会話を通して分析する。このラボラトリーの「越境」は、異なる「活動システムのネットワーク」の実践として位置づけられている。「ケア・アグリーメント」の実践において、ヘルス・センター、病院、患者は、それぞれの固有の「活動システム」を有している。「照会」や「フィードバック」は、歴史的で文化的で社会的な「活動」の相互作用を作りだし、新たな「対象」を生みだしていく。この「対象」によって、「活動」は、越境的で領域横断的な実践としての「アグリーメント」へと導かれるのである。このように、活動理論の第三世代が対象にするのは、二つ以上の複数の「活動システム」の間の「越境」「ネットワーク」「協同」であり、それを通じて創出される社会的な変革的実践である。

ダニエルズは、エンゲストロームによる文化歴史的活動理論の「五つの原理」を引用しながら[35]、それらが「活動理論の最新状態のマニフェストである」と論じている。第一の原理は、「他の活動システムとの関係のネットワークの中でみられる、集団的で人工物を媒介した対象志向的な活動システムが、分析の最初の単位」となることである。第二の原理は、「活動システムの多声性」であり、「多声性は、相互作用する活動システムのネットワークにおいて増加する」という。個々の「活動システム」は、「多様な展望・伝統・関心のコミュニティ」をもっている。参加者は、「それぞれの多様な歴史性」をもつと同時に、「活動システム自体がその人工物やツール、習慣に刻み込まれた歴史の多層性と見解を含んでいる。第三の原理は、「歴史性」であり、「時間の長さにともなって形作られ、転換する」ものである。「活動システム」は、「それ自体の歴史を背景としてのみ理解されうる」のである。第四の原理は、「変化と発達の起源たる矛盾の中心的な役割」である。「矛盾」は、「問題」や「葛藤」とは異なり、「活動システムのなかで、また活動システムの間で、歴史的に積み重ねられてきた構造的な緊張関係である」。第五の原理は、「活動システムにおける拡張的転換の可能性の宣言である」。「活動システムの矛盾」が増し、「疑問」や「確立された規範」からの「逸脱」が生じることによって、「協働的な構想と熟慮された集団的な変化の努力」へと向かう「拡張的転換」の地平がひらかれると説明されている。[36]

3　プラグマティズムの学習論

(1)　デューイの学習経験論

コールによれば、文化歴史的活動理論の基本原理は、ヴィゴツキーやルリアといったロシアの文化歴史学派によって独創的に提唱されたものではなく、一九世紀から二〇世紀への転換期において、アメリカやドイツでも活発に議論されていたという。たとえば、ロシアで文化歴史的学派が確立した時期というのは、「ヘーゲルにならって知識の源泉を、日常のなかに、文化的に組織された歴史的に発展している社会的集団の活動に求める哲学、アメリカのプラグマティズムが花開いた時期」でもあった。コールは、具体的に、デューイとミードの哲学をあげて、文化歴史的心理学とプラグマティズムの近接性について述べている。[37]

コールが注目するのは、ロシアの文化歴史的学派の中核的命題が、「人間の心理過程の構造および発達は、文化的に媒介され、歴史的に発達する、実践的な活動を通して現れる」という考え方にあり、その「第一の前提」を「人間の心理過程は、人間が、物質的対象を、自分たちと世界との相互作用を調整する手段として修正する新しい形式の行動と共に現れた点にある」ととらえていることである。コールは、初期の文化歴史的心理学における「道具的媒介」の概念について、それが「ジョン・デューイの考えの中心でもあり、彼の研究は、ロシアの教育者および心理学者にも良く知られていた」と指摘している㊳。

人間の協同的で社会実践的な学習活動の変革を通して新たに教育システムを創出することは、文化歴史的活動理論だけではなく、プラグマティズムにおいても方向性が共有されていた。デューイは、『民主主義と教育』で、教育をつぎのようにとらえている。

教育とは、経験の意味を増加させ、その後の経験の進路を方向づける能力を増大させるように経験を再構成ないし再組織することである㊴。

デューイのプラグマティズムにおいて、「教育」は、「内部からの潜在的な力の開発」や「外部からの形成作用」とは異なり、また、「遠い未来への準備」や「過去の反復」とも異なって、「連続的な経験の再構成ないし再組織」として定義されている。ここで、「経験の意味の増加」とは、「私たちが従事する諸活動の関連や連続をますます多く認知することであり、「それ以降の行動を方向づけたり統制したりする力を増大させる」ことであるという。それはまた、「個々の人間」において生起するというよりも、「社会的なもの」だとされている㊵。

デューイは、「経験」を「相互作用」と「連続性」の原理によって説明している。「経験」とは、対象となる世界から切り離されたものではない。それは、包括的で全体的なものである。「経験」は、「有機体」と「環境」との「相互作用」の所産として定義される。「経験の再構成」とは、「有機体」と「環境」の「相互作用」を通して、探究者が絶えず

「状況（situation）」に働きかけ、新しい「意味」を獲得していく過程であり、曖昧で混沌とした「状況」から、反省的で知性的な「経験」へと導かれる過程をあらわしている。「経験」は、「以前の過ぎ去った経験から何らかのものを受けとり、その後にくる経験の質を何らかの仕方で修正するという両方の経験」を含むものである。(41)

連続性と相互作用という二つの原理は、相互に切り離されているのではない。それらは妨げられ、また結びつくものである。それらはいわば、経験の縦の側面と横の側面である。相異なった状況は、相互に継承されているのである。しかし、連続性の原理にしたがって、先に起こったものから後に起こるものへと何かが継承されるのである。個人が一つの状況から他の状況へと移りゆく際に、その個人の世界、その環境は拡張するか、あるいは収縮する。その個人は別の世界に生きている自分を見いだすのではなく、一つの同じ世界のなかで、これまでと異なる部分あるいは側面で生きていることを見いだすのである。(42)

ここでは、「経験」の本質は、「能動的要素（active element）」と「受動的要素（passive element）」の「特殊な結びつき方」にあるという。「能動的要素」とは「経験を試みること」であるのに対して、「受動的要素」はそれを「被ること」である。私たちが何かを経験するときには、それに対して働きかけをおこない、何かをする。それによって、私たちは何らかの結果を受け、被ることになる。これが「経験の実り豊かさ（fruitful experience）」を実現する。(43)そして、そのなかから、「教育にとって重要な二つの結論」が導かれる。すなわち、（1）「経験」とは、「本来的に能動―受動的な事柄」であり、「本来的に認識的な事柄ではない」が、一方で、（2）「経験の価値の尺度」は、「関係ないし連続性の認識」にあり、「累積的で、何かに達し、あるいは意味をもつ程度に応じて、認識を含む」ものである。(44)

デューイは、「教育」を、「経験の意味」を増加させ、「経験の進路」を方向づけるような「経験の再構成ないし再組識」として定義した。こうした視点から、「実り豊かな経験」よりも、「知識の直接的な吸収」に比重をおいた教育観を批判する。教育についての支配的な考え方では、「理論的傍観者」として「知識の獲得」をおこない、「知性の直接的な力によって知識を身につける精神」を育成しようとするが、そこでは、「精神または意識」は、「活動による身体的器官」から切り離されることになる。つまり、「精神」は「純粋に知性的で認識的なもの」とされる一方で、「身体」は「不適切で邪魔になる物理的要素」だとされることになる。彼が批判するのは、「意味の認識へと導く活動と、その結果の体験との密接な結合」が失われることであり、「単なる身体的行動」と「『精神的』活動によってとらえられる意味」との「二つの断片（two fragments）」が生じることである㊺。

「二つの断片」が生じる根底には、伝統的な哲学と心理学の考え方が横たわっている。伝統的哲学においては、「経験は特殊で、偶発的、蓋然的な水準を超えることはない」とされる。この点では、経験論者でさえ、「経験を超えた力が普遍的で、必要で確実な権威と支配」をあらわすと認識している。デューイは、「経験の過程それ自体のなかに、能動的で計画的な思考の場が認識されると、特殊と普遍、感性と理性、知覚と概念という専門的問題の伝統的地位が根本的に変化する」と主張している㊻。「意味の認識」と「活動」は、「実りある豊かな経験」によって結びあわされるのである。

デューイはまた、往時の心理学を批判する。それは、「精神」を「外界」と直接的に接触する「純粋に個人的な事柄」と解釈する心理学の考え方である。彼は、それを「社会生活の一つの機能」として再定位する。「個々の精神」は、それ自体として作用することも発達することもなく、絶えず「社会的な媒介作用」からの刺激を求め、「社会からの供給」によって「栄養」を得るという。「精神」は、「個人に独占的に所有される」のではなく、「自然的であると同時に社会的である環境のなかで発達し」、「行為」と「活動」にかかわる社会的な「相互作用」のなかで機能する。それはまた、「固定したもの」ではなく、「一つの過程」としての「成長過程」にあるという㊼。

プラグマティズムは、伝統的な哲学、心理学、教育学にみられる二元論を克服することを企てる。それは、主体と客体、個人と社会、精神と身体、観念と行為との間につくられた二元論である。「経験」を「相互作用」によって解釈するのは、両者を切り離す二元論的世界観を乗り越える文脈で提起されたものである。プラグマティズムにおいて、「経験」は、実体としての主体が、実体としての客体に働きかける作用として考えられていない。「経験」と「活動」は、「主体」と「客体」が相互に働きかけあうことで、「個人」と「社会」を媒介する「相互作用」と「連続性」の原理から理解されるのである[48]。

活動を社会的、文化的なものとして解釈し、伝統的な二元論の克服を意図する点において、プラグマティズムは、ロシアの文化歴史学派と認識を共有している。文化歴史的活動理論の第一世代は、先述した三角形のモデルのなかで、「対象志向的な行為」における「道具による媒介」の観念を提示し、「主体」と「対象」と「道具」の関係を「三つ組み」として理解したが、こうした考え方は、プラグマティズムにおいても共有されていた。プラグマティズムは、しばしば「道具主義（instrumentalism）」や「実験主義（experimentalism）」とも呼ばれるように、「観念」や「思考」が「行動」のための「道具（instrument）」であり、社会的な意味での「ツール（tool）」であるとみなしている。デューイの『論理学的理論の研究』（一九〇三年）では、「観念」は、経験から独立してあらかじめ用意された何らかの「実在」と対応するのではなく、「葛藤のある経験」から「統合した経験」へと移行する際の「道具的な思考」によって成立するとされている[49]。「経験」の原理は、「主体」と「対象」、「有機体」と「環境」とを媒介する「相互作用」の「道具的な思考」を基盤にしている。「道具による媒介」や「相互作用」の観念を提示し、活動を社会文化的に理解する点を、文化歴史的活動理論とプラグマティズムの哲学は共有している。

（2）カリキュラムの構成

デューイは、学校のカリキュラムを再定位し再概念化することを試みる。カリキュラムの概念は、以下の三点から構成されている。

第一は、カリキュラムを関係概念として認識することである。カリキュラムは、確定的な教科領域から基礎づけられるのではない。教科の概念は、子どもの社会生活における「相関（correlation）」と「統合（integration）」の関係概念として解釈されている。

> あらゆる教科は、共通する一つの偉大な世界における関係から生じるものなのである。子どもがこの共通の世界に対して、多様でしかも具体的で活動的な関係のなかで生きているならば、教科は自然に統合されるだろう。……学校を生活と関連させれば、すべての教科は必然的に相関的なものになるはずである。(50)

ここでは、教科を相互に関連づけ統合することが支持されている。しかし、「相関」とは、個々の教科領域の固有性を消去して総合化するということではない。デューイは、教科を強制的に統合することを否定する。そして、教科を経験につなげることによって、自然な形で関係づけようとした。すなわち、「経験が自然な形で教室にもちこまれるならば、『相関』の問題は自然に解決し消え去っていく」のであり、「さまざまな教科と真理を結びつける絆は、子どもが学校でおこなう仕事と学校の外で接するさまざまな環境を結びつけている絆と同じもの」である。そこでは、「すべてがそこから成長し貢献する経験という一つの共通の基盤」をもつのである。(51)教科を組織立てて関連づけることは、「多様な学習材料」と「習得される多様な能力」との「相互作用」を促し、教材の「共同性」と「連続性」を打ちたてることを意味する[52]。それによって、カリキュラムの「相関」と「統合」、「共同性」と「連続性」の構築が企てられる。カリキュラムは、個々に切り離された教科領域からではなく、相互に関連しあう関係概念によって理解されるのである。

第二は、活動と経験にもとづくカリキュラムづくりを促したことである。デューイは、カリキュラムを子どもの学習経験を軸にして構成しようとした。そして、子どもたちが活動し探究し表現する教室を創造しようとした。個々の教科が相互に関連しあうのは、学習者の経験と活動がカリキュラムの成立を支えるからである。

学校のさまざまな教科の真の相関の中心は、理科でも文学でも歴史でも地理でもなく、子ども自身の社会的活動であると私は信じる[53]。

子どもが身近で日常的な仕方で取得した経験が学校にもちこまれ、子どもが学校で学んだ事柄を日常生活のなかで適用できるようにし、それによって学校を互いに孤立した各部分の複合体にするのではなく、一つの有機的な全体を構成するよう努めてきた。これによって、各教科の孤立状況も、学校制度の孤立状態と同様に解決されるのである。経験には、地理的な側面があり、芸術的で文学的な側面もあり、科学的な側面もあれば歴史的な側面もある。すべての教科は、一つの地球という側面から、およびそのうえで生きる生活のさまざまな側面から生じるものである[54]。

デューイにしたがえば、「相関」の中心にあるのは、理科や歴史といった具体的な教科ではない。教科の「相関」を導くのは、「社会的側面であろうと、心理的側面であろうと、子ども自身の原初的な表現活動――子どもの構成力――である」という[55]。カリキュラムは、子どもたちの「表現活動」と「構成力」によって組織される。この過程で、個々の教科は、地理や歴史、科学、芸術、文学などの側面に分化する。デューイは、活動し探究し表現する学習経験をカリキュラムの基底に据えることで、教科の形式や記号よりも、子どもの学習経験を授業のなかに積極的に導きいれようとした。これによって、単に暗記し知識を獲得する授業ではなく、探究し表現し共有する活動に子どもたち自身が参加する教室をつくろうとした。子どもたちが「作業に参加する」のは「参加それ自体のためではなく」、結果として「生産物のために参加していた」と述べている[56]。この活動において、子どもの知性と経験は結合することになる。デューイは、カリキュラムを教師と子どもが協同的に構成し創造するものと考えたのである。

第三は、民主主義とコミュニティに立脚したカリキュラムを探索したことである。デューイによれば、「民主主義と教育の関係は、互恵的で相互的なもの」であるという[57]。『公衆とその問題』では、一九二〇年代の大衆社会の到来が「公衆の消滅」を導き、民主主義の危機を招くことが懸念されている。だが、それは、民主主義の衰退や消滅を意味するのではない。求められるのは、コミュニティとコミュニケーションの活動によって「明晰な公衆」を蘇生する民主主義再建の戦略である。そのモデルとされるのが、「タウン・ミーティング」の存在である。デューイは、そこで多様な公衆が議論と討論に参加し、民主主義とコミュニティを発展させてきたことを評価する。とくに、公立学校をめぐる議題は、「タウン・ミーティング」の中心テーマであった。学校のカリキュラム、教師の資格、学区の構成について、公衆が討議を交わし責任ある決定をおこなってきた。デューイは、そのような民主主義とコミュニティを探究するカリキュラムと学校づくりを積極的に推進した[58]。『明日の学校』（一九一五年）では、つぎのように述べられている。

学校を活性化させるためのコミュニティの役割は、学校それ自体の役割と同様に重要である。なぜなら、学校が孤立した制度、必要な因習としてみなされているコミュニティのなかでは、もっとも熟達した教授方法であるにもかかわらず、そのような存在にとどまるからである。しかし、学校から可視的なものを要請するコミュニティ、警察や消防署を認めるように、全体の福祉において学校が担う役割を認めるコミュニティ、若い市民の精力と興味を活用し、彼らが市民として準備されるまで、彼らの時間を単純に統制することがないコミュニティ――このようなコミュニティは社会の学校をもち、その資源がどのようなものであれ、それはコミュニティの精神と関心を発展させる学校をもつであろう。(59)

デューイは、民主主義に立脚したカリキュラムを探究し、コミュニティとしての学校を推進した。学校は地域の制度、慣習、福祉から孤立するのではなく、コミュニティは「社会の学校」をもつのである。学校のカリキュラムというのは、社会生活と「抽象的で実際とはかけ離れた関係をもつ課業」が展開されるのではない。それは、「生活」と結びつき、「生活の方向づけ」を与えることによって、子どもたちが学ぶうえでの「住み処となる機会」を提供する。学校は、それ自体、「さまざまな形態の活動」を取りいれた「小型のコミュニティ」であり、「萌芽的な社会」なのである。(60) 民主主義の鍵となるのは、教師と親と子どもたちが知的につながりあう実践の構築であり、学校づくりに対する協同的な参加である。デューイは、民主主義とコミュニティを基盤にしたカリキュラムの創造を探索し、革新的な学校改革を展開することを企図したのである。

(3) 関係概念としてのカリキュラム

カリキュラムを関係概念として認識するということは、どのようなことを意味するのだろうか。デューイの『民主主義と教育』の第二一章は、「自然科と社会科――自然主義と人文主義」というタイトルが付けられている。また、第一七章の「カリキュラムにおける科学」にも、「教育における自然主義と人文主義」という節がある。そこでは、「自然科」と「社会科」を二項対立的に解釈する伝統が批判され、両者をつなぐことが試みられている。

「科学」を「文学」や「歴史」の学科と分離させる伝統は、教育の分野に限られたものではない。デューイによれば、両者の分離は、古代ギリシャ以来の「人文主義哲学」と「近代科学」との「衝突」を背景にして成立している。彼は、「人間」と「自然」が分離し、「言語および文献」と「自然科学」との間に「厳格な区別」が設けられるに至った理由を四点あげている。第一に、政治、法律、外交に関するギリシャの文献は、スコラ学的な大学の組織のなかで拠点を確立し、「権威ある制度」として堅固に守られたこと、第二に、プロテスタンティズムの普及により神学の議論が高まり、二つの陣営はともにその主張の根拠を「文書的資料」に求めたこと、第三に、ベーコン（Francis Bacon）に代表される自然科学の発展の仕方に、人間が自然に対してもつ「先入観」を廃し、知的には「自然に服従する」一方で、実践的には「自然を支配する」ような「人間」と「自然」との対立図式が内包されていたこと、第四に、哲学そのものが「精神」と「物質」の「二元論的性格」に支配されていたことである。[61]

デューイによれば、これまで「人間」と「自然」の対立についてさまざまな解決策が提示されてきたが、それらは本質的には「自然を主題とする学科」と「人間を主題とする学科」との間の「機械的な妥協」に過ぎなかったという。カリキュラム上の「自然科」と「社会科」の分裂は、「自然主義」と「人文主義」の伝統的な衝突が投影されたものである。[62] デューイは、学校教育において、「自然科」と「社会科」を統合しようとした。

人文学科についても、自然学科についても、教育は密接な相互依存関係から出発すべきである。それは、自然に関する学科としての科学を、人間の関心を記録したものとしての文献から切り離すべきではなく、自然科学と、歴史学、文学、経済学、政治学といったさまざまな人間的学問とを越境して豊かなものにしていくべきである。……この密接な結合を引き裂いたところから、子どもの学校教育をはじめると、精神発達の連続性は破壊され、生徒は自分の学習に漠然とした非現実性を感じるようになり、学習への興味の正常な動機を奪われることになる(63)。

同様の議論は、『人間性と行為』（一九二二年）や『経験と自然』（一九二五年）でも展開されている。デューイは、「人間的なもの」と「自然的なもの」とを関連づけようとした。「自然」と「人間」は、対立的なものではなく、「相互依存関係」にあるという(64)。必要なのは、「科学」を、「理論的抽象概念」においてではなく、「生きた具体的な姿」において「人間的関心」につなげることであり、「貧困」「公衆衛生」「都市計画」「自然保護」「不節制」「公共の福祉」などの社会的問題を、「自然」を対象とする学科の「実験的方法」につなげることである。デューイは、「自然」と「社会」を、「真空」のなかではなく、人間の「日常経験」に結びつけて再解釈するのである(65)。

デューイは、一八九五年の『イリノイ子ども研究協会会報』の第一号に、「教育に適用される子ども研究の成果」という論考を発表している。このなかで、理科、地理、歴史の教科を「子ども自身の活動の延長」として考える必要性を主張している。そして、子どもたちが「自分の行動」や「関係」を調べたり探究したりしながら、学習活動を展開するあり方を探っている(66)。だが、このことは、学校のカリキュラムに、「経験」と「体験」を導入すればよいということではない。デューイは、知識を提供するための「実物教授」をどれほど頻繁におこなおうとも、農場や庭で実際に植物や動物とともに生活し世話をすることによって得られる知識には及ばないと主張する。「感覚器官の訓練」というのは、訓練のための訓練によって成就されるものではなく、日頃よりその「仕事」にかかわり、興味をもって探究し、課題に取りくむことから得られるものだからである。自然に直接触れることや、現実の事物や材料の取り扱い方や、それらのものを実際に操作する過程に触れること、そして、それらの事物の社会的な必要性や用途についての知識をもつことが、「教育の目的として重要な意義」をもつのである。これらの活動を通して、「観察」「創意工夫」「構成的想像」「論理的

思考」「実際的な物事に直接接触することによって得られる現実感」が学ばれるのである。(67)

子どもたちの経験において、「自然」と「社会」は、対立的な関係におかれているのではない。植物を植える実践は、種子の成長や土壌などを授業の中心に据えれば、「理科」の要素をもちうるし、それが地域づくりや地域の歴史の授業として展開されるならば、「社会」の学習へと導かれる。そのような学習は、「観察」や「構成的想像」や「論理的思考」の基礎を築き、子どもたちの「探究」と「知性」を形成するものとなる。したがって、経験による学習というのは、社会の論理や問題解決のアプローチ、知性的な探究や発展的な学習を伴って遂行される必要がある。「自然学習」は、自然科学の教科領域だけで完結するのではなく、政治、経済、歴史、文学などの教科の知性的な学習と関係づけられることになる。

（４）　シカゴ大学実験学校の実践活動

デューイは、協同的で創造的な活動と経験を取りいれた学習を展開しようとした。その構想は、彼が一八九六年に創設したシカゴ大学の付属小学校において実践された。通称、「デューイ・スクール」と呼ばれる小学校は、六歳から九歳までの子ども一六名と教師二名で開校された。一九〇二年に「実験学校」と名称を変更し、ナーサリー、エレメンタリー、ミドル、ハイの四つの学校段階へと拡充した。その頃には、一四〇名の生徒と、二三名の教師と、大学院生のアシスタントが一〇名いた。プラグマティズムの思想を歴史的に研究したメナンド（Louis Menand）によれば、「デューイのプラグマティズムは、実験学校の成功の産物」であった。実験学校は、デューイに対し、「思考と行動は同一のプロセス――不測の事態に満ちた宇宙にあって可能なかぎり前進するプロセスに与えられた二つの名前でしかない、という仮説の妥当性を立証した」という。メナンドにしたがえば、これまでの哲学が「精神と世界の関係こそが問題」だと解釈してきたのとは異なり、デューイが実験学校から得た知見は「観念や信念も手と同じく、問題に取り組む道具である」という考え方であった[68]。実際、実験学校では、「仕事（occupation）」と呼ばれる活動的な学習が導入された[69]。

シカゴ大学実験学校のカリキュラムについては、メイヒュー（Katherine Camp Mayhew）とエドワーズ（Anna Camp Edwards）の共著『デューイ実験学校』（一九三六年）が詳しい[70]。メイヒューとエドワーズは、実験学校で教師を務めた経歴をもっている。同書の刊行によって、実験学校の研究が進められた。出版に向けた活動は、一九三〇年前後に準備された。三〇年七月一六日に、エドワーズはデューイの娘のエヴェリン（Evelyn Dewey）を通してデューイに手紙を書いている。手紙のなかで、エドワーズはデューイに「序文」の執筆を担当してもらえないかと依頼した。エドワーズは、デューイが執筆に集中できるようにリスレーに住居を準備していると伝えた。そして、同書の内容について、デューイとエヴェリンから助言を受けたいと記している[71]。同年一〇月三〇日、デューイは滞在先のパリから「序文」の担当を快諾する手紙をメイヒューとエドワーズに送っている[72]。三三年七月にも、デューイはエドワーズに手紙を送り、「序文」の執筆に向けて準備していると知らせた[73]。

メイヒューとエドワーズによれば、四歳と五歳の子どもからなる一組と二組の教室では、「家の仕事」という実践がおこなわれた。子どもたちがみずからを取りまく自然や社会の環境に直接触れて、それをリアルに知ることが目指されていた。たとえば、季節の変化に関する学習では、冬が近づくと公園のリスが木の実を貯めることを観察したり、母親が家族に暖かい洋服を用意することに気づいたり、雑貨屋の品物並べの遊びや劇をしたりした。それらの「仕事」は、「活動から活動へ」と移り進み、「新しい欲求」とその「活動」をひらくものであるが、すべては「生活との連続性」をもっていた点で、「経験の統一性」を損なうことなく展開された。六歳児からなる三組は、平均一七名の子どもで構成され、「家に役立つ社会の仕事」という学習主題が設定されていた。具体的には、「生活に必要な食物の供給」についての学習が実践された。子どもたちは、戸外に出て種子を集めてリストを作成し、種子や球根を植えて農園を作ったり、農園の作物を用いて実験や料理をしたり、そこで浮上した疑問点を調べて、数や読むことの学習をおこなったりした。その過程で、子どもたちは、自分たちと異なる気候の農作物に関心をもつようになり、綿栽培や木材の事例を通して学習が進められた。

四組（七歳）の「発明と発見による進歩」と、五組（八歳）の「探険と発見による進歩」では、「基本的仕事の歴史的発展」についての学習を展開した。「原始生活」にまつわる体験活動にはじまり、数や字、技術の習得をおこない、「文明」についての探究へと発展した。六組（九歳）では、シカゴの発展やイギリス人のアメリカ進出の課題を学習し、教師と子どもがともに探究し議論を交わした。このクラスは、「地域の歴史」を主題においていた。七組（一〇歳）の「植民の歴史と革命」と、八組（一一歳）の「植民者のヨーロッパ的背景」では、アメリカとヨーロッパの歴史について学習した。最初に、植民地時代のアメリカの産業と行政を取りあげたうえで、独立後の社会的政治的変化について調べた。ニューヨークの産物の勉強から、オランダやドイツの産業と東インドの貿易の学習へと発展させていった。その他に、開拓小屋の製作、革命の研究、領土拡大の研究、科学への関心、紡織への興味、イギリス文学、料理実験、数の練習といった内容が学習された。また、音楽や美術の活動も取りいれられた。

九組（一二歳）と一〇組（一三歳）と一一組（一四〜一五歳）では、「専門的活動の実験」と題された活動が展開された。一二歳のクラスの活動では、科学、地理、歴史が「生き生きと総合されて、子どもの経験の流れ」を形成し、「活動領域の拡大」が「新しい学習の道」をひらき、それが「子どもの視野の拡大と努力」を促したと述べられている。学習主題にあげられたのは、民衆としての植民者、科学の勉強、科学と数学の関連などである。そのなかで、生態学、地学、天文学、地理学、物理学、化学、生物学などの内容が取りいれられた。一三歳の教室では、時事問題についての探究と討論が毎日実施された。テーマは多岐にわたり、南アフリカの戦争、プエルトリコの政治問題、大陸横断鉄道などが論題とされた。言語を用いて議論し交渉し共有する実践が展開された。一四歳と一五歳は一緒の教室で学習したという。一般科学のカリキュラムは、地学と生物学に分化し、数学や歴史もより専門的な内容が選択された。たとえば、代数では乗法、開法、指数理論を取りあげ、幾何では多くの公理や式を学習した。言語の学習においても、フランス語、ラテン語、英語と専門化していった。実験学校のカリキュラムの活動例と時間表をまとめると、表2と表3のようにあらわすことができる。

メイヒューとエドワーズによれば、実験学校の教育内容は、三つのタイプに分類された。第一群は、「活動的な仕事と遊び」であり、子どもにとってそれ自体が楽しく、「教育上の目的」をもつものである。子どもに、「疑問を生じさせ検証の方法を求め、発明と創造を通して徐々に抽象科学の理解」を促すものである。第二群は、「歴史・地理など社会生活の背景」を教えるものであり、歴史は「現在の生活に至る過程の記録」として、地理は「社会的活動の自然条件・舞台の意味」をもつものとして学ばれることになる。第三群は、「知性的なコミュニケーションと科学の方法を学ぶことであり、「読み書き・文法・算数は民族が知性的な興味の追究に役立ててきた道具」であるという。

学習活動は、人間の生活活動の全体にかかわるものであった。シカゴ実験学校は、そうした生活経験にもとづく協同とコミュニティの形成を志向していた。デューイは、メイヒューとエドワーズの著書の「序文」を執筆し、同書を高く評価した。彼は、「学校の起源、目的、方法について書き加えるものは何もない」と述べ、同書の出版によって学校の「生きた証が得られたことに大変喜びを感じている」と記した。そして、実験学校の実践を振り返って、その核心が「親、教師、生徒の際立った協同」にあったと述べている。実験学校の生命線は、行政、教材の選択、学習方法などにおいて、「個人の能力」と「欲求」を表現するとともに、「コミュニティ」の形成を追究したことにある(74)。

表2　シカゴ大学実験学校のカリキュラム

クラス	年齢	カリキュラム	活動の具体例
1，2組	4～5歳	家の仕事	遊び，劇，料理，大工
3組	6歳	家に役立つ社会の仕事	食物の供給，劇遊び，他の気候・産物
4組	7歳	発明と発見による進歩	原始生活の学習
5組	8歳	探検と発見による進歩	フェニキア文明，コロンブスのアメリカ発見
6組	9歳	地域の歴史	社会生活学習，フランス人の探検時代，シカゴの発展，バージニアの研究
7組	10歳	植民の歴史と革命	アメリカ植民地の物語，開拓小屋の製作，革命の研究，領土拡大，植民地産業
8組	11歳	植民者のヨーロッパ的背景	イギリスの村の研究，初歩の科学，紡織への興味
9組	12歳	専門的活動の実験	民衆としての植民者，科学の勉強，科学と数学の関連
10組	13歳	専門的活動の実験	植民時代のまとめ，写真・科学的活動の基礎，クラブハウスの建設，時事問題の勉強
11組	14～15歳	専門的活動の実験	歴史・数学・言語における学習の専門化，劇の勉強，科学の論文と批判的分析，音楽

（**左**　学校の校庭での子どもたちの庭仕事の活動．**右**　衣服の製造過程に従事することによって，産業の歴史を学ぶ子どもたち．出典　Tanner, Laurel N., *Dewey's Laboratory School: Lessons for Today,* New York & London: Teachers College Press, 1997.）

表3　シカゴ大学実験学校の後期における初等3段階の典型的な時間表

5〜7歳（第1段階）		
教　科	1日当りの時間	週当りの時間
社会的仕事	1½〜1	6½〜5
歴史と科学	1½〜1	6½〜5
技術（読み書き）	½（週3回）	1½〜2½
体育	½	2½
音楽・美術	½	2½
料理	½＋1（週2回）	1½
遠足・集会・工作	½−1	1½
合　計	3時間	15時間
7〜8歳（過渡期）		
教　科	1日当りの時間	週当りの時間
歴史と地理	1	5
技術（読み書き）	½（週2回）	2
科学	1〜½（週3回）	2
料理	½と1	1½
紡織	1〜½（週3回）	2
工作	½〜1（週3回）	2
音楽と美術	½（週6回）	3
体育	½	2½
合　計	4時間	20時間
9〜12歳（第2段階）		
教　科	1日当りの時間	週当りの時間
歴史と地理	1	5
技術（読み書き）	½	2½
科学	1½	2〜2½
料理		1½
紡織・工作		2
美術		1½
音楽	1〜½	1½
体育		2½
現代語	½	2½
合　計	4½時間	22½時間

（5）仕事のカリキュラム――アートと学び

デューイは、学習活動をコミュニティの生活経験に結びつけようとした。「仕事」の目的は、「生産物の経済的価値」にあるのではなく、「社会的な力量と洞察力の開発」にある。すなわち、「経済的圧力」や「狭い功利的な考え方」から解放され、コミュニティの「実践活動」を「アートの盟友」とし、「科学や歴史の学習拠点」と位置づけることである。そこでは、「多量の知識の貯蓄と蓄積」に傾斜した「言葉の悪い意味」での「競争的なもの」ではなく、「コミュニケーション」と「アート」の実践を通した活動的な学習を展開することが目指されることになる。(75)

学校での学業が単に科目を学ぶということだけである場合には、相互支援（mutual assistance）は、協力と連帯のもっとも自然な形態に代わって、近くの席の子どもが当然おこなうべき義務を、その子どもがひそかに果たさなくてもよいようにするための努力となるのである。活動的な作業がおこなわれているところでは、すべてこれらの事柄は変化する。他の子どもを援助することは、それを受けた者の力を失わせてしまうような一種の慈善行為ではなく、むしろ援助される者の力を自由に発揮させてやる気を起こさせるような援助なのである。自由なコミュニケーションの精神、すなわち、以前の経験での成功や失敗にかかわらず、考え方や示唆や成果を相互に交換するという精神は、復誦の支配基盤となるものである。ここでも競争はおこなわれるが、それは個人的に吸収された情報の量（quantity of information personally absorbed）についてではなく、なされた作業の質（quality of work）――すなわち、価値についての真のコミュニティの基準――に関連して、個々人の比較という形でおこなわれるのである。形式的ではなく、一段と深く浸透力のあるやり方で、学校生活は、社会的基盤のうえに組織されるのである。(76)

「仕事」にみられる活動は、「社会的で協同的な仕方」で「コミュニティ生活」と関連づけられるとき、それに相応した種類の「訓練」が誕生するという。ここにおいて、「競争」や「比較」は、完全に否定されるわけではない。実験学校で試みられたのは、教室の学習に「コミュニケーションのアート」と「コミュニティの活動」を導きいれることであり、子どもたちの自然な「援助」を促すことであり、知識の「量」よりも創造的な「作業の質」を問うことであった。学習活動は、知識の「蓄積」としてではなく、「経験の意味」と「関係」を再構築する実践として構想されている。それは、知識と思考を「量」的に測定するのではなく、「質」によって判断することを意味している。(77)

シカゴ大学実験学校では、子どもたちの活動的で表現的なアートの学びが導入され実践された。それは、身体的な活動から遊離した、記号的・形式的な知識の獲得と定着に偏重した注入型教育に代えて、子どもたちの活動的な生活実践と社会実践に根ざした革新的な学習を展開することを意味している。

活動的な仕事、自然の学習、科学の初歩、美術、歴史の学習を取りいれること、単なる記号的・形式的に過ぎないものを二次的な地位に引きおろすこと、学校の道徳的雰囲気、すなわち生徒と教師の規律の関係を変化させること、より活動的で表現的で、自己決定をする要素を取りいれること――これらのことは、より大きな社会進化が必然的にもたらしたものである。(78)

学校におけるこれらの仕事は、日常的な業務の実際的な工夫や様態に過ぎないものであったり、調理師や裁縫師、あるいは大工の技能の上達を習得するようなものであったりしてはならない。学校における仕事は、自然の材料や過程に対する科学的洞察が活発になされる拠点であり、そこから子どもたちが、人間の歴史的発達の認識へと導かれる出発点なのである。(79)

デューイは、「仕事」が子どもに「本当の動機を提供し、直接的な経験を与え、また現実と接触させる」と述べている。学校における「手工的、産業的な作業」は、単に「手と耳による工夫」だけでなく、「実質的で意味のあるものに仕上げる科学」へと発展し、「現代の社会生活に自由で活発に参加するための不可欠な道具」を創造するという。[80] このように、シカゴ大学実験学校では、「仕事」の実践を導入することによって、アートと学びを軸とするカリキュラムづくりを展開することが探られた。

（6）活動を基盤とする学校システムの創出

学習を社会生活やコミュニティの実践につなげることは、活動を基礎とする新たな学校システムの創出を導く課題を喚起する。デューイは、子どもの学校生活が社会生活から切り離され、将来の準備のためだけに教育がおこなわれることを、「人間生活の浪費」あるいは「教育の浪費」と呼んでいる。一方で、学校と他の組織との協同、接合、ネットワークを形成し、学校を「一つの社会制度」として位置づけようとした。「組織」というのは、「外部的な事柄」であったり、教育委員会、教育長、学校建造物、教師の任免と昇進にかかわるものだけであったりするのではないという。[81]

組織の根底をなすものは、一人ひとりの個人からなるコミュニティとしての学校それ自体であり、学校を社会生活の他の様式と関連づけることである。あらゆる浪費は、物事の孤立に起因している。組織とは、それらが簡潔かつ柔軟に、そして適切に作用するように、相互に結びつけられていることにほかならない。[82]

デューイは、学校が「社会生活や他の諸様式」から孤立するのではなく、「有機的な結びつき」によってつながりあうことを目指した。そして、学校と社会生活の「相互作用」と「接合関係」を構築し、組織的な協同とネットワークを形成しようとした。それは、図８のように提示されている。学校は、「より大きな社会生活全体の一部分」として理解

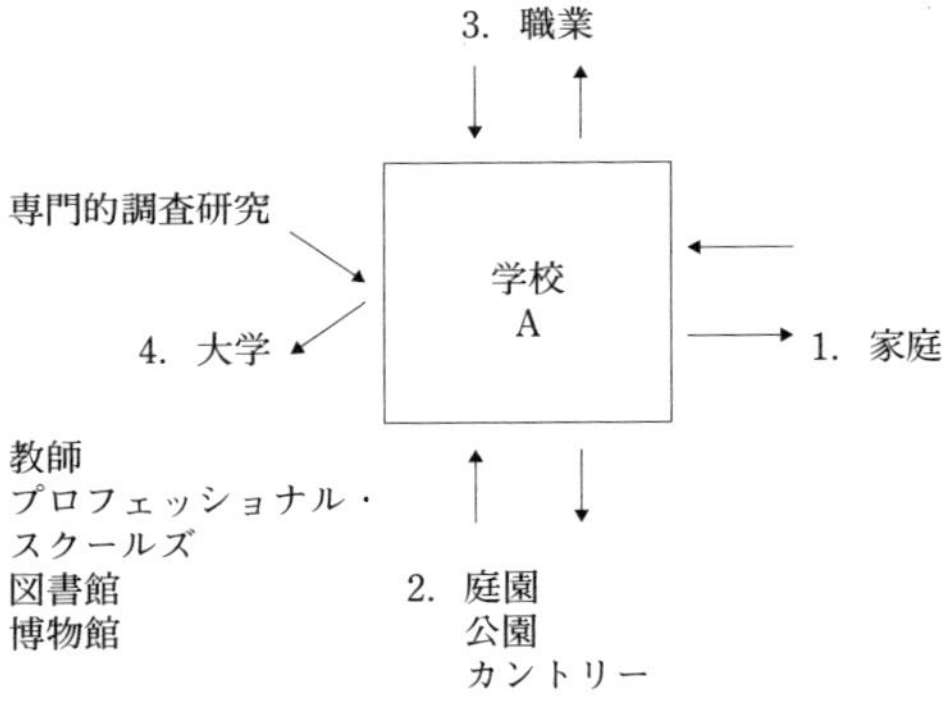

図8

されている。「学校における大きな浪費」の要因は、子どもが学校外で経験している事柄を学校で「十全かつ自由で有効に活用する」ことができなかったり、学校で学ぶ事柄を社会生活で応用できなかったりすることにある。

図8の「1・家庭」では、家庭と学校との間に、影響関係や教材や考え方に関する「自由な相互作用」がおこなわれることが示されている。デューイは、モーリン市を訪問した際の教育長の話として、子どもたちのなかには、教科書で学ぶミシシッピ川が、自分たちの家の近くを流れる川と関係があることを知って驚く子どもが多くいるという事実を紹介し、地理の学習が教室のなかだけでしか通用しないものになり、普段、自分たちがみたり、感じたり、触れたりしているものからかけ離れたものとして受けとめられていることを嘆いている。「2・庭園、公園、カントリー」では、学校が「自然環境」に囲まれ、そこから溢れでる「あらゆる事実と諸力」によって、学習が「自然」や「広い意味での地理」にかかわるものへと発展していくとされている。「3・職業」では、「職業生活」との関連が示され、「学校と産業の要求および影響力との間に自由な相互作用」が準備されるべきだと主張されている。これは、学校が何か特定の職業に向けて準備するということではなく、また、商業地理や商業数学にみられる特定の教科を導入するというのでもなく、自分自身の社会環境との関連において、たとえば、銀行、合資会社、株式会社などにかかわる学習によって、学校と職業生活との間に「日常的な関連の絆」が構築され、「有機的な結びつき」が形成されることを意味している。「4・大学」では、多様な研究の実験施設や図書館、博物館、専門職業から得られる資料や研究調査、多彩な活動を取りいれることを通して、

学校と他の組織の協同とネットワークを創出することが企てられている。子どもたちは、単に「瑣末な事柄」を学習するのではなく、「自分の視野を拡大」し、「意味のある事柄」を学ぶ「探究の精神」が尊重される[83]。

図9と図10は、シカゴ大学実験学校の校舎の一階と二階部分である。学校建築においても、他の組織との協同が形成され、「社会生活との有機的な連関」が構築されるように工夫が施されている。四方に突きでた教室は、それぞれに家庭、自然環境、職業、大学との関係が想像できるように設計されている。図9の下側には、食堂と調理室が、また上側には、木工と金工のための工作室と、裁縫と織物のための作業室とが配置されている。特徴的なのは、中央に図書室があることである。デューイによれば、織物や工作、調理、その他のあらゆる教科の学習内容が、究極的には図書室に集まるものとなり、そしてまた、図書室に置かれた「知的な資料」の活用を通じて、実際的な作業が進展し、「意味と自由な教養的価値」が形成されたという。図書室は、子どもたちのさまざまな経験、問題、疑問、発見した具体的な事実がもちこまれ、知性的な活動が推進される中心的な場所となる。「書物」は、「経験の代用物としては有害だが、経験を解釈したり拡充したりする際には、このうえなく貴重なものである」と主張されている。

これらの活動は、料理、大工、裁縫の「技術的熟達」を意図しておこなわれるのではない。むしろ、社会実践的な活動によって、学校の学習が学校外の生活と関連づけられることが目指されている。それは、「受動的で順応的な」訓練に代わって、子どもたちの「活動的で表現的な要求」や「何事かを成就する構成的で創造的な欲求」を満たす学習を創造することを意味している。たとえば、子どもが調理の際に扱うさまざまな植物は、植物学についての興味を喚起する基礎を提供することになるであろうし、それによって、理科における綿花の成長や、裁縫や織物の材料となる植物との関連においても、学習が有機的に進められるようになる。また、織物においても、それらの作業を通して、材料の起源や来歴、適合的な用途や機械などについての科学的で歴史的な知識を育て、また、生産に必要な資材や材料のサンプル

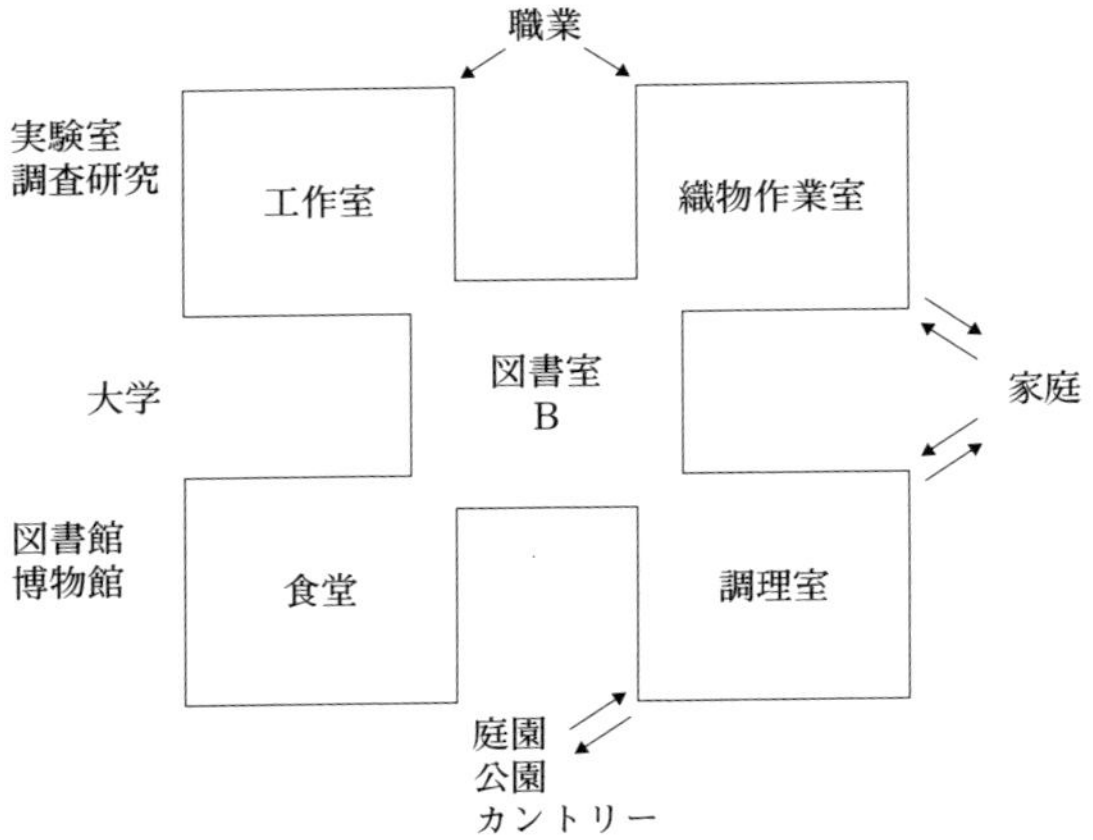
職業
実験室
調査研究
工作室
織物作業室
大学
図書室
B
家庭
図書館
博物館
食堂
調理室
庭園
公園
カントリー

図 9

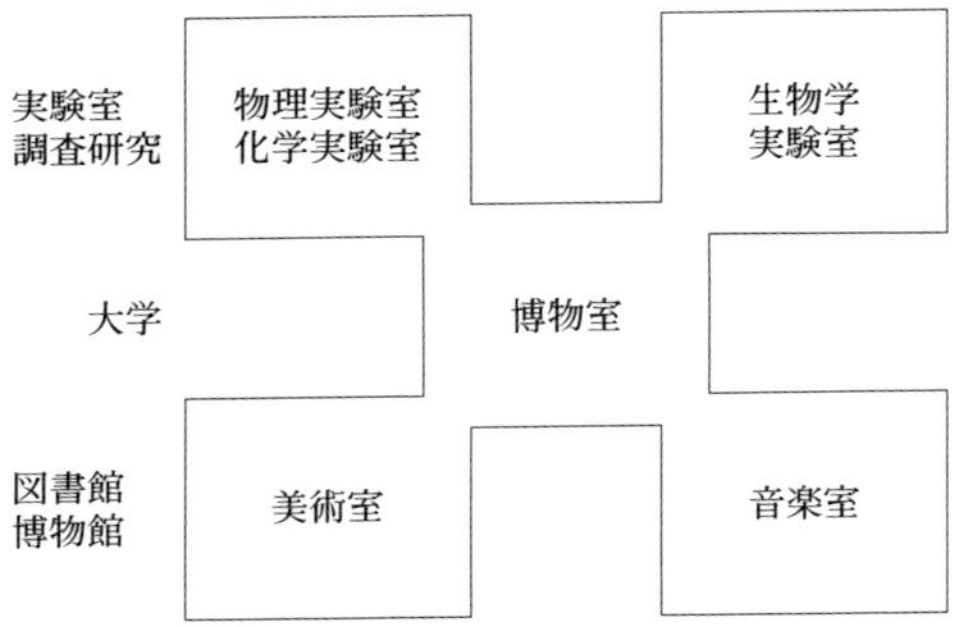
実験室
調査研究
物理実験室
化学実験室
生物学
実験室
大学
博物室
図書館
博物館
美術室
音楽室

図 10

を収集し、イタリア、フランス、日本、東欧諸国の織物のサンプルを取りいれることによって、「生き生きと連続した仕方」で授業が進行し、最終的には、「アートと科学と産業の総合」が実現することになるという[84]。

デューイは、学校と社会生活や他の組織との「有機的な結合関係」を組織しようとした。彼は、子どもたちが「身近な日常において取得している経験が学校にもちこまれて利用され」、また「学校で学んだものが、日常生活にもちかえって応用できる」ように、カリキュラムを改革しようとした。学校は、「孤立した各部分の複合体」ではなく、「一つの有機的な全体」として構想されている。その際、彼は、アートのもつ潜在的な力に期待した。学校では、アートと学びを中心に、社会的、文化的な実践活動が導入される。デューイは、学校と社会生活の相互作用によって、双方の変化を誘発する社会的、協同的な活動を支持したのである[85]。

4　学習活動の創造から教育のイノベーションへ

グローバル化、知識社会化、多文化社会化など、今日のますます多様化し複雑化する社会状況を前にして、先進諸国の学校では、革新的な学習活動を展開し確立する動きが活性化している。伝統的な教室の授業においては、個人主義的で座学による学習のあり方が支配的であった。知識の習得と定着を意図して、その量を競いあう授業様式は、日本の教室において、とりわけ強く作用してきた。これに対して、知識が高度化し複合化し、また流動的に更新され再構成される社会においては、そうした変化に対応した新しい学習のモデルを構想することが必要とされている。知識の量・効率性・スピードが要請された時代から、その質・デザイン・コミュニケーションが問われる時代へと移行している。学校教育においても、人間の創造的な社会実践を導くための新しい学習活動を探索し再構築してくことが不可逆的な時代の趨勢になっている。これからの教育においては、基礎的・基本的な知識・技能の獲得にとどまるのではなく、創造的思考や批判的思考、探究的思考、対話的思考、学習参加など、発展的で応用的な思考がますます求められるようになる。授業の学習では、コミュニケーション的な思考と探究を促し、対話と協同に立脚した社会実践的な活動を推進することが重要になっている。

文化歴史的活動理論とプラグマティズムから、近未来の学習活動を創造し、教育のイノベーションを引きおこすための戦略が浮かんでくる。その特徴として、以下の四点を指摘しておくことにしよう。第一に、文化歴史的活動理論とプラグマティズムが、主観主義的（個人主義）な研究と客観主義的（環境主義）な研究の両方を退け、伝統的な哲学や心理学を支配してきた決定論的、還元論的な世界観を拒否していることである。ヴィゴツキー学派とプラグマティズムにおいて、活動と経験は、「媒介」と「相互作用」の次元から解釈されている。主体と客体は、二元論的に切り離されるのではない。文化歴史的活動理論が、主体と対象とが「道具」によって「媒介」されていると論じるのと同様に、デューイにとっても、主体と客体、有機体と環境とは「相互作用」で結びつく包括的で全体的なものとして理解されていた。コールは、「道具」の概念から考えられた「人工物」の観念について、「J・デューイの考えに非常に近く、その系譜をヘーゲルやマルクスにまでたどることができるもの」だと述べている。(86)「道具的媒介」の観念は、プラグマティズムの哲学においても核心におかれていた。プラグマティズムにしたがえば、観念や思考は、行動のための「道具」であり、社会的な「ツール」である。活動と経験の概念は、二項対立的に分離した主体と対象を橋渡しする概念として考えられている。

第二は、学習活動を、社会的、文化的、歴史的なものとして再構成することである。活動は、個人のレベルで生起し完結するのではない。エンゲストロームは、ヴィゴツキーの「主体」「道具」「対象」の三角形の基底に、「ルール」「コミュニティ」「分業」の三要素をとらえている。学習活動は、「主体を生産する活動」や「道具を生産する活動」とは区別されて、「学習を生産する活動」として定義される。デューイにおいても、「教育」は、内的な発達や外部からの形成作用とは異なり、「連続的な経験の再構成ないし再組織」として理解されている。ここで、経験の観念は、協同的、社会的、実践的な概念として考えられている。「連続性」と「相互作用」の原理は、経験が個人の独占的な所有物ではなく、歴史的、社会実践的な概念であることを示している。シカゴ大学実験学校では、「仕事」と呼ばれるカリキュラムが導入され、協同的で活動的な学習活動が展開された。カリキュラムは、子どもの社会生活によって媒介される関係概念として提示されていた。

第三は、活動をシステムとして位置づけ、組織間の協同、連携、ネットワークを探索していることである。文化歴史的活動理論の第三世代が提起する「活動システム」についての研究は、一つの単体としての組織に着目するのではなく、二つ以上の複数の組織体の関係を分析対象としている。エンゲストロームらは、ヘルシンキのケア・アグリーメントの事例を取りあげて、複数の「活動システム」の間の越境、ネットワーク、対話について考察している。エンゲストロームらが提示した学校教育の「矛盾」の観念や「越境するラボラトリー」の実践は、デューイの学校とカリキュラムの構想に通底している。デューイもまた、学校と社会生活や他の組織体とのつながりを探究した。彼は、学校が、職業、家庭、図書館、博物館、大学などとの協同を形成し、コミュニティを構築することを目指した。学校は、孤立した各部分の複合体ではなく、一つの有機的な全体として結びあわされる。デューイは、それを民主主義の教育という形で主題化した。活動と経験を基盤とする学習は、それらを構成し組織する複数のシステム間の協同とネットワークに支えられている。

第四は、学校の学習活動を社会実践的で変革的なものとして認識し、社会と文化の伝承と再創造という観点から展望していることである。文化歴史的活動理論とプラグマティズムにおいて、学校教育は、既存の確定的な知識と文化の伝達と獲得に終始するのではない。学校は、知識が絶えず生成され更新されることによって、文化の伝承と再創造がはかられる積極的な機能を担っている。学校の学びにおいては、「内的矛盾」を抱えながら、「ダブルバインドの解決」に向かう、新たな活動への拡張を生むことが大切となる。それは、「日常的概念」と「科学的概念」の「創造的な出会い」が準備される空間でもある。デューイは、このような学校づくりを、民主主義と教育の互恵的で相互的な関係を築くことから探索した。民主主義は、教育の原理、方針、政策であるという。デューイはまた、アートの役割を重視し、アートと科学と産業の融合によって、生き生きとした学習を展開しようとした。シカゴ大学実験学校の実践は、このような協同的で社会実践的な学習活動によって成立していた。

ポスト産業主義時代の現在、学校の学習活動は、多くの転換を余儀なくされている。知識が高度化し複合化し流動化し、変化の激しい社会状況を前にして、新しい学習活動をどのように生成するのか、民主主義の教育をどのように展望するのか、といった課題が浮上している。社会実践的な協同活動や探究活動を推進する動きは、グローバルなレベルで喚起されてきた。アメリカ、ヨーロッパ、アジアの各国の教育は、知識基盤社会やグローバル社会の拡大に対応した学校と学習への転換を加速度的に進めている。日本でも、「問題解決能力」「活用力」「考える力」「コミュニケーション」「リテラシー」といった内容が重視され、学力像の刷新が促されてきた。こうしたなかで、教育の未来図を新たに展望し、学校と学びの活動を変革し実践していくことがますます求められている。文化歴史的活動理論とプラグマティズムが注目を浴びているのは、教育がおかれたグローバルな状況を反映している。両者は、将来の学びのイノベーションを誘発し、新たに民主主義と教育を節合し創造するうえで、確かなヴィジョンを示しているといえるだろう。

注

（1）文部科学省『小学校学習指導要領解説　総則編』東京書籍、一九九九年。『中学校学習指導要領　解説――総則編』東京書籍、一九九九年。

（2）ライチェン、ドミニク、S・サルガニク、ローラ、H『キー・コンピテンシー――国際標準の学力をめざして』立田慶裕監訳、今西幸蔵・岩崎久美子・猿田祐嗣・名取一好・野村和・平沢安政訳、明石書店、二〇〇六年。

（3）中央教育審議会答申「幼稚園、小学校、中学校、高等学校及び特別支援学校の学習指導要領等の改善について」二〇〇八年。

（4）エンゲストローム、ユーリア『拡張による学習――活動理論からのアプローチ』山住勝広・松下佳代・百合草禎二・保坂裕子・庄井良信・手取義宏・高橋登訳、新曜社、一九九九年、二―三頁。

（5）Cole, Michael, *Cultural Psychology: A Once and Future Discipline*, Cambridge, MA: Harvard University Press, 1996.

（6）ダニエルズ、ハリー『ヴィゴツキーと教育学』山住勝広・比留間太白訳、関西大学出版部、二〇〇六年、二三―二四頁。

（7）エンゲストローム、ユーリア『拡張による学習――活動理論からのアプローチ』前掲書、二四―二五頁。

（8）レオンチェフ、A、A『ヴィゴツキーの生涯』菅田洋一郎監訳、広瀬信雄訳、新読書社、二〇〇三年、八九―九二頁。

（9）エンゲストローム、ユーリア『拡張による学習――活動理論からのアプローチ』前掲書、三頁。

（10）レオンチェフ、A、N『活動と意識と人格』西村学・黒田直美訳、明治図書出版、一九八〇年。

（11）エンゲストローム、ユーリア『拡張による学習――活動理論からのアプローチ』前掲書、三頁。

（12）同上書、四頁。

（13）コール、マイケル『文化心理学――発達・認知・活動への文化―歴史的アプローチ』天野清訳、新曜社、二〇〇二年、四九五―四九九頁。

（14）同上書、一六一―一六八頁。

（15）Wartofsky, Marx, *Models: Representation and the Scientific Understanding*, Dortrecht, Holland; Boston: D. Reidel, 1979.

(16) コール、マイケル『文化心理学——発達・認知・活動への文化—歴史的アプローチ』前掲書、一六八頁。
(17) 同上書、二〇〇頁。
(18) Marx, Karl, "Theses on Feuerbach," Marx, Karl, Engels, Friedrich, *The German Ideology*, Moscow: Progress Publishers, 1976. マルクス・エンゲルス『[新訳]ドイツ・イデオロギー』服部文男監訳、新日本出版社、一九九六年。マルクス・エンゲルス『ドイツ・イデオロギー』廣松渉編訳、小林昌人補訳、岩波書店、二〇〇二年。
(19) エンゲストローム、ユーリア『拡張による学習——活動理論からのアプローチ』前掲書、二三一—二四頁。
(20) 同上書、七九頁。
(21) 同上書、二〇四—二一二頁。
(22) 同上書、二一一頁。
(23) 同上書、一〇八—一〇九頁。Lave, Jean, "Introduction: Situationally Specific Practice," *Anthropology & Education Quarterly*, 16, 1985, p. 174.
(24) エンゲストローム、ユーリア『拡張による学習——活動理論からのアプローチ』前掲書、一〇八—一一三頁。
(25) 同上書、一一三頁。
(26) 同上書、二一〇—二一四頁。
(27) 同上書、二一五—二三八頁。
(28) 同上書、一四〇—一四一頁。
(29) 同上書、一四一頁。
(30) 山住勝広『活動理論と教育実践の創造——拡張的学習へ』関西大学出版部、二〇〇四年、九三—九六頁。
(31) 趙衛国『中国系ニューカマー高校生の異文化適応——文化的アイデンティティ形成との関連から』御茶の水書房、二〇一〇年。

(32) Engeström, Yryö, Pasanen, Auli, Toiviainen, Hanna and Haavisto, Vaula, "Expansive Learning as Collaborative Concept at Work," Yamazumi, Katsuhiro, Engeström, Yryö and Danniels, Harry, (ed.), *New Learning Challenges: Going Beyond the Industrial Age System of School and Work*, Kansai University Press, 2005, pp. 47-77.

(33) 高木光太郎『ヴィゴツキーの方法――崩れと振動の心理学』金子書房、二〇〇一年、一二六―一二七頁。

(34) Engeström, Yryö, Pasanen, Auli, Toiviainen, Hanna and Haavisto, Vaula, "Expansive Learning as Collaborative Concept at Work," op. cit., pp. 47-77.

(35) Engeström, Yryö, "Changing Practice through Research: Changing Research through Practice," Keynote Address, 7th Annual International Conference on Post Compulsory Education and Training, 1999.

(36) ダニエルズ、ハリー『ヴィゴツキーと教育学』前掲書、一五九―一六一頁。

(37) コール、マイケル『文化心理学――発達・認知・活動への文化―歴史的アプローチ』前掲書、四八頁。

(38) 同上書、一四九―一五〇頁。

(39) Dewey, John, *Democracy and Education, The Middle Works*, vol. 9, p. 82.

(40) Ibid., pp. 82-86.

(41) Dewey, John, *Experience and Education, The Later Works*, vol. 13, pp. 1-62.

(42) Ibid., p. 25.

(43) Dewey, John, *Democracy and Education*, op. cit., p. 146.

(44) Ibid., p. 147.

(45) Ibid., p. 147.

(46) Dewey, John, *Reconstruction in Philosophy, The Middle Works*, vol. 12, pp. 124-138.

(47) Dewey, John, *The School and Society, The Middle Works*, vol. 1, pp. 168-171.

(48) デューイは、つぎのように述べている。「経験は、自然のなかでおこなわれ、自然についておこなわれる。経験されるものは、経験ではなく、自然である。すなわち、石、植物、動物、病気、健康、温度、電気などである。ある方法で相互作用しているものが経験であり、経験されるものである。……こうして、経験は自然のなかに入りこむ。経験は深さをもつと同時に、広さをもち、無限に弾力のある拡がりへと到達するのである。」(Dewey, John, *Experience and Nature, The Later Works*, vol. 1, pp. 12-13.)

(49) Dewey, John, *Studies in Logical Theory, The Middle Works*, vol. 2, pp. 294-375.

(50) Dewey, John, *The School and Society*, op. cit., pp. 54-55.

(51) Dewey, John, *The University Elementary School: General Outline of Scheme of Work, The Middle Works*, vol. 1, p. 336.

(52) Dewey, John, *The School and Society*, op. cit., p. 99.

(53) Dewey, John, *My Pedagogic Creed, The Early Works*, vol. 5, p. 89.

(54) Dewey, John, *The School and Society*, op. cit., p. 54.

(55) Dewey, John, *The Plan of Organization of the University Elementary School, The Early Works*, vol. 5, p. 230.

(56) Ibid., p. 12.

(57) Dewey, John, "Democracy and Education in the World of Today," *The Later Works*, vol. 13, p. 294.

(58) Dewey, John, *The Public and Its Problems, The Later Works*, vol. 2, pp. 235-372.

(59) Dewey, John, *Schools of To-Morrow, The Middle Works*, vol. 8, p. 320.

(60) Dewey, John, *The School and Society*, op. cit., vol. 1, p. 12.

(61) Dewey, John, *Democracy and Education*, op. cit., pp. 286-299.

(62) Ibid., pp. 286-299.

(63) Ibid., pp. 294-295.

(64) Dewey, John, *Human Nature and Conduct*, *The Middle Works*, vol. 14, pp. 1–230. *Experience and Nature*, op. cit., pp. 1–395.

(65) Dewey, John, *Democracy and Education*, op. cit., pp. 294–298.

(66) Dewey, John, "Results of Child-Study Applied to Education," *The Early Works*, vol. 5, pp. 204–206.

(67) Dewey, John, *The School and Society*, op. cit., p. 8.

(68) メナンド、ルイ『メタフィジカル・クラブ——米国一〇〇年の精神史』野口良平・那須耕介・石井素子訳、みすず書房、二〇一一年、三六〇—三六一頁。

(69) Dewey, John, *The School and Society*, op. cit., p. 92.

(70) Mayhew, Katherine Camp, Edwards, Anna Camp, *The Dewey School: The Laboratory School of the University of Chicago, 1896–1903*, New Brunswick; London: Aldine Transaction, 2007.

(71) Anna Camp Edwards to John Dewey, July 16, 1930, Dewey, John, *The Correspondence of John Dewey, 1871–1952*, vol. 2, Hickman, Larry A., (ed.), InteLex Corporation, 2005.

(72) John Dewey to Katherine Camp Mayhew & Anna Camp Edwards, October 30, 1930, Dewey, John, *The Correspondence of John Dewey, 1871–1952*, vol. 2, Hickman, Larry A., (ed.), InteLex Corporation, 2005.

(73) John Dewey to Anna Camp Edwards, July 18, 1933, Dewey, John, *The Correspondence of John Dewey, 1871–1952*, vol. 2, Hickman, Larry A., (ed.), InteLex Corporation, 2005.

(74) Mayhew, Katherine Camp, Edwards, Anna Camp, *The Dewey School: The Laboratory School of the University of Chicago, 1896–1903*, op. cit.

(75) Dewey, John, *The School and Society*, op. cit., pp. 10–11.

(76) Ibid., p. 11.

(77) Ibid., pp. 11–12.

(78) Ibid., p. 19.
(79) Ibid., p. 13.
(80) Ibid., pp. 15-16.
(81) Ibid., p. 39.
(82) Ibid., p. 39.
(83) Ibid., pp. 39-48..
(84) Ibid., pp. 48-54.
(85) Ibid., p. 54.
(86) コール、マイケル『文化心理学――発達・認知・活動への文化―歴史的アプローチ』前掲書、一六二頁。

第7章　現代プラグマティズムと民主主義の学習

――アート・学び・コミュニケーション

1　教育への哀悼――苦悩する民主主義

「教育の死」「教育に哀悼の意を捧ぐ」。二〇〇九年、カリフォルニア州教育局は、二万六〇〇〇人の公立学校の教職員を解雇するという方針を示した。カリフォルニア州は、二四〇億ドルに達する巨額の財政赤字を抱え、失業率が一〇%を超えるのに伴い、当時のシュワルツェネッガー（Arnold Schwarzenegger）州知事が「非常事態宣言」を発表した。州では、金融危機、景気後退、住宅不況、失業率上昇、所得税収入の減少などによって、経済が深刻化し、公務員を月三日無給休暇とすることや、貧困層への行政サービスの縮小、学校や自治体への予算支払いを遅らせる手続きをおこなった。カリフォルニア州は、未曽有の経済危機のなかで、八〇億ドルに及ぶ教育関連予算の削減を示し、大量の教職員解雇を迫ることになった。「教育の死」を悼む追悼式典は、このような教育予算削減に抗議する形で営まれたものである(1)。

二〇一一年三月には、ウィスコンシン州マディソンで、共和党のウォーカー（Scott Kevin Walker）州知事のリコールを求める大規模な抗議活動が展開された。ウォーカーは、教育予算の大幅な削減を発表し、教職員の解雇を打ちだしただけでなく、公務員の団体交渉権を剝奪し、賃金や年金の大幅なカットを進めようとした。ウォーカー州知事に対するリコール要求の署名は、一〇〇万人を超え、アメリカ史上最大規模のものとなった。一方で、二〇一二年六月に実施されたリコール選挙は、結局、ウォーカーの勝利に終わった。[2] また、二〇一二年九月、イリノイ州シカゴで、エマニュエル（Rahm Emanuel）市長が導入を計画する教員評価制度やスタンダード・テストをめぐって大規模な抗議デモがおこなわれ、二万九〇〇〇人もの教職員がストライキに突入した。[3] 深刻な経済情勢を理由に、緊縮財政が採用されるとともに、学校予算の縮小や教職員の制度改革が断行され、教育の自由化、私事化、市場化を先導する動きが拡がっている。新自由主義的な市場原理は、厳しい財政状況下で、経済再生をはかるための起爆剤として推進される傾向にある。

いわゆる「危機」の時代に、教育がターゲットにされることは、何も経済危機や財政危機の時代に限られたものではない。たとえば、二〇〇五年八月にアメリカ南東部を襲ったハリケーン・カトリーナの直後の改革を例にとってみよう。カトリーナによって、ミシシッピ州、ルイジアナ州、アラバマ州の各都市は、壊滅的な被害を被った。なかでも、ニューオーリンズは、市の八割が冠水し、市は完全封鎖による「緊急事態宣言」を発表し、住民は強制的に避難生活を送ることを余儀なくされた。驚くべきなのは、このような状態で、公立学校の閉鎖と予算削減が進められ、教育の市場化、私事化へと向かう改革が実施されたことである。カトリーナ以前のニューオーリンズでは、六万三〇〇〇人の生徒が公立学校で学んでいたが、その数は二〇〇八年秋には二万四〇〇〇人にまで減少している。というのも、ハリケーンの数週間後には、ルイジアナ州は、教育予算を大胆に削減し、私立機関の予算へと計上することを示すとともに、四万五〇〇〇人の教職員を解雇し、教職員組合を解散させることに着手したのである。

さらに、ニューオーリンズでは、バウチャー制度やチャーター・スクールが積極的に導入され、教育の市場化と民営化が急速に進められた。災害から一か月も経過しないうちに、アメリカ連邦教育省は、二〇〇〇万ドルをチャーター・

スクールの予算に充当することを発表している。これによって、二〇〇六―二〇〇七年度に市内に新設された五四の公立学校のうち三一校がチャーター・スクールとなり、その数は二〇一〇年には、八八校のうちの六一校に増えるまでになっている。リップマン（Pauline Lipman）の表現を借りるならば、ニューオーリンズでは、ハリケーンの危機が逆手にとられる形で、「公立学校を分権化し私事化する大規模な実験」が繰り広げられたのである。[4] かくして、新自由主義は、教育の自由化、私事化、規制緩和に向けた改革を後押ししてきた。

今日、グローバル社会は、民主主義の苦悩に直面している。社会的なリスクや不確実性が増殖するなかで、民主主義への諦念やシニシズムが拡大し、人びとの生き方を紡ぐ将来の展望が不透明なものに変質する傾向にある。民主主義は、人びとに無前提に受けいれられて、明るい未来を灯してくれるというよりも、暗闇のなかで彷徨う様相さえみせている。危機にさらされているのは、民主主義を底流にした教育の制度デザインであり、民主主義の学習を擁護する学校環境の創出である。それは、教師や子どもや親や市民たちの協同とコミュニケーションによって学習活動を支え、相互によりよい教育を志向するコミュニティを形成し、民主主義を基盤にした学校づくりを展開する課題を浮かびあがらせる。民主主義の学習を探究し、教育への積極的な展望を新たに描きなおすことが求められているのである。

本章の目的は、民主主義がおかれた全貌を解きあかすことではない。むしろ、社会が不確実化しリスクが増大する状況のもとで、なおも、民主主義が必要であり、民主主義の学習が要請されるとすれば、それをどのように再生し再構築するのかを問うことにある。教育の自由化、私事化、規制緩和が推進され、競争と選択の市場原理が教室の学習環境にまで浸透するなかで、民主主義の学習をどのように再建し、これからの教育をどのように創造するのかを考えることにしたい。そのために、現代のプラグマティズムと民主主義の学習論に照準を合わせる。まず、今日において、民主主義を正当化する方略を、「社会的相互作用」にもとづく「民主主義の優位」という観点から明らかにする。つぎに、相互作用的なコミュニケーションを教育と学習につなぐあり方について考察する。そのうえで、想像的なアートとコミュニケーションによって、民主主義の学習を再構築する経路を探ることにしたい。

2　民主主義の優位――社会的相互作用と探究のコミュニティ

民主主義はなぜ必要なのか。それはなぜ擁護されるべきなのか。不確実化し不安定化する社会のなかで、民主主義を再建するとすれば、それはどのようにして可能なのか。この点について、ナイト（Jack Knight）とジョンソン（James Johnson）の共著『民主主義の優位――プラグマティズムの政治的帰結』（二〇一一年）は興味深い。ナイトとジョンソンは、プラグマティズムの哲学に立脚して、「市場」や「司法」など、民主主義以外の制度に対する「民主主義の優位」を説いている。彼らは、デューイが『公衆とその問題』で、「民主主義についての楽観主義に暗雲が立ちこめている」と論じたことを引きあいに出して、「デューイの時代と同様、今日も民主主義にかかわる楽観主義は『暗雲が立ちこめた』状態にある」と診断する。しかし、そのような時代に必要なのは、「民主主義の政治」に従事しかかわることを諦めることではなく、むしろそれを刷新することであると述べる。彼らが関心を寄せるのは、人びとのあいだに避けがたく存在する諸々の対立、論争、摩擦、不一致、多様性にもかかわらず、それらを調整し制度配置を促す手段としての「社会的相互作用」の問題である。そして、「社会的相互作用」に依拠した制度づくりを、プラグマティズム的な「民主主義の優位」という視点から考察するのである。(5)

ナイトとジョンソンによれば、「暴力」や「強制」を回避して、「論争」を解決し「協同」を達成するにはどうすべきなのかという問いの解は、「民主主義の政治」を推進し、「民主的な制度配置」に頼る選択をおこなうことにある。それは、さまざまな「不一致」や「多様性」にもかかわらず、互恵的な方法でそれらを調整する過程で、非形式的な規範、実践、慣習などの「制度メカニズム」、市場などの「分権的な制度形式」、政府などの「集権的な制度形式」から構成される「制度配置」を可能にする。その際、「制度的多元性あるいは多様性」を担保するのは、「進行する社会的、経済的、政治的活動を調整する体系的な手段」であり、「社会的、政治的相互作用の構造」である。「多様性」は「社会的事実」であるがゆえに、「論争」や「不一致」が避けがたく付きまとう一方で、同時に私たちの生活は避けがたいほど「相互依存」の状態にある。したがって、人びとの行為を調整し、差異を解決する「制度」が必要となる。ナイトとジョンソンによれば、「民主主義」は「一つの制度」であり、「利用できる他の制度的なオルタナティブのなかで重要な優位」を占めている。「民主主義」は、「進行する社会的、経済的、政治的相互作用」のすべてを調整するには「最良の方法」ではないかもしれず、しばしば「他の制度形態」によって補われるものであるが、それは「市場」や「司法」などの他の制度形態よりも「優位」におかれるのである。

それにしても、民主主義は、どのように正当化されるのか。ナイトとジョンソンは、民主主義の決定方法が効果的に機能するには、それぞれの参加者が政治的影響力の平等な機会を享受することが大切だと主張している。そして、民主主義を正当化する方法を、二つの段階で考えている。「制度がもたらす第一段階の効果」は、「制度配置が実質的な社会的相互作用を調整する仕方」を示せるかどうかにかかっている。強調されるのは、共通善や共通の目標を追究する際に、それぞれ異なる個人をどれだけまとめられるかという範囲の問題である。そこで、「第二段階の効果」が問われることになる。すなわち、「民主主義の制度配置」が「効果的な制度選択」を促すあり方についてである。それは、政治や社会の「コンセンサス」を達成することを目指すのではなく、むしろ現代社会に存在する「論争」を顕在化することにおいて重要な役割を果たすことになる。「民主主義」は、「進行する緊張に対処し、特定の問題やイシューを解決するのに何がベストであるのかを、どんな場面でも決定するために、社会にとって効果的な意味をもつのである」[6]。

このように考えを巡らすならば、民主主義は、それ自体所与のものではないということになる。一方で、プラグマティズムの哲学は、民主主義に対する「懐疑主義」にも異を唱える。そこで、他の社会形態に対する「民主主義の優位」を唱えるために、「可謬主義」「反懐疑主義」「帰結主義」という三つの観点を採用する。ここで、「可謬主義」とは、私たちが確信をもっているような「信念」でさえも、誤っているかもしれないということを含意する。周知のように、プラグマティズムは、「道具主義」や「再構築」を志向する。そこでは、私たちが何らかの問題状況に直面し、予期せぬ偶然的な出来事に遭遇したときには、それ以前の「信念」や「判断」を変更したり修正したりすることが求められる。第二の「反懐疑主義」というのは、私たちの「信念」がつねに誤っているかもしれないものの、そのことはすべてが誤っていると想定することを意味するのではないということである。プラグマティズムにおいては、「懐疑」と「信念」の両方が擁護される。第三は「帰結主義」であり、プラグマティズムは「観念」を「結果」から考えることを重視する。ナイトとジョンソンによれば、「可謬主義」「反懐疑主義」「帰結主義」は、相互に関連しあうものである。「民主主義の優位」を主張し、「民主主義の正当化」をはかるのも、これら三つの観点を受けいれるところから出発する。

ナイトとジョンソンは、プラグマティズムの核心に、「制度的『条件』への関心」が存在するという。デューイの「民主主義の信仰」を支えるのは、「知性的な行為」だけでなく、多様な公衆の行為によって構築される「制度機構」である。それは、「民主主義」と「コミュニティ」への問いとして表現されている。「コミュニティ」とは、「調整された相互作用」だけではなく、「参加とその帰結の反省的認識」を示すものである。そのために、「コミュニケーション」は、道具的な行為を媒介する「コミュニティ」にとって不可欠なものとなる。ここで、ナイトとジョンソンは、パースのプラグマティズムに注目する。すなわち、パースが「個人の活動」ではなく、「探究のコミュニティの活動」として、「信念」「知識」「真理」を提示し、しかもそれを「コミュニティのなかの論争と不一致」に結びつけ、「それらを作用させるために必要な制度構造」について考えたことを高く評価する。彼らによれば、「探究のコミュニティ」は、「完全に政治化されたもの」であり、「コミュニティ」の観念は、「プラグマティズムの制度的インプリケーション」である。プラグマティストは、「進行する社会的、経済的、政治的相互作用」を知性的に調整する「制度の必要性」を主張するのである。

プラグマティズムはまた、「実験的探究の結果」を「社会的経験や政治的議論の観点から修正しうる仮説」として考える。ナイトとジョンソンがデューイの哲学から引きだすのは、「知識」というものが、「理解」だけでなく、「コミュニケーション」を意味する点である。それゆえに、「社会的探究の結果」は、「機械的に社会的、政治的問題」に当てはめられるべきではない。「探究の結果」は、直接的に「問題」に適用されるよりも、「社会的、政治的熟議と議論」へと導かれなければならないという。「制度選択」が問題としてクローズアップされるのは、それ自体、「社会的関係」を効果的に調整する「社会的相互作用」によって創出される「結果の機能」だからである。この点で、「制度配置」の主題は、「コミュニティ」とつながりあう。「探究のコミュニティ」は、「反省性」を基礎にして、「進行する相互作用を調整する、分権的で非形式的な配置」なのである。ナイトとジョンソンは、不確実化する社会のなかで、プラグマティズムの哲学に立脚した「制度デザイン」を提示し、それを「民主主義の優位」という観点から正当化するのである(7)。

3　相互作用的構成主義とコミュニケーション

では、「社会的相互作用」の調整による「民主主義の優位」の視点は、教育と学習の主題にどのようにつながるのか。

この点で、ケルン大学デューイ・センターのノイベルト（Stefan Neubert）とライヒ（Kersten Reich）によって展開されている「ケルン・プログラム」は興味深い。ノイベルトとライヒは、「相互作用」と「コミュニケーション」にもとづく学習論を、プラグマティズムと社会的構成主義の統合による「相互作用的構成主義」の角度から提示する。すなわち、デューイの民主主義とプラグマティズムの哲学を、ヴィゴツキーに由来する社会的構成主義に積極的につなぐことで、「相互作用的構成主義」という学習のコンセプトを示すのである。ノイベルトは、その理論的パースペクティブを以下の六点にわたって指摘している。

（1）文化的実践、ルーティン、制度における観察者—参加者—エージェント
（2）とくに、生きた経験の次元に焦点を合わせたコミュニケーションのプロセス
（3）生活世界の象徴的資源、主体の想像的欲求、リアルな出来事の生成の相互作用
（4）リアリティの文化的創出における構築、再構築、脱構築のプロセスのつながり
（5）ディスコースと権力のかかわり
（6）多文化的文脈における文化的多様性、他者、非整合性⑧

ノイベルトによれば、一般的に、構成主義者は、「リアリティの創出」を「観察者によって構成されるプロセス」と考え、『世界づくり』の実行可能な方法の創出」を探究する。構成主義者にとって、「観察者」は、狭義の「視覚的なメタファー」でもなければ、現実から離れた「公平な観察者」でもない。「観察する」行為は、つねに「生きた文化の一部」であり、「すべての多義性、不確実性、矛盾、曖昧な多様性における生活世界的な文脈あるいは生活経験」において開始され終了するのである。「観察者」は、「多様な観点」をもつ「解釈的なコミュニティの文脈」におかれるのであり、そこでの「ディスコース」は、つねに「権力関係」を伴うものとなる。

「相互作用的構成主義」は、「教育」を、「文化的実践、ルーティン、制度のなかで、観察者、エージェント、参加者によって協同的に構成されるリアリティ」として認識する。そして、「学習」を、「学習者」によって従事される「協同的で構成的な過程」とみなし、つねに「事柄の中間においてはじまる過程」と考えている。まずそれは、「生活世界あるいは社会的生活経験における観察者、エージェント、参加者としての子ども、生徒、学習者、教師の協同的な活動」である。「学習」が生起するのは、「学習者がみずから見いだした具体的状況において問題を解決し意味を創出する構成的なエージェンシーを活用し拡張する」ときである。そこでは、「教師の役割」は、「生徒の学習過程のファシリテーターか援助者」へと変化し、「協同的な問題解決過程の文脈において、刺激し、伝達し、調整する間接的な形態」をとることになる。(9)

「相互作用的構成主義」にとって、「コミュニケーション」と「参加」は、とりわけ重要である。というのも、コミュニケーション理論は、「学習」を「生きた関係性の文脈」のなかにおくことを要請するからである。ノイベルトとライヒによれば、「コミュニケーション」は「人間の活動を調整し、人間の生存を保障するために不可欠なもの」である。「コミュニケーション」と「教育」は「参加」を前提とするのであり、「コミュニケーション」が「教育的」であるためには「相互的なもの」である必要があるという。(10) ノイベルトは、コミュニケーション理論を「象徴的」「想像的」「リアル」の三つに区分する。すなわち、構成主義的な教育者は、「象徴的な意味の豊かさ、多様性、曖昧性」に配慮し、「象徴的なリアリティの発達と構成的なアプロプリエーション」を考慮する必要があるし、「学習」が「想像的な過程」である以上、「生徒と学習者の想像的なリアリティの構成と育成」に気を配る必要があるし、「象徴的で想像的なリアリティの相互作用的な協同構成による学習」というのは、つねに「リアルなものの周辺で生起する」必要があるのである。ノイベルトにしたがえば、「学習者のコミュニティ」のなかでの「協同構築」、「社会環境における他者とのコミュニケーションと調整」にかかわる「相互作用の教育」は、必然的に「文化的多様性」を前提にした「相互文化的な教育学」を志向するものとなる。⑪

ライヒは、「相互作用的構成主義」が「リアリティを構成する道具的で実験的な方法」を探究するという。リアリティを構成する「観察者、参加者、エージェント」は、既存の「社会的、文化的条件」に埋め込まれ、規定されることになるが、そのことは同時に、「文脈」を超える「可能性」を示すものでもあるという。それは、プラグマティズム的な意味での「誤謬主義」に立つことを意味する。それはまた、「実験的に探究し、発見したことについて、コミュニケーションをおこなう」ことによって、「アクティブな参加者」になることを目指している。⑫「ディスコース」は、「実践、ルーティン、制度の外側で生起する言語ゲーム」ではなく、つねに「文化的文脈」のなかに位置づけられるのである。したがって、「コミュニケーション」には、あらゆるレベルで、「論争」「社会的矛盾」「利害の衝突」が付随する。⑬このような探究的でコミュニケーション的な相互作用主義の教育は、デューイのいう「民主主義」の観念に支えられる。ライヒによれば、デューイにとって、「民主主義」は「他者にひらかれていること」を意味し、「多様で異なる生き方」を与え、「発達への多元性と開放性」を前提にするものであるという。「民主主義への問い」は、「構成主義の政治的な前提条件」なのである。⑭ノイベルトもまた、「構成主義者の教育」が志向するのは、デューイのいう「生き方としての民主主義」であり、「ひらかれた多元的な世界に向けた教育」であると主張している。⑮

コミュニケーションと学習の関係については、ヴィゴツキーの社会的構成主義においてすでに積極的に論じられていた。バース大学のダニエルズによれば、ヴィゴツキーは「コミュニケーションにおいてこそ、社会的理解が個人的理解に利用可能になる」と考えていたという。ダニエルズは、「言葉を使用したコミュニケーション」と「言葉に関するコミュニケーション」の違いを、「学校教育におけるコミュニケーション」と「日常生活におけるコミュニケーション」

の相違として説明している。そして、この相違について、ヴィゴツキーが区別した「日常的概念」と「科学的概念」との「基本的な違い」から解釈する。彼によれば、学校教育における「言葉に関するコミュニケーション」が「個人の科学的概念の発達を導く」のであり、「コミュニケーション」が「学校という社会と個人との間の媒介機能を果たす」のである。(16)

ダニエルズは、ヴィゴツキー学派の理論をバーンスティン（Basil Bernstein）の社会学の研究と結びつけて考察する。彼は、もともとロンドン大学教育研究院で博士号を取得しており、そのときに研究指導を担当したのがバーンスティンであった。ダニエルズは、バーンスティンの「コミュニケーション」と「ディスコース」の理論を援用し、ヴィゴツキーの「日常的概念」と「科学的概念」の区別を、バーンスティンの考え方と重ねあわせて論じている。

> この区別は最近になって洗練された。最後の学術論文において、バーンスティンは垂直的ディスコースと水平的ディスコースとを区別している。日常活動から生まれる水平的ディスコースは、通常、口頭で、ローカル（局所的）で、文脈に依存し、特定で、暗黙で、多層で、文脈内では矛盾していないが、文脈間では矛盾している。その構造は特定の文化が区分されて、その活動が専門化している様を反映している。水平的ディスコースは、首尾一貫しており、明示的であり、系統的な原理にもとづいて階層的に組織された構造を有し、また、一連の専門的な言語の形態をとり、テキストの生産と流通に関して専門化された基準をもっている。(17)

ダニエルズはまた、バーンスティンが「授業・学習ディスコース」と「調整ディスコース」の区別を洗練させたと考えている。すなわち、前者が「諸技能とそれらの関係の伝達」をあらわすのに対し、後者は「社会的階層、関係、およびアイデンティティの原理」に関連する。「〈教育〉ディスコース」は、「授業・学習ディスコース」と「調整ディスコ

表1　水平的ディスコースと垂直的ディスコース

	水平的ディスコース	垂直的ディスコース
評価的	自然発生的	案出される
認識論	主観的	客観的
認知的	操作	原理
社会的	親密	距離
文脈上	内部	外部
声	支配される	優位
モード	直線的	非直線的
制度上	ゲマインシャフト	ゲゼルシャフト

ース」が埋めこまれて形成される「ひとつのディスコース」として考えられる。⑱

ヴィゴツキーの科学的概念と生活的概念の間の相互作用による概念形成の議論は、心の発達の重要性とともに、活動内容と構造選択の必要性へ注意を向けさせる。私の提案はバーンスティンの垂直的ディスコースと水平的ディスコースのモデルを含む科学的・生活的という区分の拡張により、より精巧な分析の開発に向けた重要な前進がもたらされるかもしれないということである。⑲

ダニエルズは、学校における「〈教育〉ディスコースの形態」から、「コミュニケーション」にもとづく「モデル」への移行を促している。それは、「社会文化的文脈を変更しようとする介入の形態」を追究し、「協働的な仲間による問題解決文化の発展を通した学校教育の形態」を構築するものである。ダニエルズは、エンゲストロームらの研究に倣い、ヴィゴツキーの「認識論的、主体―対象―主体関係の三水準」を、「協応、協同、コミュニケーション」の構造から再理論化する。それによれば、「協応の一般構造」は、「行為者は異なった目標を追求するスクリプト化された役割」にしたがい（図1）、「協同の一般構造」では、行為者は共有された問題に焦点化し、「スクリプト」の枠内で相互に交渉し問題解決をおこなう（図2）のに対して、「コミュニケーションの一般構造」においては、「反省的コミュニケーション」として「行為

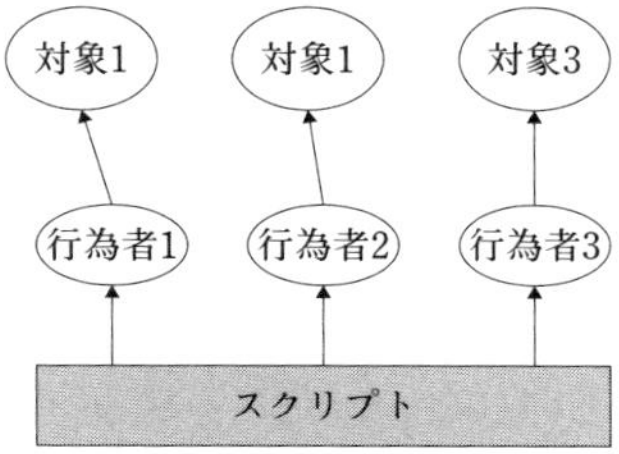

図１　協応の一般構造

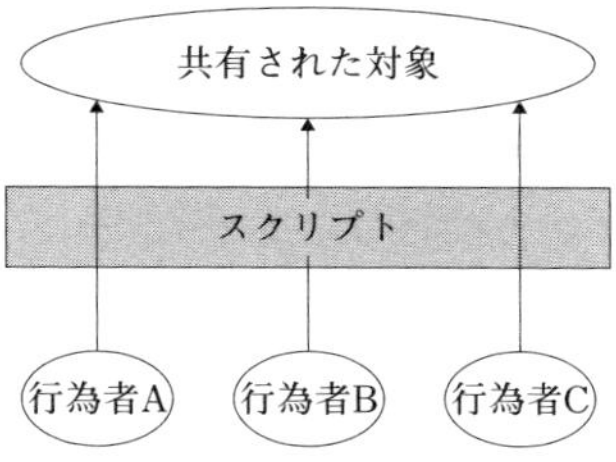

図２　協同の一般構造

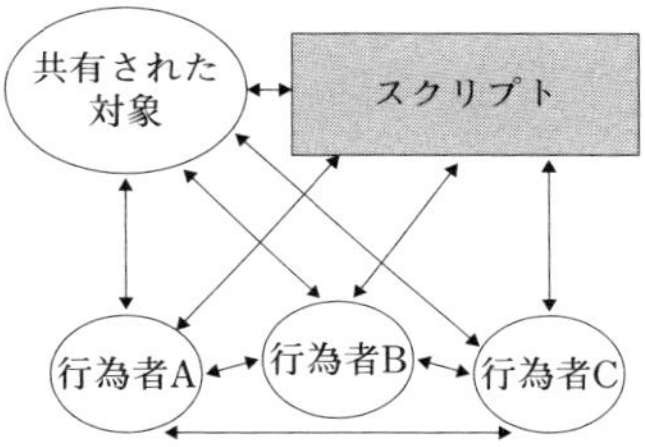

図３　コミュニケーションの一般構造

への反省」を喚起することにより、「対象とスクリプトは共に再概念化され、参加者の相互作用も再概念化される」（図3）という[20]。

4　コミュニケーションの実践としての教育

一九二九年にデューイがエディンバラ大学でおこなった講義をもとに出版された『確実性の探究』（一九二九年）は、「知識」と「行為」の「相互作用」に注意を向ける点で示唆的である。同書は、「危険からの回避」という章からはじめられている。デューイの批判は、哲学の伝統が、「知識の領域」と「行為の領域」という「二つの領域」へと分割し、「知識の領域」と「実際的行為」には「固有の結びつき」などないと認識したことに向けられる。すなわち、人びとが不確実性に満ちた日常生活の「リスク」から逃れるために、固定的、永遠的で、いかなる変化も許容しない「絶対的な確実性」「究極的存在あるいは実在」「合理的思考」を求めた一方で、「変化はつねに偶然的」であり、「生成の世界は衰退と破壊の世界である」と考えたことが批判される。伝統的な知識観においては、「不変的に固定された絶対的な確実性は一つである」のに対し、「変化はすべての不確実性と苦悩があらわれる源泉である」とみなされた。デューイは、「リスク」を回避し、「安全第一」を追究する考え方が「おこなうことやつくることに対する知ることの優位」を促し、「実践の軽視」を助長したと批判する一方で、「知識と実践の不断の効果的な相互作用」を築くことを提案する。「行動の様式」は、「保険」を提供するが、「確証」を与えることはない。それは、つねに「危険」や「欲求不満の危機」にさらされるのであり、「リスク」「不安定性」「不確実性」が付随することになる。(21) このような「絶対的な確実性」への探究に再考を促す視点は、「変化」と「不確実性」に富んだ生成的な行為の「実践」に着眼するプラグマティズムの基盤を構成している。

プラグマティズムにおいて、「知識」と「行為」を結ぶ「相互作用」と「コミュニケーション」は鍵概念となっている。デューイの『経験と自然』では、「コミュニケーション」の「道具的側面」と「完結的側面」について言及されている。それによれば、「コミュニケーション」は、「比類なく道具的」であるとともに、「比類なく目的的」である。「コミュニケーション」が「道具的」なのは、それがなければ降りかかるであろう「圧倒的な出来事の圧力」から私たちを解放し、「意味をもつ事柄の世界のなかで生きること」を可能にするからであり、また「コミュニケーション」が「目的的」なのは、それが「コミュニティにとって貴重な対象とアートにおける分有」となり、「意味が親交の感覚のなかで高められ、深められ、強固にされる分有」となるからである。「コミュニケーション」は、「主張」「要請」「注文」「指図」「依頼」など、「他者の協同的援助」を獲得し、「ある目的のための一致した行動の手段」であると同時に、「行動の協力された一致」によって成就され、「全体のなかに分有され溶けこんだ感覚」をもたらす点で、それ自体のなかに「可能なすべての善」が見いだされるのである。(22)

したがって、「言語」は、「相互作用」と「アソシエーション」の「否定」によって成立するのではない。「言葉」は、「既存の、まったく個人的な心的状態」として考えられるのではなく、「意味」を獲得し、その使用によって「行為のコミュニティ」を生成させる。この点で、「言語」は、対象や出来事に対する「自然的相互作用」や「自然的つながり」を喚起する。それはまた、「話す人と聴く人との相互作用の様式」であり、人びとが所属し会話の習慣を獲得する「組織集団」を前提にするがゆえに、「関係的」なものである。「言語」は「道具（ツール）」であり、「道具」は「本来的に関係的、予見的、予言的なもの」である。デューイによれば、「コミュニケーション」の「道具的機能」と「目的的機能」が「経験」のなかでともに生かされることによって、「協同生活の方法とその報酬である知性」が生起し、「愛情、賞賛、誠実に値する社会」が形成される。「コミュニケーション」は、「協同、支配、秩序を樹立する手段」であり、それによって「経験」が共有されることは「人間の最大の善」なのである。[23]

ここで重要なのは、「経験」が「有機体」と「環境」の「相互作用」として定義されることである。「人間の経験」というのは、すべて「社会的」であり、「触れあいとコミュニケーション」の「相互作用」を含んでいる。[24] このような「コミュニケーション」の哲学は、何よりも「生命」と「生きること」に結びつく。『民主主義と教育』の第一章では、「生命に必要なものとしての教育」というタイトルが付けられている。[25]

社会生活がコミュニケーションと同じだというだけでなく、あらゆるコミュニケーション（したがって、あらゆる真正の社会生活）は教育的である。コミュニケーションを受けることは、拡大され変化させられた経験をもつことである。[26]

ルクセンブルク大学のビエスタ（Gert Biesta）は、デューイの『民主主義と教育』を「コミュニケーション的転回」

という視角から解釈している。それは、「参加としてのコミュニケーション」を提起し、「コミュニケーションの実践としての教育」を探究するものである。ビエスタによれば、デューイの教育理論は、「子ども中心のアプローチ」というよりも、「コミュニケーション中心の哲学」と考える方が適切であるとされる。[27] デューイは、「コミュニケーション」が「コモンなもの」を共有し、「コミュニティ」を形成する「道具」であるとともに、人びとが協同的な「コミュニケーション」のなかに生きている点で、それ自体が「目的」になるという。人は、他者が考え感じたことを共有しあうのであり、その限りにおいて、人の態度が修正されるということが起きる。また、コミュニケーションを送る側の人にとっても、ある経験を他人に伝えようとすると、とりわけその経験が複雑な場合には、自分の経験に対する自分自身の態度が変化するということが生じる。この意味で、「社会はトランスミッションによって、コミュニケーションによって存続するだけでなく、トランスミッションのなかに、コミュニケーションのなかに存在する」のであり、「コモン、コミュニティ、コミュニケーションという言葉には、単なる言語上の結びつき以上のものがある」のである。[28]

5　想像的なアートとコミュニケーション

デューイのコミュニケーション論の特徴の一つは、それを「アート」の次元から探究していることである。彼は、「コミュニケーション」を「コミュニティ」の「アートにおける分有」ととらえるとともに、「アート」を構成的で想像的な「コミュニケーション」の観点から解釈している。『経験としてのアート』では、つぎのように述べられている。「アート」は、「私たちが語りえなかったものの意味」や「明白な行為に移すなかで聞き流してしまうようなものの意味」を明確かつ深く共有する「コミュニケーション」を可能にする。「コミュニケーション」は、「参加を創造する過程」であり、「孤立し単独であったものを共有させる過程」である。それが「一つの奇蹟」であるのは、「コミュニケーション」のなかで、「意味の伝達が聴く人にも語る人にも経験の具体性と明確さを与える」からである。デューイによれば、「アート」としての「経験の表現」は、「公共的なもの」であり、「コミュニケーション的なもの」である。それは、「人が他者と共有するという本性」に由来し、「コミュニケーションを作用させる機能と結果」をもつ。「アート」は、人間を相互に分離する障壁を超える可能性をもつ点で、「公共世界の共有された性質によって構成されるもっとも普遍的で自由なコミュニケーションの形態」なのである。㉙

注目すべきなのは、「アート」と「コミュニケーション」の議論が、子どもたちの構成的で活動的な学習活動の生成へと積極的に結びつけられていることである。デューイは、子どもがもつ四つの「興味」について論じている。第一の「興味」は、「会話」と「コミュニケーション」の「興味」であり、それは「社会的本能」に起因するものである。とくに、周囲の人に話しかけたり、自分の経験を語ったりする「言語本能」は、代表的なものである。第二は、「物を作りたいという本能」であり、「構成的衝動」と呼ばれるものである。この衝動は、「遊び」や「運動」のなかですでに表現されている。第三は、「探究、すなわち事物を発見する興味」である。幼い子どもにおいては、実験科学と大工作業との間に境界があるわけではなく、また、物理や化学のような課業でさえも、専門的で抽象化された法則だけが存在するのではない。子どもたちはひたすら物事に取りくみたいのであり、その結果を見届けて、探究活動に従事するのである。第四は、「表現的衝動」としての「アートの本能」である。「アートの表現」は、「コミュニケーション本能」と「構成的な本能」から構成されるのである。㉚

デューイはまた、子どもたちの学習活動について、「構成とコミュニケーションの原型的なありのままの本能」が「科学的に方向づけられた探究」へと発展すると解釈する。「言語を教えること」は、自己の経験を他者に語り、またその見返りとして、他者の経験を自分のものにする子どもの「社会的欲求」を生起する。「言語」の活動を通して、「真実」を伝える事実や力の「相互関係」が築かれ、子どもたちの学びが豊かに展開されるのである。それは、一つの想像的な「アート」である。彼は、「復誦」を例にあげる。つまり、伝統的な「復誦」は、子どもたちが教科書から器用に記憶した「知識の量」を、教師や他の子どもたちにひけらかすためだけのものであった。そこでは、「言語」の学習についての「自然な動機」が子どもたちに与えられることは、ほとんどなかったという。必要なのは、「復誦」を「すでに獲得された知識の検証」としてではなく、「子どもたちのコミュニケーションの本能の自由な活動」へと転化することである。それによって、「復誦」は、「経験と思想が交換され、批判を受け、誤った考え方が訂正され、思考や探究の新しい方向づけが与えられる社会的な情報センター」となる㉛。

デューイは、「コミュニケーション」を「言語それ自体」として教えることは「不条理」だという。教室ではぐくまれるのは、「教えられるもの」としての「言語」ではなく、「生き生きとした印象や確信を人に伝達したいというようなリアルな欲求」であるべきである。学習活動において、「コミュニケーション」が繰り広げられるのは、そのような「リアルな欲求」に相互に応答しあうことによってである。「言語」が「社会的な仕方」で作用しているときには、「現実との絶えざる接触」がある。子どもたちは、語るべき何かを、言おうとする何かをもっているから、表現するのである。仮に、子どもが「表現する考え」が自分のものでないとしたら、それは「考え」ではないのである。デューイは、伝統的な教育方法においては、「単に学習したことだけを言わなければならなかった」と批判し、「何か言いたいことがあるのと、何かを言わなければならないのとは、まったくもって異なる」と主張する。多彩な事実や材料を手に入れた子どもたちは、それらについて語りたいのであり、しかもそれは、現実によって統制されるために、いっそう洗練された言語をもつことになるという。したがって、子どもたちの「欲求」や「興味」の外側で、「授業の反復」のために「言語」が用いられるのではなく、その使用は、子どもたちの協同的な「活動」と「経験」の交流を通じて共有され構築される「コミュニティ」へとつながっている[32]。

教育哲学者のグリーンは、デューイの理論に依拠して、「アート」と「想像性」の観点から「民主主義」と「コミュニティ」の学校再生を展望している。グリーンによれば、「民主主義」を想像することは「共有された経験」のイメージをもつことであり、「想像性」は「さまざまな境界」を超えて、「コミュニティ」を形成する可能性をもっている。「アート」の活動を通じた「想像性の回復」は、私たちを取りまく「社会的麻痺」を軽減し、人間的な「意味」を回復するのであり、「形成過程のなかにあるコミュニティ」と、それに「色彩と意義を与える価値」に彩られた「倫理的関心」を呼び戻すという。グリーンによれば、「アート」と「想像性」は、私たちの社会に浸透する「シニシズム」を超えて、日常的な慣習やルーティンのなかでは見過ごされてしまいそうな出来事をより豊かに観察し、聴き、意識し、経験する「参加的なかかわり」を可能にする。「アート」の「経験」は、進行するさまざまな事象に対する「意識的な参加」を要請するのである。彼女が示す「民主主義」というのは、「連帯の創出、確かな信念の共有、他者との対話」によって特徴づけられ、「ニューカマーにひらかれている」点で、「つねに形成過程のなかにあるコミュニティ」を意味している。それは、「善の共有」を追究し、「相互性」を遂行し、「何らかの共通世界」を目指すものであり、「形成する」「創出する」「編みあわせる」「語る」といった「過程の言葉」によって表現されるものである。グリーンは、「想像性を解放する」ことによって、「アート」と「民主主義」を中心にした教育を探究するのである[33]。

6　民主主義の学習——教育の新たな展望

なぜ、民主主義は、これほどまでに苦悩しているのか。教育の領域において、民主主義の観念は、根幹を形成する役割を担ってきたはずである。民主主義を標榜する教育は、アメリカやヨーロッパをはじめ、多くの国々で採用されてきたし、第二次世界大戦後の日本の教育も、「戦後民主主義」の拡がりと相即的に結びつく形で実践され蓄積されてきた。他方で、今日の新自由主義の席巻は、民主主義と教育を取りまく環境を大きく変貌させている。戦後の民主化や戦後教育学が格闘してきた問題や前提が根底において変化する状況で、民主主義に対する懐疑やシニシズムが拡大している。教育の市場化と民営化が加速し、社会的なリスクや不確実性が増大するとともに、教育に対する政治的介入が強化される現状は、想像的なアートとコミュニケーションを底流にした民主主義の学習に試練を突きつけている。こうしたなかで、民主主義と教育の新たな展望を紡ぐことが求められている。本章では、それに現代プラグマティズムの視座から接近し、アート・学び・コミュニケーションを軸に、民主主義と教育を再構築する手立てを探ってきた。

プラグマティズムの立場を表明するナイトとジョンソンは、「民主主義」に「暗雲」が立ちこめるなかで、なおも「民主主義の優位」を築く必要性を説いている。彼らによれば、プラグマティズムを特徴づけているのは、「誤謬主義」「反懐疑主義」「帰結主義」によって「民主主義の正当化」をはかることであり、「社会的相互作用」や「社会的探究」の「結果」を「社会的、政治的熟議と議論」の「コミュニケーション」へと誘うことであり、「探究のコミュニティ」を「制度配置」へとつなぐことであった。こうして、「民主主義」は、「社会的相互作用の調整」によって「正当性」を付与され、市場や司法など、他の社会形態に対する「優位」を獲得するという。

「相互作用」と「コミュニケーション」によって正当化された「民主主義」の哲学は、教育と学習に対するプラグマティズムの貢献へと視線を導いてくれる。「ケルン・プログラム」として具体化されている「相互作用的構成主義」は、これまでデューイのプラグマティズムと民主主義の哲学が、ヴィゴツキー学派の社会的構成主義と充分に結びつけられてこなかった点を批判し、両者を効果的に結合しようとする。教室の学習では、「文化的実践、ルーティン、制度のなかで、観察者、エージェント、参加者によって協同的に構成されるリアリティ」をもつことが奨励される。私たちの世界は、あらゆる不確実性、多義性、矛盾、対立、曖昧な多様性のなかにあるからこそ、「協同的な問題解決過程」を導入し、構成的で相互作用的な「コミュニケーション」の「観察者、参加者、エージェント」になることが必要だという。ダニエルズは、ヴィゴツキーの「科学的概念」と「日常的概念」の区別を利用して、「学校教育におけるコミュニケーション」を「日常生活におけるコミュニケーション」につなぐことを意図したが、同様の課題は、デューイのプラグマティズムにおいても中核におかれていた。

デューイは、人びとが「危険」を回避するために、固定的、普遍的で、変化のない「絶対的な確実性」を求めようとすることを拒否する。つまり、安全で「究極的な確実性」は「一つ」であるのに対し、「変化」や「生成」は「偶然的」であるという考え方を批判するのである。そして、「リスク」「不安定性」「不確実性」を内包した「知識」と「実践」の「実りのある相互作用」を探究した。「民主主義」は、「固定的な何か」ではなく、つねに新たに「探究され」、「発見され」、「創造される」ものである。[34]「コモン」「コミュニケーション」「コミュニティ」は、「民主主義と教育」の「互恵的」で「相互的」な関係を構築する。[35]なかでも、想像的な「アート」の役割が強調されている点は刮目に値する。グリーンは、「アート」と「想像性」によって社会の「シニシズム」を超える「参加的なかかわり」が可能になると強調した。デューイもいうように、「アート」は、それ自体「公共的なもの」であり、「もっとも普遍的で自由なコミュニケーションの形態」である。ビエスタによれば、『民主主義と教育』は、教育の「コミュニケーション的転回」への道を開拓するものであった。

今日、民主主義と教育をめぐるテーマは、新たな課題と困難に遭遇している。冒頭の「教育の死」を悼む追悼式典は、静かなレクイエムの演奏とともに、多くの人たちに惜しまれて催された。社会の流動性が増大し、不確実な要素が拡大する状況で、民主主義と教育をどのように接続するのか。民主主義の学習を再生するとすれば、それはどのようにして可能なのか。プラグマティズムの教育は、子どもたちのアートと学びの活動によって構成されるコミュニティとしての学校のヴィジョンを提示する。コミュニケーションとアートと教育の論点は、民主主義とコミュニティを基盤にした学校づくりの展望へと結実している。民主主義への教育は、それを絶対的、不変的、固定的な確実性として認識するのではなく、生成的な変化や多様性、不確実性にひらかれた形で、協同的、相互作用的に探究し、熟議し、想像し、問題解決をはかるアートと学びの実践の創出を準備する。学校が子どもたちのアートと学びとコミュニケーションに彩られた空間として再生しうるかどうかは、未来の教育を展望し、民主主義の学習について考えるための重要な手がかりを与えてくれるように思われる。

注

（1）"26,000 Calif. Teachers to Get Pink Slips," *California News*, March 14, 2009. "The Victimization of Public Education in California: State Budget Cuts met with Widespread Protest," *World Socialist Web*, March 10, 2009. "Educators Mobilize for March 4 'Start the Day for Students' Day of Action," *California Teachers Association*, March 2, 2010.

（2）"Education Expected to Be a 'Major Issue' in Walker Recall Election," *Wisconsin State Journal*, April 22, 2012. "Labor Has

Much on the Line in Walker Recall Vote," *The Washington Post,* June 4, 2012. "Scott Walker Wins Wisconsin Recall Election," *CBS News,* June 5, 2012.

（3） "Official: No Deal Yet between Chicago Teachers and School System," *CNN,* September 11, 2012.

（4） Lipman, Pauline, "Neoliberal Education Restructuring: Dangers and Opportunities of the Present Crisis," *Monthly Review: An Independent Socialist Magazine,* vol. 63, issue 3, July, 2011, pp. 118–120.

（5） Knight, Jack, and Johnson, James, *The Priority of Democracy: Political Consequences of Pragmatism,* Princeton, New York: Princeton University Press and the Russell Sage Foundation, 2011, pp. iv-xv.

（6） Ibid., pp. 1–24.

（7） Ibid., pp. 25–50.

（8） Neubert, Stefan, "Some Perspectives of Interactive Constructivism on the Theory of Education," Dewey-Center Köln, Universität zu Köln, p. 1.

（9） Ibid., pp. 1–8.

（10） Neubert, Stefan, and Reich, Kersten, "Perspective of Pragmatism: The Cologne Video Project and the Dialogue between Pragmatism and Constructivism," Dewey-Center Köln, Universität zu Köln, 2008, p. 9.

（11） Neubert, Stefan, "Some Perspectives of Interactive Constructivism on the Theory of Education," op. cit., pp. 7–18.

（12） Reich, Kersten, "Constructivism: Diversity of Approaches and Connections with Pragmatism," *John Dewey Between Pragmatism & Constructivism,* Hickman, Larry A., Neubert, Stefan, and Reich, Kersten, (ed.), New York: Fordham University Press, 2009, pp. 39–64.

（13） Neubert, Stefan, Reich, Kersten, "Toward a Constructive Theory of Discourse: Rethinking the Boundaries of Discourse Philosophy," Dewey-Center Köln, Universität zu Köln, 2002, pp. 5–6.

（14） Reich, Kersten, "Constructivism: Diversity of Approaches and Connections with Pragmatism," op. cit., p. 61.
（15） Neubert, Stefan, "Some Perspectives of Interactive Constructivism on the Theory of Education," op. cit., p. 7.
（16） ダニエルズ、ハリー『ヴィゴツキーと教育学』山住勝広・比留間太白訳、関西大学出版部、二〇〇六年、八七頁。
（17） 同上書、八八―八九頁。ここで、ダニエルズは、バーンスティンのつぎの文献を参照している。（Bernstein, Basil, "Vertical and Horizontal Discourse: An Essay," *British Journal of Sociology of Education*, 20. 2, pp. 155–173.）
（18） ダニエルズ、ハリー『ヴィゴツキーと教育学』前掲書、二一八―二一九頁。
（19） 同上書、二九八頁。
（20） 同上書、二四四―二四七頁。
（21） Dewey, John, *The Quest for Certainty: A Study of the Relation of Knowledge and Action, The Later Works*, vol. 4, pp. 3–39.
（22） Dewey, John, *Experience and Nature, The Later Works*, vol. 1, pp. 144–159.
（23） Ibid., pp. 132–160.
（24） Dewey, John, *Experience and Education, The Later Works*, vol. 13, pp. 1–62.
（25） Dewey, John, *Democracy and Education, The Middle Works*, vol. 9, pp. 4–13.
（26） Ibid., p. 8.
（27） Biesta, Gert, "Of All Affairs, Communication Is the Most Wonderful: The Communicative Turn in Dewey's *Democracy and Education*," Hansen, David T., (ed.), *John Dewey and Our Educational Prospect: A Critical Engagement with Dewey's Democracy and Education*, Albany: State University of New York Press, 2006, pp. 29–36.
（28） Ibid., p. 7.
（29） Dewey, John, *Art as Experience, The Later Works*, vol. 10, pp. 248–275.
（30） Dewey, John, *The School and Society*, op. cit., pp. 29–31.

（31） Ibid., pp. 33-35.

（32） Ibid., pp. 33-35.

（33） Greene, Maxine, *Releasing the Imagination: Essays on Education, the Arts, and Social Change*, San Francisco: Jossey-Bass, 2000.

（34） Dewey, John, "The Challenge of Democracy to Education," *The Later Works*, vol. 11, pp. 181-190.

（35） Dewey, John, "Democracy and Education in the World of Today," *The Later Works*, vol. 13, p. 294.

第8章　教師の専門的実践と民主主義

1　教師の専門性とは何か

教師の専門性にかかわる議論が活発化している。二〇〇六年の教育基本法改正を経た二〇〇七年の教育職員免許法改正によって、二〇〇九年から教員免許更新制が導入された。これによって、一〇年間の教員免許の期限が設定され、更新のための講習を受講することが義務づけられた。また、二〇〇〇年に東京都ではじまり、全国四七都道府県・一五政令指定都市の計六二自治体中六〇自治体に拡大した「教員人事考課」の実施や、「優秀教師（スーパーティーチャー）」の認定・表彰など、教員評価制度の改革も進められた。なかでも、「不適格教員」や「指導力不足教員」といった形で教師の「問題」がたびたび批判の的にされ、教員の研修や処分が検討されてきた。教職免許と教職経験のない人の校長への任用（民間人校長の任用）や、教職課程を履修していない一般人への「特別免許付与制度」や「特別講師」の採用も推進されている。さらに、二〇一二年八月に、中央教育審議会は、教員の資質向上策の一環として、教員養成を現行の四年から、大学院修士課程レベルへと変更し、「一般免許状」「基礎免許状」「専門免許状」の三段階の免許制度を創設する答申を提出した。(1)

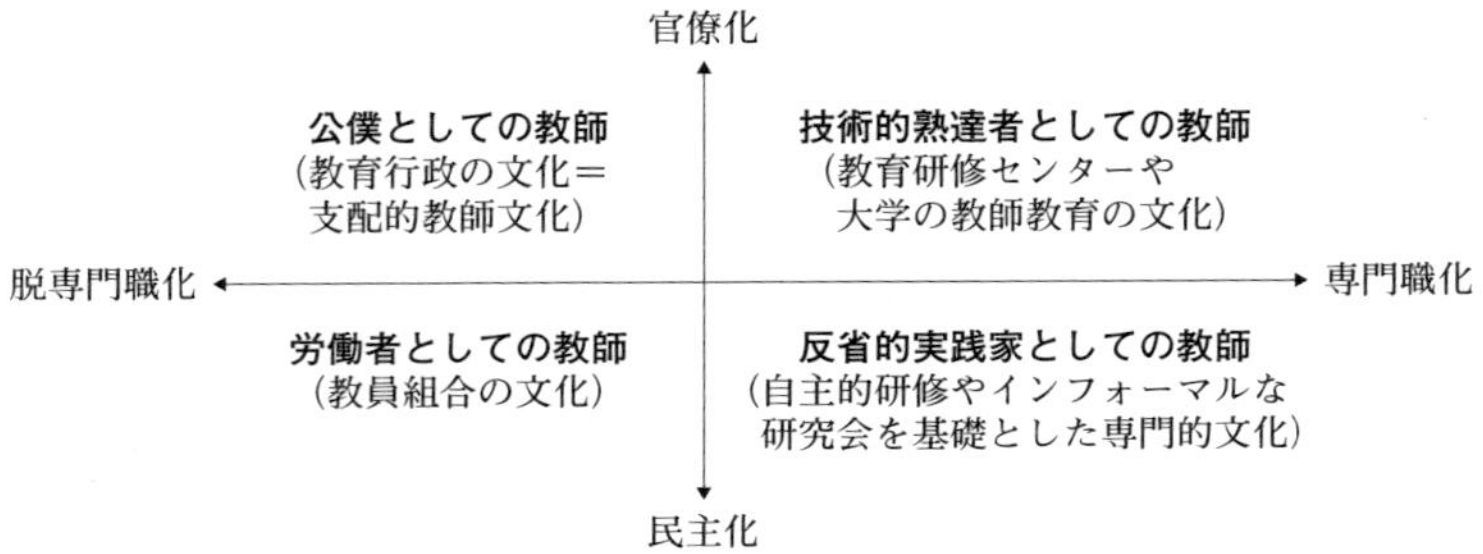

図1　教師像の規範型とその文化

教師をめぐる制度改革が急速に進行するなかで、教職の専門性をどのように確立し、教師の仕事をどのように考えるのかという問いが提起されている。そこで、教師の役割と専門性の議論に入る前に、日本の教師の位置についてみてみよう。佐藤学は、「教師像の類型」を図1のように「公僕としての教師」「労働者としての教師」「技術的熟達者としての教師」「反省的実践家としての教師」の四つに分類している。

「公僕としての教師」は「公衆の僕」としての教師像であり、「大衆に対する誠実な献身性と遵法の精神」を求める「教育行政の文化＝支配的教師文化」である。一方の「労働者としての教師」は、一九六〇年代の教員組合運動によって拡大した教師像で、「公僕としての教師」と戦前の「聖職としての教師」に対する「対抗文化」として「プロレタリアート化」を進め、「教員組合の文化」を率いた考え方である。「技術的熟達者としての教師」は、六〇年代以降の教育研修センターや大学の教師教育において確立された教師像で、その特徴は「教育の技術と経営の科学化と合理化」を目指し、「教育の科学的研究の発展」を志向するところにある。「反省的実践家としての教師」は、「技術的熟達者としての教師」への「対抗文化」として成立し、教師を「高度の専門職」として規定するが、それを「科学的な知識や技術」にではなく、「実践場面における省察と反省を通して形成され機能する実践的な知見と見識」に求め、生徒、親、同僚、他の専門家との協同のもと、「科学的技術では解決できない複雑で難解な問題の解決」に対して自主的な研修やインフォーマルな研究会を通して立ち向かう教師である。[2]

「反省的実践家」の概念は、アメリカの教育学者ショーン（Donald Schön）によって提唱された考え方である。ショーンは、デューイの「反省的思考」の概念に触発される形で、「省察」と「熟考」の「実践的見識」をもった専門家のモデルを提示する。医療、経営、法律、建築などにかかわる多くの「専門家」は、「技術的合理性」に支配された思考様式によって職務をこなしているというよりも、そうした枠組みには収まりきらない実践場面の高度で複雑な状況のなかで活動し省察することによって「専門性」を発揮している。「専門家」の概念は、現実の問題に対して、「専門的知識」と「科学的技術」を合理的に適用する「技術的熟達者」にではなく、活動過程で「省察」をおこなう「反省的実践家」に求められている。それは、「行為の中の知（knowing in action）」「行為の中の省察（reflection in action）」「状況との対話（conversation with situation）」という三つの概念に支えられるものである。[3]

では、「反省的実践」を要請する教師の職務とは、どのような特徴をもつのか。佐藤は、それを「再帰性」「不確実性」「無境界性」の三つの観点から説明している。第一の特徴である「再帰的な性格」とは、つぎのようなものである。たとえば、教室で実践が行き詰まると、教師は、子どもが悪い、家庭が悪い、社会が悪い、政治が悪いと、外部に責任を求めがちだが、その批判はやがてみずからの実践へと回帰してみずからを打ち返す再帰的な性質を帯びている。一方で、この「再帰性」は、教室の実践に対する「省察」と「反省」の契機をも与えている。教育実践の「不確実性」については、ある教室で効果がみられた実践プログラムが、異なる教室で同様に機能する保障はどこにもなく、教師の実践を「客観的に評価できる安定した基準」というのはきわめて困難である点にみてとることができる。しかし、それは「教師文化の否定的側面」なのではなく、「文脈依存性と価値の多元性と理論の複合性」に根ざした「教育実践の創造的性格と探究的性格」をあらわすものでもある。教師の「無境界性」は、「教師の職域を無制限に拡張し、その責任領域の境界を拡大する機能」を果たし、実際、教師の役割というのは、地域や家庭へと無制限に拡大する傾向がある。そこで教師に要請されるのは、「科学的技術の合理的適用」を超えて、「反省的実践家」による「自律的文化の形成」を主体とした専門家像を樹立することである。[4]

2　教師のメンタリング

教師が専門性を獲得する具体的な内実を示したバーテル（Carol A. Bartell）は、「専門家のコミュニティ」のなかでの「省察（reflection）」と「メンタリング（mentoring）」を重視している。「メンタリング」とは、たとえば、初任者プログラムなどにおいて、新任教師が経験豊かな熟練教師から教室の実践を中心に指導と援助を受けることによって、同僚の教師コミュニティのなかで専門性を高めていくものである。バーテルによれば、この「教えることの専門性」を築く過程は、「初任者レベル」「高度な初任者レベル」「有能なレベル」「熟達したレベル」「専門家のレベル」の五つのステージに分類される（表1）[5]。こうした専門性形成の鍵になるものとして、「省察」の概念は重要である。「教師の省察へのアプローチ」は、「テクニカルな省察」「行為における省察と行為についての省察」「熟慮的な省察」「個人的な省察」「批判的な省察」の五つに分類される。

●**テクニカルな省察**は、教えることのテクニックとスキルとその適用の特定の領域に焦点を当てている。省察の基準は、特定の方向に向かって外部から課せられ制限を加えられるものとなる。教師は、これらの特定の基準に対してどのようにおこなっているかを省察することになる。教師が思考する内容は、研究から導かれた一般的な教えることの行動である。研究は、知識の重要な源泉である。

●**行為における省察と行為についての省察**は、教室のなかで教師が経験と出来事を振り返り、これらの事象と出来事について批

表1　教えることの専門性のレベル

レベル	分類	特徴
ステージ1 初任者レベル	熟慮的	初任者は，教えることに関する平凡な事柄と文脈から自由ないくつかの規則を学習する．この段階は，客観的事実と状況の特性を学習する段階である．初任者には，言葉で伝える情報よりも，経験を得ることが重要であるように思われる．
ステージ2 高度な初任者レベル	洞察的	経験は言葉の知識と融合し，気まぐれで状況的な知識が蓄積されていく．文脈を交差した類似性が認識される．経験は行動に影響するが，高度な初任者は何が重要であるかについての感覚を未だもっていない．
ステージ3 有能なレベル	理性的	教師はみずからが何をしようとするのかについての意識的な選択をおこなう．教師は目標と優先事項を設定し，計画し，その計画した目的に達するための賢明な手段を選択する．教師は何が重要であり何が重要でないかを決定できるようになる．教師はカリキュラムを作成し，教授を決定することを学習する．
ステージ4 熟達したレベル	直感的	直感あるいはノウハウは傑出したものとなる．教師は状況を全体的に判断し，一般的なパターンを認識できるようになる．教師は豊かな状況に根ざした知識に頼るようになる．
ステージ5 専門家のレベル	非理性的	専門家は，状況の直感的な把握と，非分析的で非熟慮的な仕方で，示すべき適切な反応をおこなう感覚をもっている．教師は，流動的で楽々と行為するようになる．

判的に思考するように促すことに焦点を当てている。

●**熟慮的な省察**は、研究、経験、教師の助言、個人的な信念、価値を含むさまざまな源を基盤にした政策決定を強調している。

●**個人的な省察**は、教師の個人的な成長と関係的な事柄に焦点を当てている。個人的な自己意識と発達は、このアプローチの中心である。教師は、自身の背景、トレーニング、経験の観点から自分の進歩について考える。教師は生徒を人間として考え、何が生徒を動機づけ、何が彼らの生活のなかで重要なのかを考えるようになる。

●**批判的な省察**は、何が善で望ましいかについての信念のコンセプトにもとづいている。学校教育に関する政治的、社会的、倫理的な問題が吟味される。教師の省察の質は、教師が倫理的な基準を学校教育の目標とプロセスに適用する能力によって決定されるものとなる。(6)

「省察」の概念とともに注目されるのが教師の「メンタリング」である。「教えることを学ぶ」ことは、教師個人で遂行されるというよりも、研究授業など、他の同僚教師や教育研究者との協同関係のなかで実施することが効果的だとされる。教師はそこで、相互に学び合い、グループのプロジェクトと活動に加わり、意見を交わし議論し、他者が教えるのを観察するのである。とくに、新任教師にとっては、経験豊かな熟練教師からの援助と指導は、積極的な役割を果たす可能性が高いことが証明されている。メンターである熟練教師は、新任教師が抱える問題を聞き、助言し、援助し、実践で証明し、さまざまな事柄についてのブレーンストーミングをおこなう。「メンタリング」は、新任教師が悩みに直面しているときや、何か聞いて欲しいと思うことがあるときに、利用可能な形になっている必要がある。メンターは、教師がどのように子どもと向きあい、保護者と対面し、同僚と一緒に仕事を遂行し、管理職の要請に応えるかについて助言をおこない、新任教師が子どもたちの豊かな学習活動を導けるように援助する役割を担うのである。

バーテルがカリフォルニア州でおこなった調査にしたがえば、一貫した「メンタリング」を受けた新任教師は、そうでない新任教師よりも、以下の点で優れていたと報告されている。すなわち、「メンタリング」を受けた教師は、子どもの学習を向上させる観点から実践をとらえていること、高度な思考スキルと協同的な作業習慣を学習させることに力点をおいていること、より挑戦的な学習活動を展開していること、カリキュラムと教えることを長期的な展望をもって考えていること、多様な子どもたちが生産的な学習活動に従事できるように動機を与えていること、人種的、文化的に生徒の多様性に配慮していることである。経験豊かな教師から新任教師への積極的な「メンタリング」によって、「コミュニティのなかでの省察」の機会が生まれるようになる。こうした活動を通して、新任教師が教室の授業実践の「ヴ

ィジョン」を獲得していくことが重要であると考えられている。(7)

3　専門的実践としての教師の成長――民主主義における学習

教職の専門性を確立し教師教育を再編する議論は、一九八〇年代以降のアメリカ合衆国において活発に展開されてきた。その積極的な担い手として注目されるのは、全米教育アカデミーの教師教育委員会（Committee on Teacher Education, The National Academy of Education）が報告書『変化する世界に対応する教員養成』（二〇〇五年）のなかで示した教師の「専門的実践のヴィジョン」である。教師教育委員会の委員長を務めたのは、スタンフォード大学のダーリング－ハモンド（Linda Darling-Hammond）とワシントン大学のブランスフォード（John Bransford）である。委員会が提唱するのは、教師の「専門的実践のヴィジョン」を形成する「民主主義における学習」のモデルである。そこで、「教えることと学ぶことの理解」にかかわる「概念的フレームワーク」は、「社会的文脈における学習者と彼らの発達の理解」「教材とカリキュラムの目標の知識」「教えることの知識」の三点から構成されている（図2）。また、教育の使命は「若者が社会の政治的、市民的、経済的生活に十全に参加できる」ようにすることであり、それは「民主主義の目的」に対応したものだととらえられている。(8)

教師教育委員会は、教師が「教えることを学ぶフレームワーク」を図3のようにあらわしている。それは、「知識」「性向」「実践」「ツール」から構成されるものである。このなかで重要なのは、教師の「専門的実践のヴィジョン」をめぐって、四つの要素が相互に作用し関係しあうということである。また、教師の「実践的ヴィジョン」の形成のためには、教師が「専門家のコミュニティ」に参加することを通して「教えることを学ぶ」というように、コミュニティの

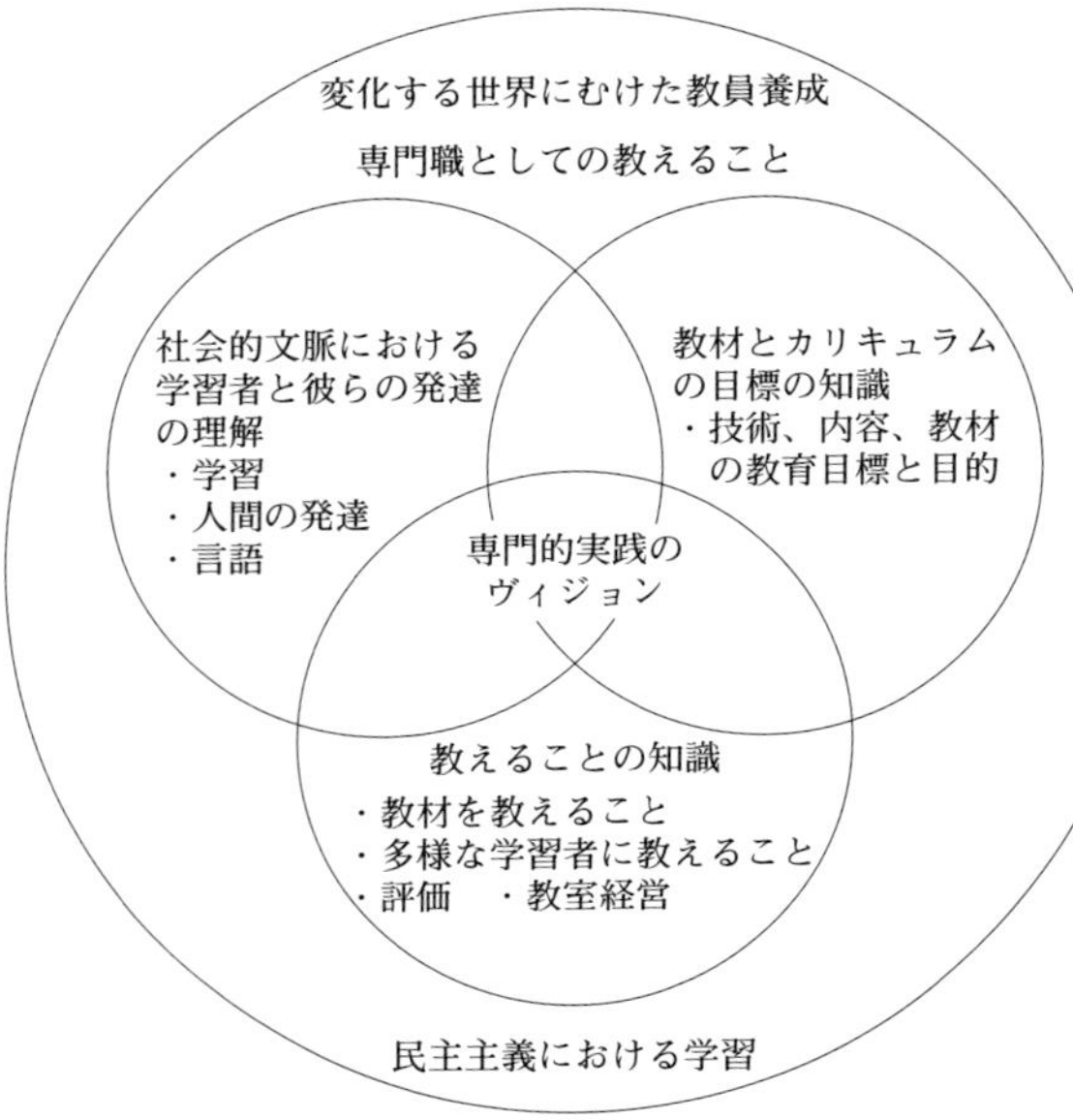

図 2　教えることと学ぶことの理解のためのフレームワーク

意義が説かれていることも見逃がせない点である。教師は、同僚の教師との「専門家のコミュニティ」のなかで「専門的実践のヴィジョン」を構築するというのである[9]。

教職の専門性をどのように定義するかということは、教師の仕事を考えるうえで欠かせない重要性をもつものである。とくに、日本の教師の職務として、いくらかの顕著な特徴を指摘することができる。岩田康之は、「日本的教師の職業特性」をつぎのようにとらえている。

「教師」に相当する英語として通常 teacher が用いられるが、実は日本の初等・中等教育の教師たちにとって teach（教えること・授業）はその職能のうちのごく一部でしかない。日本の教師たちは各教科の知識や技能を授ける teacher である以上に、児童生徒の生活や進路に関する相談に乗る counselor であり、その家庭生活に問題を抱える場合に解決を担う social worker であり、「校務分掌」という名のもとに割り振られた学校の管理運営的な仕事を担う administrator であり、部活動等の各種教科外活動を指導する instructor であり、さら

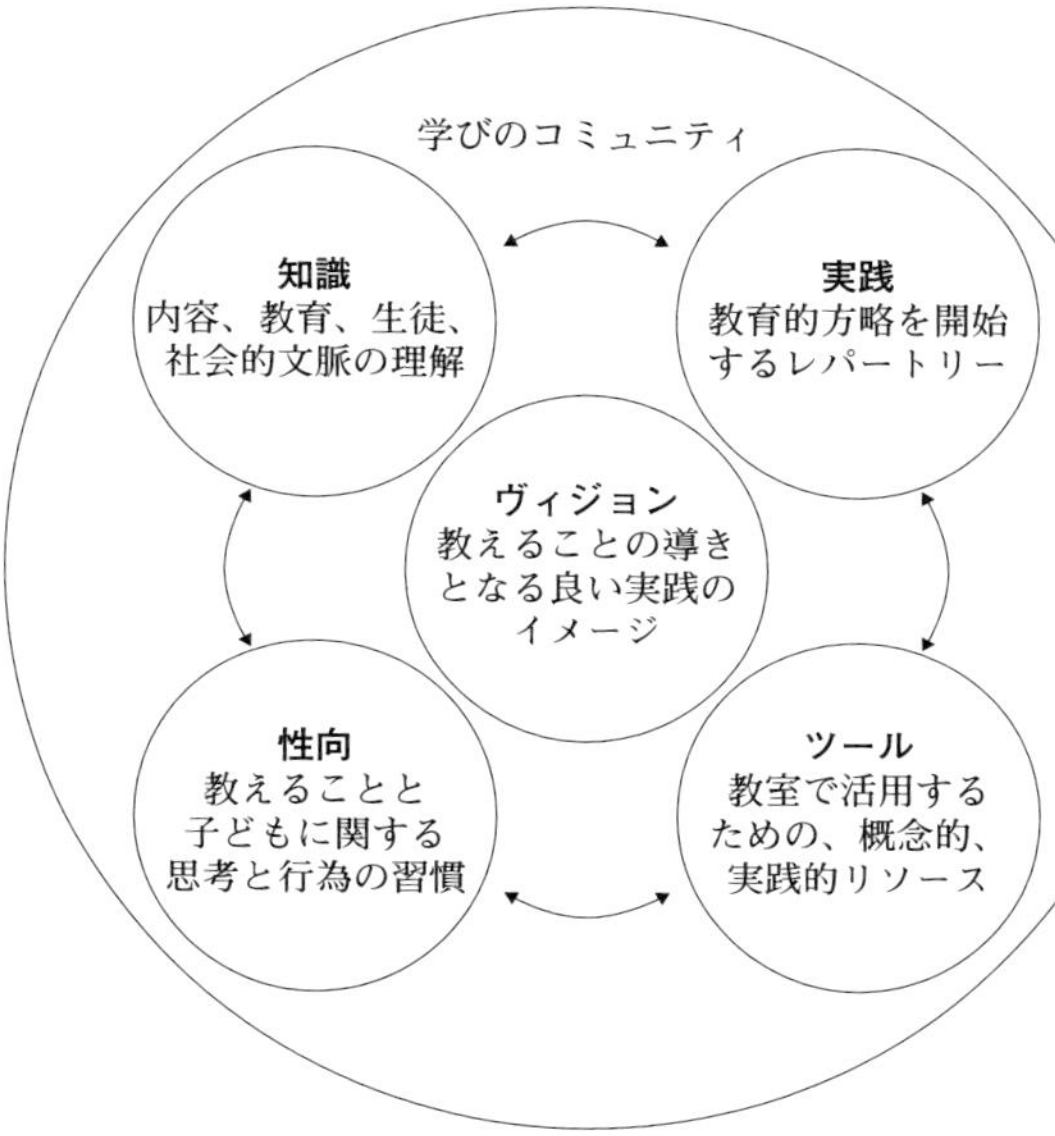

図３　教えることを学ぶフレームワーク

には学校の属する地域の活性化に寄与するcoordinatorであり、時には児童生徒の素行の取り締まりや校区の秩序維持を担うguardianあるいはpolicemanとしての役割も負う。これはたとえば英語圏の学校におけるteacherが文字通りteach（教えること・授業）を職能の中心とし、日本の教師たちの担っている上述の「teach以外の業務」の大半はそれぞれに専門分化したスタッフが担っている状況にあるのと著しく異なる。日本の教師の職能の特性として指摘される「無境界性」「無限界性」の根拠はこのようなところに求められる。teach（教えること・授業）を職能の中心とするという観点からすれば、日本においては予備校や塾で教える者の方がよりteacher的であると捉えることも可能であり、このことが日本の教師に関しての国際比較分析を困難にしている。⑩

また、小川正人がおこなった文部科学省委託研究調査「教育勤務実態調査」（二〇〇六年）⑪は、日本の教師の職務の特徴を表２のように示している。これらのデータが浮き彫りにしているのは、日本の教師の仕事の多さであり、際限なく職務内容が拡大していく傾向にあることである。実

表2　業務の分類

朝打合せ，朝学習・朝読書の指導，朝の会，朝礼，出欠確認など
正規の授業時間に行われる教科・道徳・特別活動・総合的な学習の時間の授業，試験監督など
指導案作成，教材研究・教材作成，授業打合せ，総合的な学習の時間・体験学習の準備など
正規の授業時間以外に行われる学習指導（補習指導，個別指導など），質問への対応，水泳指導など
成績処理にかかわる業務，試験問題作成，採点，評価，提出物の確認・コメント記入，通知表記入，調査書作成，指導要録作成など
正規の授業時間以外に行われる次のような指導：給食・栄養指導，清掃指導，登下校指導・安全指導，遊び指導（児童生徒とのふれ合いの時間），健康・保健指導（健康診断，身体測定，けが・病気の対応を含む），生活指導，全校集会，避難訓練など
個別の面談，進路指導・相談，生活相談，カウンセリング，課題を抱えた児童生徒の支援など
授業に含まれないクラブ活動・部活動の指導，対外試合の引率（引率の移動時間を含む）など
児童会・生徒会指導，委員会活動の指導など
修学旅行，遠足，体育祭，文化祭，発表会，入学式・卒業式，始業式・終業式などの学校行事，学校行事の準備など
学級活動（学活・ホームルーム），連絡帳の記入，学年・学級通信作成，名簿作成，掲示物作成，動植物の世話，教室環境整理，備品整理など
校務分掌にかかわる業務，部下職員・初任者・教育実習生などの指導・面接，安全点検・校内巡視，機器点検，点検立会い，校舎環境整理，日番など
職員会議，学年会，教科会，成績会議，学校評議会，その他教員同士の打合せ・情報交換，業務関連の相談，会議・打合せの準備など
業務日誌作成，資料・文書（調査統計，校長・教育委員会等への報告書，学校運営にかかわる書類，予算・費用処理にかかわる書類など）の作成，年度末・学期末の部下職員評価，自己目標設定など
校内研修，校内の勉強会・研究会，授業見学，学年研究会など
学級懇談会，保護者会，保護者との面談や電話連絡，保護者対応，家庭訪問，PTA 関連活動，ボランティア対応など
町内会・地域住民への対応・会議，地域安全活動（巡回・見回りなど），地域への協力活動など
教育委員会関係者，保護者・地域住民以外の学校関係者，来校者（業者，校医など）の対応など
初任者研修，校務としての研修，出張をともなう研修など
校外での会議・打合せ，出張をともなう会議など
上記に分類できないその他の校務など
校務と関係のない雑談，休憩・休息など

児童生徒の指導にかかわる業務	a	朝の業務
	b	授業
	c	授業準備
	d	学習指導
	e	成績処理
	f	生徒指導（集団）
	g	生徒指導（個別）
	h	部活動・クラブ活動
	i	児童会・生徒会指導
	j	学校行事
	k	学年・学級経営
学校の運営にかかわる業務	l	学校経営
	m	会議・打合せ
	n	事務・報告書作成
	o	校内研修
外部対応	p	保護者・PTA 対応
	q	地域対応
	r	行政・関連団体対応
校外	s	校務としての研修
	t	会議
その他	u	その他の研修
	v	休憩・休息

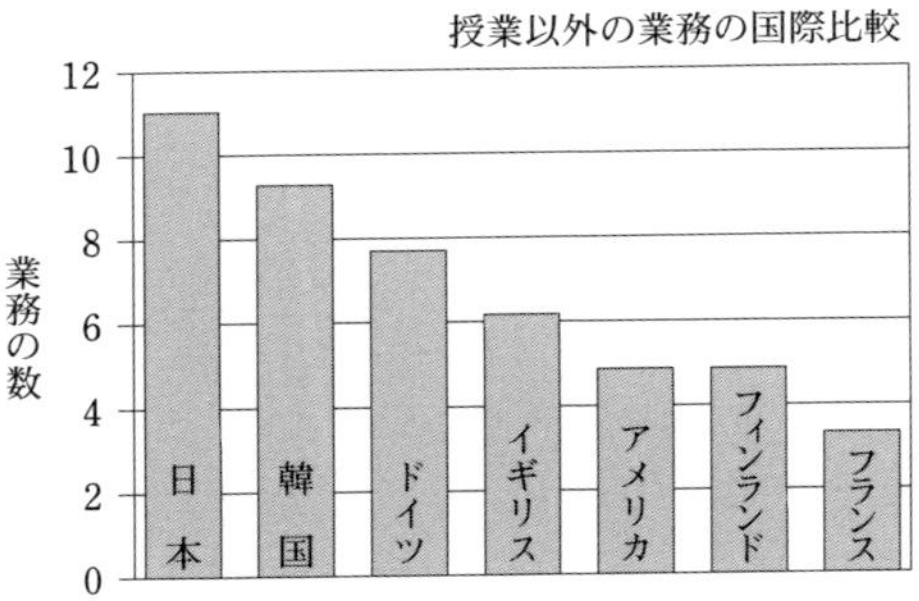

図4

際、二〇〇六年から二〇〇七年にかけて、日本、韓国、アメリカ、イギリス、フランス、ドイツ、フィンランドの公立小学校から高校の教員を対象に、部活動など授業以外の一八業務についてどれだけ担当しているかを尋ねた調査では、図4のように、日本が一一・一でもっとも多く、韓国（九・三）、ドイツ（七・八）、イギリス（六・三）、アメリカ（五・〇）、フィンランド（四・九）、フランス（三・四）の順で続いている。特徴的なのは、日本の教師が「部活動やクラブ活動」（六五・一％）、「地域行事」（五八・七％）、「食習慣の指導」（六七・九％）など、一一業務で最多であるのに対して、フィンランドでは、「補習」（七〇・四％）、「保護者との電話連絡・保護者会」（八七・三％）が最多で、学力向上や家庭とのかかわりを尊重していることである。また、韓国は「進路指導」（六九・〇％）でトップ、ドイツは「職業観育成の教育」が四〇・三％でトップ、フランスは授業以外の仕事がほとんどないことが判明した[12]。日本の教師は、無制限に拡大しがちな職務内容のなかで、さまざまな課題に直面している現状にある。

　近年、教師の専門性の確立が求められているのは、そうした状況に対応したものでもある。教職の専門性を「反省的実践家」に求め、それを教師の同僚関係のなかで形成される「専門家のコミュニティ」によって育成しようとする動きは、学校の内側から教師の専門性を形成していこうとする点で注目すべきものである。教師の「省察」と「メンタリング」の実施や、全米教育アカデミーの教師教育委員会が提案する「学びのコミュニティ」としての教師教育は、教師の「専門的実践のヴィジョン」を追究した新たな挑戦を示している。とりわけ、日本では、教師は「公僕としての教師」「労働者としての教師」「技術的熟達者としての教師」の側面が強調されがちであり、「反省的実践家としての教師」は、学会や自主的な研究会などで議論されることはあっても、制度構築においては必ずしも前面におかれてこなかった。

しかし、「再帰性」「不確実性」「無境界性」にさらされた教師の実践を「反省的実践家」のモデルによって再構築する改革は、教師の自律的な専門性を確立し、「専門家のコミュニティ」を形成しようとする意味で、示唆に富むものである。教師の専門性をどのように形成するかということは、これからの教師の役割を考え、民主主義の学習を推進するうえで、きわめて重要な課題であるといえるだろう。

注

(1) 中央教育審議会答申「教職生活の全体を通じた教員の資質能力の総合的な向上方策について」二〇一二年八月。
(2) 佐藤学「教師文化の構造——教育実践研究の立場から」稲垣忠彦・久冨善之編『日本の教師文化』東京大学出版会、一九九四年、二九—三二頁。
(3) ショーン、ドナルド『専門家の知恵——反省的実践家は行為しながら考える』佐藤学・秋田喜代美訳、ゆみる出版、二〇〇一年。
(4) 佐藤学「教師文化の構造——教育実践研究の立場から」前掲書、三二—三九頁。
(5) Bartell, Carol A., *Cultivating High-Quality Teaching through Induction and Mentoring*, Thousand Oaks, Calif.: Corwin Press, 2005, p. 27.

（6）Ibid., pp. 131-132.

（7）Ibid., pp. 71-75.

（8）Darling-Hammond, Linda, and Bransford, John, (eds.), *Preparing Teachers for a Changing World: What Teachers Should Learn and Be Able to Do*, San Francisco: Jossey-Bass, 2005, pp. 10-11.

（9）Darling-Hammond, Linda, and Baratz-Snowden, Joan, (eds.), *A Good Teacher in Every Classroom: Preparing the Highly Qualified Teachers Our Children Deserve*, San Francisco: Jossey-Bass, 2005, pp. 39-41.（ダーリング-ハモンド、L・バラッツ-スノーデン、J『よい教師をすべての教室へ――専門職としての教師に必須の知識とその習得』秋田喜代美・藤田慶子訳、新曜社、二〇〇九年、五七―六一頁。）

（10）岩田康之「教育改革の動向と教師の『専門性』に関する諸問題」久冨善之編『教師の専門性とアイデンティティ――教育改革時代の国際比較調査と国際シンポジウムから』勁草書房、二〇〇〇年、四三頁。

（11）小川正人「平成一八年度文部科学省委託研究調査　教員勤務実態調査　教員個人調査票」二〇〇六年。

（12）『読売新聞』二〇〇七年六月九日。

終章　民主主義と教育を再構築する

——親密性と公共性のあいだ

1　グローバル時代の民主主義と教育

民主主義の教育とは何か。グローバル社会、知識基盤社会、高度情報社会、多文化共生社会、環境循環型社会、少子高齢社会など、二一世紀の教育を取りまく世界は、近代社会の枠組みを揺るがす変化を経験している。それは、一九世紀以降の国民国家の統合、資本主義と産業社会の勃興、都市化、テクノロジー化、官僚制的な中央集権化を基盤に発展してきた「公＝国家」教育を超えて、学校システムの大規模な再編を促している。現在の教育課題はまた、戦後日本の政治学や教育学が「戦後民主主義」として直面し格闘してきた状況や前提から大きく変貌を遂げ、当時のリアリティとは異なる位相のもとで提起されている。民主主義は、人びとを魅了する力を次第に喪失し、陳腐で常識的なものと考えられるか、あるいは懐疑的な眼差しにさらされる傾向にある。さまざまな社会的条件が根底のところで変容するのを前に、かつての民主主義の理想へと回帰するノスタルジーに浸るのでも、民主主義に対する素朴な信頼の復活を願うのでもなく、過去・現在・未来をつなぐ視点から、民主主義と教育を問いなおし、「希望の学校」を再生するヴィジョンが要請されている。

一九九〇年代以降のグローバル化と技術革新は、「公＝国家」に規定されたナショナルな教育を変革し、国家や国民の境界を超えたトランスナショナルな次元で、教育の公共性と民主主義を再定義することに寄与してきた。グローバル世界の拡がりは、教育・学習・学校のドラスティックな再構築と再概念化を誘発している。学習の高度化、複合化、領域横断化が進み、専門的で発展的な思考やスキル、対人的なコミュニケーションが重視される状況で、教育の公共性と民主主義を生成する動きが活発化した。学校では、基礎的・基本的な知識の獲得だけでなく、探究的思考、創造的思考、批判的思考、社会参加、コミュニケーションなど、コスモポリタン的なシティズンシップの形成へと向かう改革が準備されてきた。

知識が高度に専門化、多様化、複雑化した社会のなかで、教育と学びを再構築する必要性が喚起されている。ＯＥＣＤのＰＩＳＡ調査に象徴される活用的な学習や、ＤｅＳｅＣｏプロジェクトが提起する「キー・コンピテンシー」は、グローバル・スタンダードに根ざした「標準学力モデル」として脚光を浴びた。日本では、九八年の学習指導要領改訂で、「ゆとり」のなかで「生きる力」をはぐくむことが理念に掲げられ、「総合的な学習の時間」の創設や「学校完全週五日制」の導入がおこなわれた。また、二〇〇八年の改訂では、「知識基盤社会」に向けた新しい教育課程の方針が示され、「思考力・判断力・表現力」の育成とともに、「活用能力」や「コミュニケーション力」を重視する路線が敷かれてきた。

教室の授業では、確定的な知識の伝達と習得に傾倒した様式から、探究的、協同的、表現的な学びへの転換が進行し、学習においては、情報処理的な知識の量・効率性・スピードを競いあうことよりも、その質・デザイン・コミュニケーションが強調され、カリキュラムについては、個々に細切れに断片化された教科領域に押しとどめるのではなく、教科の枠を超えて、総合的、関係的、横断的に構成することが探索され、教室環境としては、地域のコミュニティや社会から分離されるのではなく、家庭、地域、施設、企業、専門機関などに広くひらかれていることが奨励されている。ポスト産業主義社会の進展は、近代的な学校制度の再構築を促し、教育の公共性を再創造するイノベーションを誘発している。

一方で、二〇一〇年代のグローバル世界は、大きな転換点に遭遇している。金融危機、通貨危機、中東民主化、新興経済国の台頭、アジア・環太平洋地域の変貌をはじめ、新規な状況を迎えている。現代のグローバル化は、資本・労働・技術分野だけでなく、政治、市民社会、文化、環境、メディア、コミュニケーションなど、あらゆる次元にわたっている。多くの先進諸国において、人びとの市民生活は、政治的、経済的な減速、労働市場の縮小、格差と貧困の拡大、家庭の崩壊など、あらゆる困難と隣りあわせの状況にある。流動化し不確実化する世界のなかで、個人に降りかかるリスクや不安定要素が増大する傾向にある。こうした先行き不透明な時代状況のもとで、人びとの生き難さが助長され、未来社会への建設的な展望をもつことが難しくなっている。民主主義の教育は、人びとが相互に共生する「生き方の展望」を紡ぎ、それを学校と学びの希望へとつなぐ実践に生命を与えるものである。

もちろん、教育の公共性の再編は、一連のグローバル世界の拡張にのみ起因するわけではない。グローバルな教育への視点が地域のリージョナルな活動やナショナルな圏域の衰退や消滅を導くと考えるのは筋違いである。グローバル化は、同時に、ローカルな実践やナショナルな国家の再構築を含んで生起している。国家の領域は、今日の複雑化し越境化する政治、経済、情報、環境、エネルギー、技術、医療、貧困、テロ、紛争を解決するには範囲が限定的で狭隘だが、地域や家庭のリージョナルな問題を処理するには広範である。学校の公共性への視点は、領域的な国家の枠組みの再編を進める一方で、リージョナルな文化・家庭・地域に根を張る学びや、コミュニティの実践に息吹を吹き込み、分権的な地域主権の確立や、特色ある学校づくり、学校と地域の連携など、教育のローカル化に向けた改革を牽引してきた。

また、民主主義の実践は、対話、討議、越境、差異の相互承認を希求するだけにとどまらない。それは、人びとのケアの関係によって、つながりあい、支えあい、心を砕きあう親密的なホームとしての空間を要請している。労働市場の縮小、経済的な格差の拡大、離婚家庭や貧困家庭の増大など、子どもの教育環境が変化するのに伴い、学びへの意味喪失やシニシズムが浸透してきた。この間、学校では、いじめ、不登校、学級の荒れ、少年非行、暴力、モンスター・ペアレントなどが問題として指摘されてきた。また、子どもの家庭環境の変化は深刻である。近代的な家族が解体へと向かうにしたがって、家庭は、安定的な役割を果たし難くなっている。

家庭は、本来、基本的な愛着関係、愛情、親密さがはぐくまれる場所であるが、現代は、そうした親密な空間が必ずしも保障されなくなっている。精神疾患、ＤＶ、うつ、適応障害、パニック障害に苦しむ家庭もある。学校には、離婚家庭の子ども、未婚母の子ども、再婚家庭の子ども、虐待やネグレクトに遭う子ども、うつ病や自殺未遂に悩む親といる子ども、犯罪や逮捕歴のある親と暮らす子ども、児童養護施設で暮らす子どもが通っている。求められているのは、子どもたちが互いにケアしケアされることによって、他者とつながり結びあう互恵的なホームとしての学校である。教育の公共性への問いは、親密性の保障と重なりあう局面を演出している。教育をめぐる状況は、親密性と公共性のあいだで揺れ動きながら、ローカル、ナショナル、グローバルなレベルで再建がおこなわれている。

2　逆境の民主主義

今日、民主主義は、深刻な困難に直面している。民主主義に対する懐疑と幻滅が漂い、シニシズムが漂泊している。一九九〇年代以降、グローバル化と技術革新に伴う知識基盤社会化は、ナショナルな領域を超えて、コスモポリタン的なシティズンシップと民主主義の教育を導く期待を喚起した。七〇年代をピークに、重化学工業の大量生産・大量消費を軸にした工業社会が後退し、製造業に従事する労働者数が減少に転じる一方で、九〇年代以降は、金融、情報、サービスの分野を中心に、飛躍的な発展が遂げられ、情報技術、コンサルティング、ソフトウェア開発といった知識集約産業の興隆が引きおこされた。なかでも、法律家、会計士、経営コンサルタント、設計士、デザイナー、プログラマー、情報処理技術者、医師、看護師、医療従事者、保育者、介護福祉士、福祉関係者など、専門職や技術職とされる産業の労働者が増加した。[1] 資本のグローバル化や情報通信技術の高度化は、知識、技術、法整備、インフラなどで国際標準の策定を要請している。

このことは、教育の領域にも、多大な影響を及ぼしている。知識の高度化、流動化、複合化が招かれ、高度で専門的な能力や領域横断的な思考を重視する路線が築かれることにつながった。人種、民族、宗教、言語、習慣、階層、ジェンダーなどの差異を越境した活動や、異なる文化や価値と共生し他者と共存する対話的な討議やコミュニケーションが奨励されてきた。一九九九年六月のG８首脳によるケルン・サミットにおいて、世界各国が「知識基盤社会化」を中心とした教育改革へと向かうことが掲げられた。日本でも、二〇〇五年一月の中央教育審議会答申「我が国の高等教育の将来像」で、二一世紀の社会を「知識基盤社会」ととらえ、それを「新しい知識・情報・技術が政治・経済・文化をはじめ社会のあらゆる領域での活動の基盤として飛躍的に重要性を増す社会」と定義している。[2]

他方で、二〇〇八年の金融危機以後の世界的な景気低迷は、先進諸国の後退を引きおこし、将来に対する不安定感や先行き不透明な状況を帰着させた。二〇一〇年代の世界は、経済危機、地球温暖化、医療問題、食糧危機、テロ、核兵器、原子力、機密情報の漏洩など、さまざまなリスクが誘発され、トランスナショナルな問題への対応が迫られている。社会の混迷や不安定化が複雑に錯綜し増長するのに伴い、教育の自由化、市場化、弾力化を標榜する新自由主義が躍進するとともに、愛国心や共通教養を鼓吹する新保守主義が支配力を形成している。「危機」の言説は、排外主義的な主張や極右勢力の台頭をもたらし、新自由主義と新保守主義の支持者の心を高ぶらせるのに一役買っている。世間に横溢した「危機」のイメージは、戦後の学校システムの解体と再編を加速する原動力になっている。

実際のところ、アメリカ、イギリス、日本を中心に、教育の市場化や規制緩和が進められ、学力重視のカリキュラムやテスト政策、学校選択制、教員評価など競争中心の改革が推進されてきた。アメリカでは、二〇〇一年の同時多発テロを皮切りに、愛国者法やどの子も落ちこぼれさせない法が成立した。テスト、アセスメント、アカウンタビリティなど、スタンダード的な政策が促進されると同時に、バウチャー制度やチャーター・スクールなど、学校選択制や学校間の競争を誘導する市場原理的な改革が導入されてきた。アフガン侵攻やイラク戦争の勃発とともに、愛国的なアイデンティティを礼賛する動きが高揚し、ナショナルな教育の再構築を進めてきた。「トップへの競争レース」プログラムをはじめとする一連の教育改革は、趨勢的な新自由主義と新保守主義の共振関係をさらに後押しする傾向にある。

ヨーロッパでも、通貨危機や経済情勢の悪化に見舞われ、欧州連合の深化や推進が困難に遭遇するにしたがい、ナショナルなアイデンティティや社会的統合をめぐる問題が噴出している。二〇一二年に、ノーベル平和賞がEUに授与され、ヨーロッパの平和への貢献が称えられた一方で、移民や外国人労働者に対する排斥や不寛容など、排外主義的な主張や極右グループが勢力を伸張し、シティズンシップと民主主義にかかわる論争が再燃している。二〇一〇年一〇月には、ドイツのメルケル（Angela Dorothea Merkel）首相が、与党キリスト教民主同盟の集会で、同国の「多文化主義は完全に失敗した」という見解を発表した。一九六〇年代以降、ドイツは、トルコなどからイスラム系の出稼ぎ労働者を数多く受けいれてきたが、移民や外国人との共存共生によって、多文化的に繁栄を謳歌するという希望は、完全に挫折し破綻したというのである。(3)

二〇一一年二月、イギリスのキャメロン（David William Donald Cameron）首相もまた、イスラム教徒の若者が同国のアイデンティティや主流文化に同化せず、多文化的な政策がテロリズムや過激思想へと走らせる温床になっていると指摘して、「イギリスの多文化主義は失敗した」と発言した。キャメロン首相は、異質な文化や価値観を無批判に受けいれる「受動的な寛容社会」ではなく、「民主主義」「平等」「言論の自由」「信教の自由」などの価値観を積極的に肯定する「真のリベラル社会」を志向すべきだと提言している。④ 続いて、一二年三月のフランス大統領選の最中に、当時のサルコジ（Nicolas Paul Stéphane Sarközy de Nagy-Bocsa）大統領は、同国に移民が多すぎると発言し、「多文化主義の失敗」という見解に同調する考えを披歴した。

ハーバーマスは、今日の「行き詰まったヨーロッパ統合」を視野に入れたうえで、なおも、「われわれにはヨーロッパが必要だ」と力説する。欧州連合は、今日に至るまで、政治的には「頭越しのエリートたちの構想」として実現したのであり、「民主主義という意味では欠陥をもちながら機能してきた」という。彼が主張するのは、「市民の意見形成・意思形成」を刺激し、理性的な「コミュニケーション」を発揮する「政治的公共圏」を構築することであり、「民主主義の熟議モデル」によって、ポストナショナル状況における「ヨーロッパ的公共圏」の確立を実現することである。⑤ ハーバーマスは、ヨーロッパ憲法の創設など、「グローバルな意思統一」に向けた「スプラナショナルな意思形成」を可能にする「民主主義ヨーロッパのプロジェクト」を提唱する。そのために要請されるのは、「いつもながらの権力オポチュニズム」とは異なる「リスクを恐れない取り組み」であるという。⑥

一方、フランスのランシエール（Jacques Rancière）は、言論界に浸潤する「民主主義への憎悪」の傾向を批判する。ランシエールによれば、新自由主義の政治は、「民主主義」が出生、財産、性別、学識などの「自然的秩序」に反して、過度に「平等」を要求してきた結果、社会の混乱と不安定化を招いたと考え、「行き過ぎた民主主義」を是正して、自然的な能力にもとづく「自由競争」を奨励すべきだと訴える。これに対し、ランシエールが「民主主義」を擁護するのは、それが「自然の秩序」を覆して、何の資格ももたない「とるに足らない人々」が権力を要求し獲得していく実践過程そのものを具現するからである。「民主主義」は、つねに偽装されて「憎悪」を掻きたてる一方で、公共的な議論から排除されがちな人たちが声をあげて発言し、政治や社会の更新を促す実践を産出する。ランシエールによれば、「民主主義」は、「それ自身の活動の不変性にのみ依存する」のである。[7]

民主主義に対するシニカルな姿勢は、日本社会においても拡がりつつある。とりわけ、世界的な経済不況や東アジア情勢の変動を背景に、愛国的な国民のアイデンティティを称揚する新保守主義の動きが表面化している。二〇〇六年の教育基本法改正や、憲法改正論議の過程で、「愛国心」についての議論が交わされたのをきっかけに、「戦後民主主義」の清算が主張されるとともに、領域的な「公＝国家」の復権を主張し、ナショナルな境界を再構築する教育の議論が活発化している。日本、中国、台湾、韓国、北朝鮮をはじめとする東アジア情勢の不安定化は、軍拡や緊張関係の高まりを喚起し、ナショナルなアイデンティティの形成を唱える教育への再編に拍車をかけている。教育に対する政治的介入が強化され、国家による教育の再統制化がはかられている。教育委員会の再編や、教育行政や学校経営の改革、法令の改正など、政治主導の施策が進められている。学力テストやスタンダード、アカウンタビリティの導入もまた、そのような情勢を特徴づけている。民主主義に対する懐疑と不信が増大するなかで、学校の公共性をめぐる問いが重大な岐路に立たされている。

新保守主義の傾向とあわせて、教育の市場化と自由化を主導する新自由主義の改革が旋風を巻きおこしてきた。二〇〇〇年以降の教育改革は、小中学校での習熟度別指導の推進、公立中高一貫校や進学重点校の設置、学校選択制の導入など、教育の競争化や格差化を助長してきた。学習指導の差異化や学校の序列化が浸透し、進学競争や受験競争の低年齢化が進行するとともに、学力や学習の二極化が招かれている。実際、ＯＥＣＤが実施するＰＩＳＡ調査でも、日本の生徒は、上位層と下位層の学力格差が顕著にあらわれている。[8] また、教育を支える経済的な格差と貧困の問題も深刻である。厚生労働省の調査によれば、二〇一〇年の日本の相対的貧困率は一六％に達し、前回の〇七年調査よりも〇・三ポイント上昇し、一九八六年の調査開始以来、最高の数値となっている。ひとり親世帯の貧困率は五〇％を超え、貧困世帯の子どもの割合も高い水準にあることが浮き彫りにされた。[9] さらに、若年労働市場を中心に雇用情勢が悪化し、学校から仕事へと接続する就職支援や職業訓練が課題に浮上している。新自由主義の改革は、教育の平等を揺るがし、学校と学習の格差化と序列化を招いている。教育を取りまく環境の変化は、子どもたちの将来への展望に暗い影を落とし、学びのシニシズムを増長する結末を迎えた。

こうしたなかで、民主主義と平等の教育を再生し、学校と学びへの希望を紡ぐ実践を創出することが要請されている。グローバル世界は、知識の高度化や複雑化を促し、発展的な思考や活用能力、対話的なコミュニケーションを奨励するだけでなく、子どもたちが互いにケアしケアされる関係によってつながりあうホームとしての学校に期待を寄せている。教育とは、本来的に、応答的で関係的な営みであり、人びとが具体的な他者とともに、学びあい、育ちあい、つながりあう親密性の空間に支えられるものである。民主主義が逆境に立たされるなかで、教育・学習・学校の未来を創出し実現する方略が探られている。それは、教育の親密性と公共性のあいだをつなぎ、学校と学びへの希望と展望を生成することに連結している。グローバル化とローカル化の動きは、ナショナルな教育の再編を進めるとともに、民主主義の学習を再構築することを促している。

3　民主主義と教育のアリーナへ

グローバル時代において、民主主義と教育を再生するシナリオをどのように描くのか。これからの授業と学習をどう展望し、新たな学力モデルをどう創出するのか、アートと学びの活動を中心としたカリキュラムをどう提示するのか、専門家としての教師や、教師と子どもの関係をどう組みかえるのか、学校、家庭、地域をどうつなぐのか、いじめや不登校、暴力、少年非行の問題にどう向きあうのか、子どもの学びと育ちを支える家庭の危機にどう対応するのか、教育の格差や貧困をどのように支援するのか、マイノリティの子どものアイデンティティや文化的葛藤をどのようにとらえるのか、二一世紀の市民的な教養とリテラシーをどのように涵養するのか、学校を支える制度や政策をどのように構想し正統化するのか、教育と労働市場の接続をどのように考えるのか、学校改革をどのように実現するのか。これらの教育課題は、一九、二〇世紀型のナショナルな「国民教育」の枠組みを超えた「グローバル・イシュー」として提起されるものである。

本書では、プラグマティズムと進歩主義の哲学に立脚して、「民主主義への教育」を再生し、学校と学びに対する希望と展望をひらくイノベーションの方途を探究してきた。その過程で、進歩主義期のアート教育やシティズンシップ教育の実践と政策についても考察を加えてきた。デューイは、どこまでも「民主主義」のテーマを考え抜いて探究し続けた思想家であった。彼は、「民主主義」を「共生の作法」として定義し、「生き方としての民主主義」を探る観点から、進歩主義的な教育を再建することを目指した。なかでも、世界恐慌と前後する一九二〇年代と三〇年代の時代状況で、一九世紀リベラリズムの自由放任的な市場原理と、ニューディール以降の官僚制的な国家の両方を批判して、アートと学びを中心にした教育の公共性を展望し、「民主的なコミュニティ」にもとづく学校改革を推進した。

デューイによれば、民主主義は、確定された所与のものではなく、つねに探究され、再発見され、再創造されるものである。この点で、民主主義と教育は、互恵的で相互的な関係にある。民主主義は、それ自体、教育の原理であり、教育の方針であり、政策なのである。彼はまた、「民主主義」が「ホーム」から出発するという。それは、教師と子どもたちがケアしケアされる関係によって聴きあい、支えあい、つながりあう、新たな民主主義の実践を想起させる。プラグマティズムのアートと学びの哲学は、教育の親密性と公共性を結び、自由と平等の観念を再定義し、国家、市場、民主主義を再調整する視界を開拓する。教育に拡がるシニシズムに抗い、「民主主義への信頼」を回復する試みは、マイヤーをはじめとする多くの進歩主義学校の実践に継承され、世界的に大きなうねりとなって展開されている。

今日、グローバル世界は、民主主義に向けた学校のヴィジョンを構築し共有していくことを求めている。このことは、一九、二〇世紀の国民国家の統合、産業社会の発展、中央集権的な官僚制機構を基盤に樹立された「公＝国家」教育から、民主主義に立脚した教育の公共性を積極的に展望し再構築することを意味している。これからの教育の生命線となるのは、子ども、教師、親、地域、社会、世界の多様な声がつながり響きあい、過去と現在と未来の世代の声が出会い、結ばれあい、響きあう対話的な空間を創出することである。学校というテーマは、教育学だけで完結するのではなく、政治、経済、社会、科学、環境、情報、医療、福祉、文化、芸術など、多様な学問の領域や実践と相関的、複合的、横断的な関係にある。教育をめぐる議論は、これらのさまざまな領域の研究や実践と超域的、領域横断的に関係し、未来社会に向けて総合されることによって発展するものとなる。民主主義と教育を問うアリーナは、過去・現在・未来をつなぐとともに、ローカル、ナショナル、グローバルな次元で探究され創出され続けていく必要がある。

注

（1）神野直彦『「分かち合い」の経済学』岩波書店、二〇一〇年。
（2）中央教育審議会答申「我が国の高等教育の将来像」二〇〇五年一月二八日。
（3）"Merkel erklärt Multikulti für gescheitert," *Spiegel*, Oktober 16, 2010.
（4）"State Multiculturalism Has Failed, Says David Cameron," *BBC News*, February 5, 2011.
（5）Habermas, Jürgen, *Ach Europe: Kleine politische Schriften XI*, Frankfurt am Main: Suhrkamp, 2008.（ハーバーマス、ユルゲン『ああ、ヨーロッパ』三島憲一・鈴木直・大貫敦子訳、岩波書店、二〇一〇年。）
（6）Habermas, Jürgen, "Rettet die Würde der Demokratie," *Frankfurter Allgemeine Zeitung*, November 4, 2011.（ハーバーマス、ユルゲン「民主主義の尊厳を救え！」三島憲一訳『世界』第八二七号、二〇一二年二月、一五八頁。）
（7）Rancière, Jacques, *La haine de la démocratie*, Paris: Fabrique, 2005.（ランシエール、ジャック『民主主義への憎悪』松葉祥一訳、インスクリプト、二〇〇八年。）
（8）『朝日新聞』二〇一〇年一二月八日。
（9）厚生労働省「平成二二年度国民生活基礎調査の概況」二〇一一年。

あとがき

本書は、私が二〇〇〇年代中頃以降に発表した論考を、本書のテーマにそくして加筆修正したものである。現代のグローバル時代において、プラグマティズムと進歩主義の哲学と実践に学びながら、民主主義への教育を再構築することが本書の目的である。なかでも、子どもたちを取りまく教育のシニシズム状況を踏まえて、民主主義を再生し、教育・学習・学校の未来に向けた新たな展望を示すことを意図している。

教育の分野では、民主主義は、あまりに自明なもののように思われるかもしれない。戦後の教育学は、民主主義の理念を標榜し推進することと不可分な形で発展してきたし、学校の制度やカリキュラムにおいても、しばしば「民主的」「民主化」「民主主義」といった表現が用いられてきた。教育機会の拡大という文脈では、戦後、一貫して教育の普及を遂げてきたし、人権や平等を基礎とした教育、問題解決や経験的な学習は、幾度となく反芻されて学校現場で実践されてきた。他方で、近年の教育基本法改正や憲法改正をめぐる議論は、「戦後民主主義」を清算し脱却する方向へと向けられてきた。その動きは、停滞するどころか、いっそう加速する傾向にある。

今日、グローバル世界は、民主主義への懐疑に直面している。民主主義が自明化し、教育の前提になればなるほど、その内実は、単なるお題目のように唱えられるだけで、中身のよく分からない空虚なものになるか、あるいは、不満や冷笑の対象となる。民主主義は、あるときは、ポピュリズム的な現象や多数者支配による専制のムーブメントを生みだし、またあるときは、政争や対立ばかりが表面化して「決められない政治」を招くことにもなる。新自由主義と新保守主義の改革は、そうした不満の受け皿となる形で、教育に対するシニシズムの増殖を招いてきた。

私が子どもたちのなかに拡がる変化や困難に遭遇したのは、二〇〇〇年から二〇〇五年にかけて、神奈川県の教育センターで、教育相談事業に携わったときのことである。いじめ、不登校、学級崩壊が社会的に大きな関心を呼び、教育相談やスクールカウンセリングの制度が全国に普及してきた頃である。不登校児童生徒の数は、一九九一年度に六万人台だったが、二〇〇一年度には一三万人を超えるようになり、その対応策として、「心の教育」や「心のケア」など、カウンセリングや心理学、あるいは道徳的なアプローチが採用された。学校を取りまく環境は、いわゆる「ゆとり教育」や「生きる力」の育成が強調され、「学校週五日制」「教育内容の三割削減」「総合的な学習の時間」の創設が実施された。教育センターでの職を通して、学校の教師や指導主事、長期研修員、臨床心理士などの専門家と一緒に、教師、子ども、保護者の心理に寄り添う仕事に従事できたことは、教育の実践や政策について さらに深く考えるきっかけとなった。

いじめや不登校に悩む子ども、授業や学習につまずいて挫折した子ども、高校を中退した子ども、友人関係に傷ついた子ども、家庭崩壊に苦しむ子ども、ネグレクトや虐待に遭っている子ども、リストカットや摂食障害を経験している子ども、将来に何の希望も抱くことができない子どもたちの相談と支援をおこなってきた。彼ら、彼女らの多くが、教育への諦めと絶望を語る一方で、本心では、それに迷い、苦しみ、葛藤する言葉を紡ぎだしていた。連日のように聴く学校で傷ついた子どもの言葉や、子どもの教育に悩む教師や親たちの言葉は、私の心と身体に重くのしかかった。Eメールを通して、親の犯罪や刑事事件、うつ病、精神疾患、パニック障害、ドメスティック・バイオレンスなどに悩む家庭の相談を受けることもあった。学校に対する苛立ちや不信、不満が渦まくなかで、教育が迷走していく感を拭えなかった。

教育センターで子どもたちが語る学校のイメージは、一九八〇年代から九〇年代前半にかけて、私自身が経験してきた学校体験とは、およそかけ離れていた。第二次ベビーブームの時代で、激しい受験競争や管理教育のなかにあった当時の教育は、学校や教師への批判や不満が噴出する一方で、学びや生きることに対する漠然としたオプティミズムが横たわっていた。八〇年代というのは、教育の量的拡大がピークに到達し、教育の近代的理念がほぼ達成されたかのような状況で、学校や教師への批判と異議申し立てが吹き荒れた時期である。その一方で、社会的、経済的な成長や発展を背景にして、将来の生きることへの素朴な信頼や希望は、なおも維持されていた。

だが、二〇〇〇年代前半に、教育相談で接してきた子どもたちは、まったく異なる文脈を生きていた。教育改革においては、グローバル化や知識基盤社会化が進展し、新自由主義と新保守主義のイデオロギーが支配力を形成していた。教育の市場化と規制緩和が推進され、選択と競争の市場原理的な改革が国家の強力な介入のもとで実施されていた。スタンダード・テストやカリキュラム、アカウンタビリティ、学校選択制、教員評価など競争原理的な改革が多くの国々で採用されつつあった。学力についての議論が大きくクローズアップされ、基礎学力の低下や学習意欲の低下に対する世間の危惧や懸念が喚起されるとともに、二一世紀型学力やＰＩＳＡ型学力、活用力、フィンランド・メソッドなどが新たなモデルとして脚光を浴びた。教室では、習熟度別学習や少人数指導が奨励され、全国学力テストの導入への道筋もつけられた。教育基本法や教育三法が改正され、憲法改正論議も着手されてきた。

私が出会った子どもたちは、社会の変化の波に呑まれながら、毎日の学校生活の悩み、苦しみ、葛藤を表現していた。「学校に行きたくない」「学校が嫌で嫌でたまらない」「勉強なんかくだらない」「友だちといるのがつらい」「クラスの人と仲良くできないし、できれば会いたくない」「仲間外れにされたり、友人関係が面倒くさい」「学校でいじめられていて、教室に入るだけで、吐き気がしたり、気持ち悪くなる」「死にたい」「自殺したい」「自分なんか、いなければよかった」「授業なんて、全然面白くないし、役に立たない」「宿題忘れても別に怒られないし、みんなやってないから、自分もいいや」「どうせがんばっても何の意味もないし、自分ががんばったところで社会は変わらない」「将来に何の夢も希望も感じないし、感じたいとも思わない」、そうした多くの子どもたちの声に耳を傾けてきた。学ぶことへの期待と絶望が交錯し、理想と現実と虚構の狭間で深く引き裂かれた状況で、教育への諦めや嘲笑のムードが横溢する一方で、それでもなお、多くの子どもたちは、学校を放棄することよりも、そのなかで生きることを選択していた。

ここで問題となるのは、国際的な競争力の向上や「グローバルな人材育成」を掲げる教育改革の形勢と、子どもたちが日々の学校で経験する学びや生の現実とが離れていくことであり、子どもたちの心の揺らぎや葛藤、生の経験世界を教育の公共性へと媒介する回路が欠落していくことであり、教師や学校への不信や不満ばかりが増長し、教育の制度設計が貧困化していくことであり、学びからの子どもたちの「疎外」と「アノミー」（ストライク）が拡がり、公教育における民主主義への「希望」と「揺るぎない信頼」（マイヤー）が失われていくことである。当初、教育をめぐるシニシズム状況が、私が大学院在学時に研究テーマにしていた「学校の公共性と民主主義」の主題に結びつくという着想は、必ずしも充分にもってはいなかった。その頃、私の関心は、アートと学びの活動を中心に学校の公共性をデザインしたデューイの実践と哲学を研究するところにあった。それは、近代教育思想（および戦後教育学）をリードした「コンドルセ・モデル」から、「デューイ・モデル」への公教育像の転換を促すと同時に、一九八〇年代以降、新自由主義と新保守主義が権勢を誇るなかで、教育の公共性を問う視線がハーバーマスとアレントへの注目に急速に収斂したのに対して、「民主主義」と「公共性」を原理としたデューイの学校改革の可能性を考究するためであった。

しかし、二〇〇〇年代後半以降、世界的な経済危機や政治の不安定化、社会的なリスクの増大、家族の解体など、子どもたちが学び育つ環境が徐々に侵食される事態を前にして、学校に拡がる危機というのが、実は、人びとが生きていく民主主義の新たな段階の危機を鏡面的に映しだした課題であることが明らかになってきた。そこで、民主主義を再構築することと合わせて、子どもたちの学習環境を問いなおしていく必要があると考えるようになった。大切なのは、子どもたちが抱える悩みや苦しみをそれぞれの「心の問題」に還元することではなく、民主主義や公共性にかかわる視点からとらえて教育を再吟味していくことである。民主主義は、グローバルな公共的問題であると同時に、一見すると私的で個人的でさえある親密的な空間と密接に関係している。デューイが述べたように、民主主義は、「ホーム」を起点とするものであり、人びとが共生する「生き方」にかかわるものである。

本書の問いは、シンプルではあるが、重いものである。子どもたちが学び育つ環境がさまざまな困難や課題に見舞われるなかで、なおも、学校と教育への積極的な意味と可能性を追究するとすれば、それはいかにして構築されうるかという点に尽きている。政治的、経済的、文化的なファクターが変化し、社会全域にさまざまな危機やリスクが押し寄せるなかで、それでも学校は子どもたちに本当の幸せを準備し約束することができるのだろうか。私は、グローバル時代において、教育への希望を語り、学校と学びに対する建設的な展望を築くには、民主主義の新たなヴィジョンを創出することが不可欠だと考えている。現代の教育を取りまく最大の問題はシニシズムであり、それを克服する鍵は民主主義の再生にあると考えている。とくに、近年、強化されがちなシティズンシップ教育や道徳教育よりも、それらを民主主義の学習にかかわる問題として定位しなおす必要があると理解している。このことは、シティズンシップや道徳のもつ重要性を過小評価するものではない。むしろ、それらを民主主義への教育という角度から再構成し再概念化することを意味している。もっと具体的には、今日のシティズンシップや民主主義の教育が政治学的、経済学的な連関でのみ語られる傾向があるのに対して、アートの美的経験や想像性のもつ意義とのつながりから再構築することができないかと考えている。社会が不確実化し、人びとの生き難さが拡大する状況で、プラグマティズムのアートと学びにもとづく民主主義の教育が大きな力を発揮すると信じている。教育への問いは、つねに希望と絶望が交差し、期待と冷笑の視線が入り交じるなかで生起するものであるが、それを探究し続けることが、過去・現在・未来をつなぐとともに、ローカル、ナショナル、グローバルな次元で、教育を新たに創造するアリーナをひらいていくものとなる。

今日、デューイとプラグマティズムの研究は、世界的に広範な拡がりを示している。一九八〇年代以降のプラグマティズム・ルネサンスは、政治学、経済学、哲学、社会学、教育学、心理学、宗教学、美学など、多彩な分野にわたり、パース、ジェイムズ、ミード、デューイの思想的な再評価を導いてきた。ローティ、パトナム、バーンスタインらによって先導されたその動きは、アメリカの代表的な思想としてのプラグマティズムへの注目を喚起してきた。序章でも紹介したように、今日、プラグマティズムや進歩主義の研究は、アメリカ国内だけでなく、アジアやヨーロッパを中心に、グローバルな規模で展開され、高度で卓越した学術水準の研究が蓄積されている。デューイやプラグマティズムにかかわる研究センターや学会、研究会、学術団体は、アメリカ、日本、中国、韓国、ドイツ、フランス、スペイン、イタリア、オランダ、フィンランド、スウェーデン、ポーランド、スロバキア、ハンガリー、ロシア、アゼルバイジャン、トルコ、ブラジルなど、世界各地に設立され、ネットワークで結ばれている。

私は、これまでに、南イリノイ大学デューイ研究センター、ケルン大学デューイ・センター、復旦大学デューイ研究センター、アルカラ大学スペイン・デューイ研究センター、フェデリコ二世ナポリ大学デューイ研究所、オランダ・プラグマティズム協会（二〇〇八年以降、活動を一時休止中）、北欧プラグマティズム・ネットワークなどに訪問や接触をおこない、研究交流や資料調査、インタビュー、セミナーへの参加を実施してきた。カナダのブリティッシュ・コロンビア大学教育学部では、客員准教授として招聘していただき、学術交流や学校訪問、研究発表をする機会を得た。本書で紹介したシカゴ大学実験学校やセントラル・パーク・イースト中等学校、ミッション・ヒル・スクールなど、進歩主義の伝統を引き継ぐ多くの学校にも訪問することができた。さらに、これまで、アメリカやアジア、ヨーロッパの多くの大学や研究機関、学会、学校、教育委員会、教員組合、NPO法人などを訪問し、学術研究の交流や実践的な関心を共有することができた。それらの経験から、今こそ、民主主義への教育を再生し、教育・学習・学校のイノベーションを促進することが求められていると確信するに至っている。本書が、現代において、学びのシニシズムを超えて、民主主義への教育を再構築することに、何らかの貢献ができればと願っている。

本書の刊行に際しては、多くの方々にお世話になった。すべての方々のお名前を記すことはできないが、東京大学大学院教育学研究科在学時に指導教授を引きうけてくださった佐藤学先生（現、学習院大学教授）をはじめとする先生方や、大学院での友人たち、神奈川県立総合教育センターに勤務していたときの上司と同僚、現在の勤務校である大東文化大学文学部教育学科の先生方、大学院生、学生、国内外の大学や学会、研究会を通じて交流させていただいた先生方と友人、さらには、研究授業やフィールドワーク等に足繁く通わせていただいた小・中・高等学校の先生方から、多くの貴重なご指導やご助言をいただいた。この場を借りて、心より謝意を申しあげたい。また、東京大学出版会の後藤健介氏には、『学校の公共性と民主主義――デューイの美的経験論へ』（二〇一〇年）と『ワークショップと学び1　まなびを学ぶ』（分担執筆、二〇一二年）に続いて、この上ないご支援をいただいた。感謝の意を表したい。最後に、いつも子どもの教育の問題を共有し、研究を支えてくれる妻の美紀と、娘の英恵と瑞香にお礼を言いたい。

二〇一三年三月

上野正道

初出一覧

初出は以下の通りである。いずれも加筆と修正をおこなっている。

第1章 "Democratic Education and School Reform in Japan in the Global Era: Creating Hope for Learning beyond Cynicism," Public Seminar as a Visiting Associate Professor in the Department of Curriculum and Pedagogy, Faculty of Education, The University of British Columbia, Vancouver, February 2013.

第2章「アートの公共空間をひらく――プラグマティズムの学びへ」苅宿俊文・佐伯胖・高木光太郎編『ワークショップと学び1――まなびを学ぶ』東京大学出版会、二〇一二年、一九七―二二三頁。

第3章「進歩主義期の学校改革における市民教育の展開――T・J・ジョーンズのカリキュラム政策に着目して」『國學院大學紀要』第四四巻、二〇〇六年、四九―六四頁。

第4章「進歩主義期のカリキュラム改革における市民性教育の構想――『アメリカ民主主義の問題』を中心にして」『教育科学セミナリー』第三七号、二〇〇六年、六一―六八頁。「一九一〇年代のアメリカの中等教育改革における市民性教育の構想と展開――『中等教育基本原理』を中心にして」『日本デューイ学会紀要』第四八号、二〇〇七年、一九一―二〇〇頁。

第5章「民主主義社会の（再）構築に向けたカリキュラム論の探究（1）D・マイヤー著『学校を変える力』の合評を通して――コミュニティ論の観点から」日本カリキュラム学会第二三回大会課題研究、中部大学、二〇一二年七月。

第6章・第7章「デューイの学習理論における生活経験とカリキュラム――自然科と社会科の統合」『経済文化研究所紀要』第一一号、二〇〇六年、二四九―二六二頁。「デューイの学習構想と文化歴史的活動理論の展開――活動と経験に基づく教育システムのデザイン」『幼児教育学研究』第一四号、二〇〇七年、三〇―四八頁。「対話的・協同的実践としての学習活動の創造――デューイと進歩主義教育」『語学教育研究論叢』第二五号、二〇〇八年、二六一―二八一頁。"John Dewey's Design of the School as a Community of Learning: Developing Integrated Curriculum Based on Experience," *The Annual Bulletin of the Institute for*

Economic and Cultural Studies, vol. 14, 2009, pp. 205-220. "The Influence of John Dewey's Educational Philosophy on Japanese Classrooms: Towards the Construction of Schools as Communities," Seminar at the Center for the Study of Dewey and Western Philosophers, School of Philosophy, Fudan University, Shanghai, August 2012.

第8章「教師の仕事」平野智美監修、中山幸夫・田中正浩編著、関聡・新田司・上野正道『教育学のグランドデザイン』八千代出版、二〇一〇年、一三三―一四六頁。

人名索引

タ行

ナ行

ハ行

マ行

ヤ行

ラ行

ワ行

事項索引

著者略歴

1974年　東京に生まれる

東京大学大学院教育学研究科博士課程修了　博士（教育学）

現　在　上智大学総合人間科学部教授，一般社団法人東アジア教育研究所所長．

主な著書に，『学校の公共性と民主主義』（東京大学出版会，2010/中国語訳『学校的公共性与民主主義』趙衛国訳，山東教育出版社，2022），『学校という対話空間』（共著，北大路書房，2011），『ワークショップと学び1　まなびを学ぶ』（分担執筆，東京大学出版会，2012），『東アジアの未来をひらく学校改革』（共編著，北大路書房，2014），*Democratic Education and the Public Sphere*（Routledge, 2015），『ジョン・デューイ』（岩波書店，2022）．

翻訳書にG. ビースタ『民主主義を学習する』（共訳，勁草書房，2014），同『教えることの再発見』（監訳，東京大学出版会，2018），同『教育にこだわるということ』（監訳，東京大学出版会，2021），ほか．

民主主義への教育

学びのシニシズムを超えて

2013年5月15日　初　版

2024年5月31日　第5刷

［検印廃止］

著　者　上《うえ》野《の》正道《まさみち》

発行所　一般財団法人　東京大学出版会

代表者　吉見俊哉

153-0041 東京都目黒区駒場4-5-29

https://www.utp.or.jp/

電話 03-6407-1069　Fax 03-6407-1991

振替 00160-6-59964

印刷所　株式会社三陽社

製本所　牧製本印刷株式会社

ISBN 978-4-13-051324-1　Printed in Japan